# 读懂毛泽东的关键词

杨明伟————— 著

生活·讀書·新知 三联书店

Copyright © 2022 by SDX Joint Publishing Company.
All Rights Reserved.
本作品版权由生活・读书・新知三联书店所有。
未经许可,不得翻印。

**图书在版编目(CIP)数据**

读懂毛泽东的关键词/杨明伟著. —北京:生活・读书・新知三联书店,2022.3(2024.1 重印)
ISBN 978-7-108-07325-9

Ⅰ.①读… Ⅱ.①杨… Ⅲ.①毛泽东(1893~1976)-人物研究②毛泽东思想研究 Ⅳ.① A755 ② A84

中国版本图书馆 CIP 数据核字(2021)第 248201 号

| | |
|---|---|
| 责任编辑 | 唐明星 |
| 装帧设计 | 罗 洪 |
| 责任校对 | 常高峰 |
| 责任印制 | 卢 岳 |
| 出版发行 | 生活・讀書・新知 三联书店 |
| | (北京市东城区美术馆东街22号 100010) |
| 网 址 | www.sdxjpc.com |
| 经 销 | 新华书店 |
| 印 刷 | 河北松源印刷有限公司 |
| 版 次 | 2022年3月北京第1版 |
| | 2024年1月北京第4次印刷 |
| 开 本 | 635毫米×965毫米 1/16 印张 23.75 |
| 字 数 | 262千字 |
| 印 数 | 14,001-17,000册 |
| 定 价 | 59.00元 |

(印装查询:01064002715;邮购查询:01084010542)

# 目　录

自　序 / 1

开　篇　认识毛泽东从《共产党宣言》开始 / 5

一、毛泽东从《共产党宣言》中不只取"阶级斗争"四个字 / 6

二、毛泽东最早读《共产党宣言》的时间 / 8

三、在民族独立解放的历程中，毛泽东如何研读《共产党宣言》/ 11

四、在探索社会主义道路过程中，毛泽东如何研读《共产党宣言》/ 23

五、《共产党宣言》对毛泽东的影响 / 31

精　髓　从反对本本主义看毛泽东"靠什么吃饭" / 36

一、揭秘：毛泽东自解《反对本本主义》有两个版本 / 38

二、探路：20世纪30年代在探索中国革命道路时写出的经典 / 40

三、整风：20世纪40年代在延安时期以此融贯整风 / 45

四、反思：20世纪60年代反思社会主义建设问题时重新解读 / 53

创　新　"从斗争中创造新局面"——毛泽东提出思想路线的
　　　　本意 / 61
　　　　一、"从斗争中创造新局面",是马克思主义思想路
　　　　　　线的题中应有之义 / 63
　　　　二、"从斗争中创造新局面",是中共百年探索取得
　　　　　　成功的密钥 / 64
　　　　三、"从斗争中创造新局面",是新时代进行伟大斗
　　　　　　争的根本要求 / 69

调　查　从几个早期调查报告看毛泽东怎样搞调查研究 / 73
　　　　一、毛泽东早期做了大量的调查,写下了许多调查
　　　　　　报告 / 74
　　　　二、毛泽东早期调查的几种方式和特点 / 77
　　　　三、毛泽东通过早期调查研究引发的一些理论思考 / 82
　　　　四、新中国成立后,多次号召全党大兴调查研究
　　　　　　之风 / 86

缔　造　毛泽东为人民军队确定了根本原则 / 91
　　　　一、共产党的绝对领导,是人民军队的最本质属性 / 92
　　　　二、"党指挥枪"与"枪指挥党"经历了实践的较量 / 95
　　　　三、"党指挥枪"是人民军队不变的军魂 / 100
　　　　四、毛泽东提出的军事原则、军事名言是一个独特
　　　　　　的话语体系 / 107

打　仗　"毛泽东兵法"有自己的独特意境 / 113
　　　　一、毛泽东"兵法"的出发点 / 116
　　　　二、毛泽东"兵法"的独特意境——十大军事原则 / 122
　　　　三、毛泽东"兵法"的动态表达 / 134

示　范　毛泽东为什么反复强调"领导干部应该起示范
　　　　作用" / 139
　　　　一、为什么要突出讲"先锋""模范""示范"作用 / 140
　　　　二、为领导干部确立的一些"表率"标准 / 145
　　　　三、表率和示范作用，在任何时期、任何情况下都
　　　　　　是党对领导干部的基本要求 / 149

传　统　毛泽东等人把勤俭节约、艰苦奋斗的优良传统变成
　　　　政治优势 / 154
　　　　一、要"养成"一种"万分必要"的"工作作风"
　　　　　　——勤俭节约、艰苦奋斗 / 155
　　　　二、勤俭节约、艰苦奋斗是我们党保持同人民群众
　　　　　　密切联系的重要法宝 / 159
　　　　三、勤俭节约、艰苦奋斗是执政兴国的根本保证 / 165
　　　　四、贪污和浪费是"极大的犯罪"，毛泽东形象地比喻：
　　　　　　"每天都要洗脸" / 174

风　气　"团结、紧张、严肃、活泼"这八个字不只是校训 / 178
　　　　一、"不到延安，不懂中国" / 179
　　　　二、"谁破坏了纪律，谁就破坏了党的团结统一" / 184
　　　　三、"团结、紧张、严肃、活泼"为何能成为优良
　　　　　　作风 / 188

文　风　从毛泽东提倡和反对的文风看马克思主义中国化 / 196
　　　　一、有了好的文风，才谈得上"中国化" / 197
　　　　二、马克思主义文风的主要特征 / 200
　　　　三、怎样纠正不良文风、引领优良文风 / 206

矛　盾　从"主要矛盾"命题看毛泽东认识问题和解决问题的出发点 / 212

　　一、"矛盾"和"主要矛盾"概念的引入 / 213

　　二、抗日战争期间毛泽东对"主要矛盾"概念的使用和规定 / 216

　　三、抗战胜利后至八大前后毛泽东对"主要矛盾"的几个判断 / 221

　　四、八大以后毛泽东对主要矛盾问题的其他概括及反思 / 227

命　题　从有关矛盾的一些命题看毛泽东哲学的整体观 / 231

　　一、在有关自然领域方面，主要看七个命题 / 232

　　二、在有关社会领域方面，主要看六个命题 / 235

　　三、在有关人的认识领域，主要看四个命题 / 237

论　文　毛泽东为何在新中国前夕专门撰写《论人民民主专政》/ 241

　　一、为什么在新中国前夕要写一篇结论性"论文"/ 243

　　二、毛泽东总结中共28年历史思考了哪些重大问题 / 249

　　三、通过总结党的历史经验发挥了什么样的作用 / 254

回　应　1949年毛泽东回答有关新中国的几个问题 / 259

　　一、回答经济悲观论调："善于建设一个新世界"，"将活得比帝国主义国家要好些"/ 260

　　二、讲清政治制度构架："集中到一点，就是工人阶级（经过共产党）领导的以工农联盟为基础的人民民主专政"/ 266

三、回应外国势力干涉：搞清楚反动派的逻辑和人民
　　　　的逻辑，"丢掉幻想，准备斗争" / 269

　　四、回应党和政府与人民群众的关系："人民的国家
　　　　是保护人民的"，"人民万岁" / 274

　　五、表明共产党人的胸怀和格局："要搞五湖四海"，
　　　　"打破关门主义" / 277

经　验　"枫桥经验"的历史来源和现实启示 / 282

　　一、毛泽东为什么会关注"枫桥经验" / 283

　　二、"枫桥经验"是毛泽东推广的系列基层工作经验
　　　　之一 / 287

　　三、习近平高度关注"枫桥经验"的创新发展内涵 / 294

本　意　从毛泽东等人的阐述看"以人为本"基本内涵 / 304

　　一、毛泽东等人所阐述和升华的"民本"思想的基本
　　　　内涵 / 305

　　二、与传统的"民本"思想、西方"民本主义"的
　　　　区别 / 313

　　三、认识和运用"以人为本"必须搞清的几个问题 / 317

人　民　从毛泽东给共产党人规定的初心使命及其人民观
　　　　说起 / 324

　　一、从坚定性上看为信仰终身追求、为人民初心
　　　　不改 / 326

　　二、从人民性上看"改革开放是亿万人民自己的
　　　　事业" / 331

　　三、从统一性上看"改革开放是人民的要求和党的
　　　　主张的统一" / 336

四、从主体性上看"人民群众是历史的创造者和改革开放事业的实践主体" / 341

# 深　思　毛泽东晚年反复思考战争与和平问题 / 348

一、毛泽东为什么要反复思考这一问题 / 349

二、晚年毛泽东对战争与和平问题表达的主要观点 / 355

三、怎么看待毛泽东的这些思考 / 365

# 自　序

人们常说："伟大也要有人懂。"在中华民族发展史上，特别是在中华民族伟大复兴和社会主义现代化建设的进程中，毛泽东是一个与"伟大"紧紧连在一起的名字！

自1988年从南开大学哲学系毛泽东哲学思想专业硕士研究生毕业，进入中共中央文献研究室从事党和国家领导人思想生平研究和著作编辑工作后，我便开始从浩如烟海的历史档案和党的文献中阅读毛泽东，历时33年。经历得越多，我越发深深地感到：读懂毛泽东，不像想象的那么容易！

大凡不带偏见的人，都会认同这样的定位：毛泽东是伟大的马克思主义者，伟大的无产阶级革命家、战略家、理论家，是中国共产党、中国人民解放军和中华人民共和国的主要缔造者，中国各族人民的伟大领袖，毛泽东思想的主要创立者……这些称谓，与毛泽东为这个国家和各民族所做出的贡献相比，无论哪一项都恰如其分。也有人说，这些称谓仍不足以完全反映毛泽东对这个国家和民族所建立的丰功伟绩。

而大凡带有偏见的人，却会在同样的事实面前，曲解毛泽东的思想、误读毛泽东的本意、误会毛泽东的行为，有的甚至会加以歪曲污蔑、造谣中伤。尽管你摆事实、讲道理，罗列真相，任凭你如何解释，这部分人却视而不见、充耳不闻，依然会戴着有色眼镜去看毛泽东。

写这本书，显然不是给后面这部分人看的。但是，这种现象却时时在启发我：真正读懂毛泽东，需要找到一些视角。由此便有了编辑、研究之余的一些思考：从关键词解读毛泽东！这本书就是试图为读者找到一些读懂毛泽东的切入点。关于书名或易滋歧义，三联书店的朋友巧解说：我们想让读者了解毛泽东，首先要"读懂""毛泽东的关键词"，也要着眼于"读懂毛泽东"的"关键词"。图书编辑和出版家们总有独特的解析！

当然，仅从这些关键词，也是不能完全读懂毛泽东的，权当抛出一些"引玉"之"轻砖"而已。

本书选列了十八个关键词，试图从这些侧面读解毛泽东。

读懂毛泽东，首先要解析的无疑是他的"信仰"，以及这一信仰是怎么来的。从毛泽东的信仰开始，探究"毛泽东是谁？""毛泽东是一个怎样的人？"。对毛泽东，党内早有定位，其中一个定位是"伟大的马克思主义者"。那么，毛泽东是什么时候成为一个马克思主义者的？这就得回到《共产党宣言》上去。毛泽东曾经说过，自从开始接触《共产党宣言》等书后，这些书中的道理就"深刻地铭记在我的心中，使我树立起对马克思主义的信仰。我接受马克思主义，认为它是对历史的正确解释，以后，就一直没有动摇过"。本书开篇揭示的，就是《共产党宣言》到底对毛泽东有些什么影响，讲清楚他是从哪里起步成为一个真正的马克思主义者的。

沿着"信仰"的开篇，这本书还深入探究了毛泽东思想的"精髓"，解析他是"靠什么立足""靠什么取胜"的；揭示了毛泽东"从斗争中创造新局面"的"创新"路线，说明他带领中国共产党人一路走来，是如何打开局面的；循着毛泽东时时处处做"调查"的路径，了解他的智慧和伟大是怎么来的，他为什么要强调"一万年还是要进行调查研究工作"；从军事领域详解他对人民军队的"缔造"之功，他为这支人民军队确立的一系列政治原则、军事原则，他是如何确立"党指挥枪"的，如何指挥"打仗"的，"毛泽东兵法"有哪些独特意境等。读懂毛泽东，要着重探究他在中国共产党和中国各族人民中的"标杆"作用，特别是他为领导干部所起的"示范"作用；还要了解中国共产党人的"作风"是怎么来的，毛泽东等人把勤俭节约、艰苦奋斗的优良传统变成我们的政治优势，他提出和树立了"团结，紧张，严肃，活泼"的政治风气，他倡导和亲自践行了马克思主义中国化的文风，引导了中国作风和中国气派等；当然，必须了解作为哲学家的毛泽东，特别是他所特有的"矛盾"分析法以及他有关矛盾的一些重要"命题"；也必须了解作为"文章大家"的毛泽东是如何写"论文"的，从新中国成立前夕他亲自写作的《论人民民主专政》这篇重头"论文"就可见一斑；特别要了解毛泽东在历史关头，在面临重大难题时，如何"回应"外界的提问、诘难和对手的挑衅、中伤，1949 年回答有关新中国的几个问题就是范例；还有必要了解毛泽东亲自探索、总结和推广的一些基层工作"经验"，比如 20 世纪 60 年代出现的"枫桥经验"就是这样的社会治理创新典型。读懂毛泽东，从根本上要了解"人民"在他心中的位置，毛泽东等人在阐述"以人为本"问题时，有些什么基本内涵；了解党内党外特别是人民群众为什么会对毛泽东如此亲切，搞清楚了"人民领袖"的来历，就明白了毛泽东与人民群众的关系，也就了解了中国共产党人的初心使命。

当然，读懂毛泽东，也避不开他晚年"深思"的那些问题。本书特别讲了毛泽东晚年反复思考的战争与和平问题。晚年毛泽东，对党和国家前途命运充满着深刻思考和深深忧虑。如何使中国共产党不至于改变颜色，如何使中华人民共和国不至于改变社会主义道路和性质，这些是毛泽东晚年忧虑最多、思考最深的问题。特别是他以政治家和战略家的视野，关注战争与和平的重大问题，深入研究战争规律，不断提醒人们天下并不太平，不能麻痹大意，总要有一根弦，要以革命的"两手"应对反革命的"两手"……他的许多观点，既体现了马克思主义唯物史观，也浸透了唯物辩证法，充分反映了对党、国家和民族发展命运攸关问题的战略决断。

读解领袖人物，当然还有许许多多的关键词，分别来自政治、经济、文化以及国防、军事、科技、外交……各个领域，涉及领导方法、思想方法、工作方法等各个方面，因此，读懂毛泽东，不是那么简单的一件事！

毫无疑问，要了解中国共产党这个百年大党是怎么来的，其思想内涵、执政基础、组织力量、行事风格以及领袖特质等是怎么形成的，就要先读毛泽东，先读懂毛泽东。而要读懂毛泽东，从他语言的本意、思考问题的出发点以及反映他思想内涵的一些关键词切入，或许是破解认识难点的一个很好的视角。笔者愿以此一孔之见，诚恳就教于学界同仁！

是为序！

杨明伟

2021 年 1 月 15 日

# 开 篇
## 认识毛泽东从《共产党宣言》开始

谈论毛泽东，首先要找准一个基本定位："毛泽东是谁？""毛泽东是一个什么样的人？"

我们常说：毛泽东是伟大的马克思主义者，伟大的无产阶级革命家、战略家、理论家，是中国共产党、中国人民解放军和中华人民共和国的主要缔造者，中国各族人民的领袖，毛泽东思想的主要创立者。

这是盖棺定论了的！也是一切不戴有色眼镜和意识形态偏见的人一致认可的毛泽东的基本定位！

找准了这个定位，就是我们谈论毛泽东的基本前提；离开这个基本前提，就看不清毛泽东的真实形象，找不准毛泽东的人生坐标，摸不着毛泽东的思想脉络。

在这个定位下谈论毛泽东，首先要说的就是"伟大的马克思主义者"这个话题，这是我们观察毛泽东的第一个视角。

那么，毛泽东是什么时候成为一个马克思主义者的？弄清这个角色，就得回到《共产党宣言》上去。

毛泽东曾经说过，自从开始接触《共产党宣言》等书后，这些书中的道理就"深刻地铭记在我的心中，使我树立起对马克思主义的信仰。我接受马克思主义，认为它是对历史的正确解释，以后，就一直没有动摇过"。他还多次谈到，自从1920年开始接触《共产党宣言》以后，就"在理论上和在某种程度的行动上，成为一个马克思主义者"了，"从此我也自认为是一个马克思主义者了"。

对《共产党宣言》，毛泽东推崇备至，自己研读了一生，也向党内人士推荐了一生。在中国革命和建设过程中，毛泽东善于把《共产党宣言》等经典著作中的一些深刻道理与中国实际有机结合，不仅解决了中国的问题，而且发展了马克思主义。值得注意的是，每到党和国家发展的关键时期或者历史的重要节点或者党领导的事业遇到重大疑难之时，毛泽东几乎都要认真研读并向党内同志推荐共同研读《共产党宣言》等马列经典著作。凡遇思想认识和实践探索中的疑难，他都要带着问题去研读，从中找到解决难题的答案或思路。

## 一、毛泽东从《共产党宣言》中不只取"阶级斗争"四个字

探讨《共产党宣言》对毛泽东的影响，首先要弄清他自己说过的一段话。毛泽东曾经这样说："记得我在一九二〇年，第一次看了考茨基著的《阶级斗争》，陈望道翻译的《共产党宣言》，和一个英国人作的《社会主义史》，我才知道人类自有史以来就有阶级斗争，阶级斗争是社会发展的原动力，初步地得到认识问题的方法论。可是这些书上，并没有中国的湖南、湖北，也没有中国的蒋介石和陈独秀。我只取了它四个字：'阶级斗争'，老老

实实地来开始研究实际的阶级斗争。"[1]

从"我只取了它四个字：'阶级斗争'"这句话，再联系新中国成立后在探索社会主义过程中，毛泽东一度提出"以阶级斗争为纲"的思想，有人据此认为，毛泽东从马克思主义那里只得到了"阶级斗争"这四个字，一生从事阶级斗争。其实，这是一种误读，更是一种对毛泽东思想轨迹的简单联系。

我们先来看看毛泽东这段话是在什么情况下说的。讲这段话，是在1941年9月13日，毛泽东应即将下基层去做农村调查的中共中央妇委和西北局联合调查团的要求，解答一些有关怎样做调查研究的问题时讲的。这篇《关于农村调查》的讲话，他是这样开头的："认识世界，不是一件容易的事。马克思、恩格斯努力终生，作了许多调查研究工作，才完成了科学的共产主义。列宁、斯大林也同样作了许多调查。中国革命也需要作调查研究工作，首先就要了解中国是个什么东西（中国的过去、现在及将来）。可惜很多同志常是主观主义，自以为是，完全不重视调查研究工作。"

他接着讲："事物是运动的，变化着的，进步着的。因此，我们的调查，也是长期的。今天需要我们调查，将来我们的儿子、孙子，也要作调查，然后，才能不断地认识新的事物，获得新的知识。"[2]

讲到这里，毛泽东从调查研究着眼，提到了中国社会的"阶级斗争"现状。讲到了上面提到的"阶级斗争"那段话。如果只

---

[1]《毛泽东农村调查文集》，人民出版社1982年版，第21—22页。
[2] 同上书，第21页。

从这段话中得出毛泽东与《共产党宣言》或马克思主义理论的全部关系，显然是片面的；即便是联系以后毛泽东在特殊时期的思想倾向来做判断，也是不准确的。

那么，毛泽东到底从《共产党宣言》里面得到了什么？《共产党宣言》对他到底有些什么影响呢？这个问题需要联系复杂而漫长的革命和建设实践来回答。

《共产党宣言》作为马克思主义政党的基本纲领和共产主义者的第一个宣言，自传入中国以来，对中国革命和中国共产党产生了极大的影响，对中国社会的伟大变革也产生了巨大的影响。作为中共成熟的第一代中央领导集体的核心成员和历史的当事人，毛泽东受《共产党宣言》的影响极大，在中国革命和建设过程中，他善于把《共产党宣言》等经典著作中的一些深刻道理与中国实际有机结合，从而发展了马克思主义。

对这本全世界无产者的入门书，毛泽东一生推崇备至。自第一次接触《共产党宣言》起，他研读了一生，也向党内人士推荐了一生。

## 二、毛泽东最早读《共产党宣言》的时间

20世纪30年代至40年代期间，毛泽东曾几次回忆他第一次阅读《共产党宣言》的时间等情况，都说是在1920年第二次到北京期间，即1919年12月18日至1920年4月11日。这个记忆如此强烈，应该是不会有误的。至于他第一次读到的是什么版本的《共产党宣言》，可能记忆会有误差。

除了前面提到的1941年9月毛泽东说过"记得我在一九二〇

年，第一次看了考茨基著的《阶级斗争》，陈望道翻译的《共产党宣言》，和一个英国人作的《社会主义史》"外，再往前，1936年10月，他还对美国记者斯诺说过："我第二次到北京期间，读了许多关于俄国所发生的事情的文章。我热切地搜寻当时所能找到的极少数共产主义文献的中文本。有三本书特别深刻地铭记在我的心中，使我树立起对马克思主义的信仰。我接受马克思主义，认为它是对历史的正确解释，以后，就一直没有动摇过。这三本书是：陈望道译的《共产党宣言》，这是用中文出版的第一本马克思主义的书；考茨基著的《阶级斗争》，以及柯卡普著的《社会主义史》。"[1]

可见，毛泽东1920年在北京第一次读到《共产党宣言》这个事实，应该是清楚的。从他两次回忆最早读《共产党宣言》所留下的深刻印象来看，这一时期他受到的影响主要反映在两个方面，一是确立了马克思主义的理论信仰，二是特别关注其中的马克思主义阶级斗争学说。

毛泽东究竟读到的是什么版本呢？据考证，陈望道翻译的《共产党宣言》1920年4月才译完，当年8月正式在上海印刷出版。有学者认为毛泽东在这之前不可能在北京看到陈望道翻译的这个版本，若要看到，也是当年4月他从北京去上海以后的事。笔者赞同这种看法。但这并不表明毛泽东在这之前没有看到过中文版的《共产党宣言》。史料表明，1919年11月至1920年期间，北京就已经出现了北大学生李泽彰翻译的《马克思和昂格斯

---

[1]《一个共产党员的经历》，载《毛泽东一九三六年同斯诺的谈话》，人民出版社1979年版。

共产党宣言》（刊载于当时的《国民》杂志）和北京大学"马克思学说研究会"从德文本节译过来的《共产党宣言》油印本等版本。毛泽东后来多次回忆1919年12月至1920年4月在北京期间看到过《共产党宣言》，这件事他印象极深。由于后来影响力最大的是陈望道翻译的《共产党宣言》，所以毛泽东对读到的版本的记忆可能有误差，但对自己第一次在哪里读到的这个记忆，应该是准确的，因而他的印象才如此深刻并多次提及。据中共中央文献研究室编著的《毛泽东年谱》记载，早在1920年1月4日，毛泽东在北京北长街99号平民通讯社接待过前来看望的老师黎锦熙。黎锦熙后来回忆这次见面时，特别提到了现场的两堆材料：一是毛泽东用来"自编自刻自印的""平民通讯社的油印机和通讯稿件"，二是"一大堆关于社会主义的新书刊，我在这里第一次读到《共产党宣言》的全文"。

从毛泽东的回忆和谈话看出，自他1920年开始接触《共产党宣言》等马克思主义经典著作起，《共产党宣言》就在他的思想深处留下了深深的烙印，影响了他的一生。据统计，毛泽东一生读的次数最多的书，就是《共产党宣言》，早在1939年底他就说过：《共产党宣言》我看了不下一百遍；每阅读一次，我都有新的启发。[1]后来他还说过，自己每年都把《共产党宣言》读几遍。从1920年至1976年这57年间，毛泽东到底读过多少遍《共产党宣言》，已经无法统计。

对这本全世界无产者的入门书和无产阶级政党的纲领性文献，毛泽东一生反复研读。仅从这个线索梳理，就可见《共产党

---

[1]《缅怀毛泽东》上册，中央文献出版社1993年版，第400页。

宣言》等马列著作就对毛泽东的思想和实践产生了全方位的影响。

## 三、在民族独立解放的历程中，毛泽东如何研读《共产党宣言》

从目前的资料来看，毛泽东最早在公开场合谈及《共产党宣言》并运用其中一些思想分析问题，是在1926年国共合作期间。此后，在探索民族独立解放道路的各个历史进程中，在一些重要的历史关节点上，《共产党宣言》都给毛泽东以启发。

### （一）在探索中国革命道路过程中，毛泽东从《共产党宣言》中寻找解决中国问题的智慧和办法

在《共产党宣言》传入中国的初期，无论是共产党人还是国民党人，对《共产党宣言》都是比较关注的。特别是以孙中山为代表的国民党人，对《共产党宣言》的翻译和传播做出过先驱者的贡献。孙中山对《共产党宣言》中的思想是赞赏的，他还敦促当时具有外语优势的中国留学生认真研究、翻译《共产党宣言》等马列著作。早在1906年1月，国民党人朱执信就在《民报》第2号上译发过《共产党宣言》的一些章节。后来毛泽东客观地评价过："朱执信是国民党员，这样看来，讲马克思主义倒还是国民党在先。不过以前在中国并没有人真正知道马克思主义的共产主义。"[1] 毛泽东还提到，十月革命以后，特别是五四运动以后，马克思主义学说才在中国迅速得以传播，共产党人也由此成

---

[1]《毛泽东文集》第3卷，人民出版社1996年版，第290页。

为翻译、传播和运用《共产党宣言》的主体。毛泽东就是这其中传播和运用《共产党宣言》思想的特别积极的一分子。

大革命时期的1926年3月18日,毛泽东在广州参加了国民党政治讲习班举办的纪念巴黎公社五十五周年集会,并在会上发表了一篇题为《纪念巴黎公社应注意的几点》的讲演。在讲演中,他直言不讳地评价说,这是"中国民众纪念巴黎公社的第一次";中国革命的情况已经发生了变化,即由少数人包办发展到"已有多数的农工民众参加,并且有左派的国民党党员作指导,有工农阶级专政的国家苏维埃俄罗斯作模范";正因为有了马克思主义思想的介入,中国人民才意识到巴黎公社革命的意义。讲到巴黎公社革命的意义以及它与十月革命的关系时,毛泽东指出:"俄国的十月革命和巴黎公社,是工人阶级以自己的力量,来求人类真正的平等自由,它们的意义是相同的,不过成功与失败不同而已。所以我们可以说:巴黎公社是开的光明的花,俄国革命是结的幸福的果——俄国革命是巴黎公社的继承者。"

在讲演中,他多次引用马克思的话。针对当时"国内颇有些人怀疑或反对阶级斗争"问题,毛泽东批评说:"这是不了解人类进化史的缘故。"由此他引用《共产党宣言》里的话说:"马克思说:'人类的历史,是一部阶级斗争史。'"引用这句话,恰恰说明是毛泽东最早读《共产党宣言》时得出的最基本的观点。

毛泽东还运用马克思主义观点在观察巴黎公社为什么这么快就失败时,指出了其中"两个主要原因":一是"没有一个统一的集中的有纪律的党作指挥","以致内部意见纷歧,势力分散,而予敌人以可乘之机";二是"对敌人太妥协太仁慈","我们对敌人仁慈,便是对同志残忍","因为我们不用严厉的手段对付敌人，敌人便要用极残酷的手段对付我们了"。毛泽东进一步分析说，"巴黎公社，对于敌人不取严厉处置，还容许敌人占住金融机关，调集军队，所以终被敌人覆灭了"。为此他提醒说："各同志要鉴往知来，惩前毖后，千万不要忘记'我们不给敌人以致命的打击，敌人便给我们以致命的打击'这句话。我们要革命，便要从此学得革命的方法。"[1]

从目前掌握的资料来看，这是毛泽东第一次在公开场合运用《共产党宣言》中马克思主义理论分析无产阶级革命的经验教训，他所分析的革命失败的原因及其所得到的重要启示和革命方法，成为他后来在严酷的敌我斗争中始终的坚守。

国共合作破裂后，在创造井冈山革命根据地和开辟以农村包围城市最后夺取城市的中国革命道路过程中，毛泽东仍然从《共产党宣言》中寻找解决中国实际问题的智慧和办法。

他除了继续阅读《共产党宣言》外，甚至还借用过马克思、恩格斯写作《共产党宣言》的形式来做宣传。1929年1月，在粉碎敌人"围剿"期间，他与朱德在向部队做政治工作时，以中共红四军党部署名的方式，发出了一份中国共产党人自己的《共产党宣言》，其中根据中共六大精神宣布了民主革命十大政纲，包括以下内容：推翻帝国主义在中国的统治；没收外国资本；统一中国；推翻军阀国民党政府；工人实行八小时工作制，增加工资；没收一切地主阶级的田地，分给无田及少田的农民等。[2] 这

---

[1]《毛泽东文集》第1卷，人民出版社1993年版，第33—36页。
[2]《毛泽东年谱（1893—1949）》（修订本）上卷，中央文献出版社2013年版，第260页。

些内容，与《共产党宣言》的精神是一致的。他们在苏区发布的一些宣传中国共产党在民主革命时期相关政策的布告中，也贯穿了《共产党宣言》中的一些基本精神。

**（二）延安时期毛泽东研读、宣传《共产党宣言》的力度最大**

红军长征到达陕北后至全面抗战爆发之前，毛泽东在思考建立抗日民族统一战线和为争取千百万群众团结抗日的过程中，多次阅读《共产党宣言》。1937年5月2日至14日，中共中央在延安召开了中国共产党全国代表会议，毛泽东在会上做了《中国共产党在抗日时期的任务》的报告。在会上，他还根据大家多日讨论的结果，做了《为争取千百万群众进入抗日民族统一战线而斗争》的结论性报告。这篇结论在讲到国共两个政权之间"西安事变后和平实现是事实"的问题时，明确指出，"我们说国民党已经开始转变，但我们同时即说国民党并没有彻底转变。国民党的十年反动政策，要它彻底转变而不用我们和人民的新的更多更大的努力，这是不能设想的事情"。他认为，共产党人要积极推动国内形势朝着"和平、民主和抗战"的方向走，"我们的目的在团结资产阶级和国民党中一切同情抗日的分子，共同战胜日本帝国主义"。[1]

在这次党的全国代表会议上讲到"革命前途问题"时，毛泽东引用的是《共产党宣言》中"我们是革命转变论"的思想，依此来说明共产党人的目标任务。他明确提出，革命的前途分为"上篇与下篇"两篇大文章来做，"只有上篇做好，下篇才能做

---

[1]《毛泽东选集》第1卷，人民出版社1991年版，第273—274页。

好",也就是先"坚决地领导民主革命",然后"争取社会主义胜利"。他认为,共产党人与任何"革命的三民主义者"的不同之处就在于:"我们是为着社会主义而斗争。""现在的努力是朝着将来的大目标的,失掉这个大目标,就不是共产党员了。然而放松今日的努力,也就不是共产党员。"在这里,毛泽东依据《共产党宣言》的思想,讲清了共产党人是革命的转变论者和革命的阶段论者的道理,号召党内同志把当前革命任务与长远革命目标结合起来,并提醒党内同志,无产阶级的革命从占劣势到占优势,"这是一个斗争的长过程",而联合其他阶级共同斗争,"正是走向社会主义的必经的桥梁"。

正是在这次讲话中,毛泽东提出:"指导伟大的革命,要有伟大的党,要有许多最好的干部。""如果领导者是一个狭隘的小团体是不行的,党内仅有一些委琐不识大体、没有远见、没有能力的领袖和干部也是不行的。中国共产党早就是一个大政党,经过反动时期的损失它依然是一个大政党,它有了许多好的领袖和干部,但是还不够。我们党的组织要向全国发展,要自觉地造就成万数的干部,要有几百个最好的群众领袖。这些干部和领袖懂得马克思列宁主义,有政治远见,有工作能力,富于牺牲精神,能独立解决问题,在困难中不动摇,忠心耿耿地为民族、为阶级、为党而工作。"[1]

随着伟大的抗日战争进一步深入发展,中国共产党人以什么样的精神状态以及用什么样的思想方法、工作方法来引领全国抗战?这个问题越发显得突出且越来越重要。在思考这些问题的时

---

[1]《毛泽东选集》第 1 卷,人民出版社 1991 年版,第 276—277 页。

候,毛泽东仍然没有忘记《共产党宣言》。

1939年5月30日,毛泽东在延安庆贺模范青年大会上讲话,借谈中国共产党人的"艰苦奋斗"和"永久奋斗"精神,与青年们谈到读《共产党宣言》的重要性。他在回忆起自己初读《共产党宣言》的情景时对青年们说:现在在延安和社会上,各种各样的书,"还有马克思主义的书和抗日战争的战略战术等等,很多书都能够看到。这些书,我那时候一本也看不到。十九年前,《共产党宣言》在全国印得很少,哪里去找这样好的理论?"。在向青年们推荐《共产党宣言》中"这样好的理论"时,他还说到,自五四运动以来,"中国的青年运动有很好的革命传统,这个传统就是'永久奋斗'。我们共产党是继承这个传统的,现在传下来了,以后更要继续传下去"。什么是"永久奋斗"?毛泽东解释说:"永久奋斗,就是要奋斗到死。这个永久奋斗是非常要紧的,如要讲道德就应该讲这一条道德。"他强调,共产党人是这样一种人,"要有'坚定正确的政治方向'。这个方向是不可动摇的,要有'富贵不能淫,贫贱不能移,威武不能屈'的骨气来坚持这个方向"。"中途变节的,这是无道无德。"他还提到,共产党之所以遭反动派憎恨,"是因为共产党提倡艰苦奋斗。共产党有艰苦奋斗的作风,能够忍饥挨饿去打日本帝国主义"。"这只有共产党能做到,别人是做不到的。"[1]毛泽东的这些论述,可以说是把《共产党宣言》等马克思主义著作中的光辉思想,灵活地运用到了中国无产阶级革命斗争的生动实践中了。

越是在复杂的战争环境下,毛泽东越提倡全党上下加强调查

---

[1]《毛泽东文集》第2卷,人民出版社1993年版,第189—193页。

研究工作，反复强调"没有调查，没有发言权"的道理。在这个环节上，他也结合《共产党宣言》来谈问题。他专门汇编了《农村调查》一书，其目的是"为了帮助同志们找一个研究问题的方法"。1941年春天这本书即将付印的时候，他在序言中特别强调："必须明白：群众是真正的英雄，而我们自己则是幼稚可笑的。"并告诫党内，如果我们的同志"还保存着一种粗枝大叶、不求甚解的作风，甚至全然不了解下情，却在那里担负指导工作，这是异常危险的现象"。[1]这年8月1日，中共中央专门发出了毛泽东起草的《中共中央关于调查研究的决定》，明确提出"系统的周密的社会调查，是决定政策的基础"。不久，毛泽东进一步以战略家的高瞻远瞩，发人深省地对党的高级干部们说："不调查不研究就不得了，就要亡国亡党亡头。"[2]在阐述调查研究方法的时候，他专门提醒下去做农村调查的人要学会使用《共产党宣言》中包含的阶级分析法。前面提到的1941年9月13日毛泽东在延安为即将出发的农村妇女问题联合调查团做讲话时所讲的一段话，就是为了达到这个目的。他讲的从《共产党宣言》中得到的"阶级斗争"四个字，也是针对农村调查中的分析研究方法而言的，他把这一问题归结为"认识问题的方法论"问题。

在延安整风期间，为反对主观主义、宗派主义和党八股，毛泽东进一步提倡全党学习马克思主义理论，而且要读马克思主义原著。他为党内干部开列的马列著作书单中，第一部就是《共产

---

[1]《毛泽东选集》第3卷，人民出版社1991年版，第789—790页。
[2] 毛泽东：《用马克思主义的立场方法分析新事物，解决新问题》（1941年10月30日），见《党的文献》2002年第3期。

党宣言》。这以后，毛泽东历次为全党开列学习马列著作的书单中，《共产党宣言》几乎都排在首位。

1943年12月14日，毛泽东主持中共中央书记处会议，号召党的高级干部开展为期半年的理论学习活动，开列了六本书的书单：《共产党宣言》《社会主义从空想到科学的发展》《共产主义运动中的"左派"幼稚病》《社会民主党在民主革命中的两种策略》《联共（布）党史简明教程》和《两条路线》上、下册，并提出要边学边讨论，要有历史观点，要联系实际。1944年3月5日，他再次号召党内开展历史问题和理论问题的学习，这次又指定了"读五本理论书"，第一本也是《共产党宣言》。他提出要做"认真研究理论和研究历史的工作"，对一些基本问题，"一定要在思想上弄清楚"。[1]

## （三）在抗日战争和人民解放战争即将胜利的当口，毛泽东特别号召全党同志读《共产党宣言》

1945年，抗日战争进入最后阶段，在中国面临着两种前途、两种命运斗争的关键时刻，为争取光明的前途、反对黑暗的前途，这年4月至6月间，中共召开了第七次全国代表大会。4月21日，毛泽东在七大预备会议上阐述工作方针时提到，"十月革命一声炮响，给全世界无产阶级及其他先进分子上了共产主义的一课"，从此，马克思主义传播得如此之快，"比飞机飞得还快"。[2] 他还提到了最早参与传播《共产党宣言》的朱执信等人。这个时候讲

---

[1]《毛泽东文集》第3卷，人民出版社1996年版，第93页。
[2] 同上书，第290页。

这些，为的就是让全党牢记共产党人的初心和走过的道路。七大开幕以后，毛泽东在4月24日做口头政治报告时，便向全党提出"我们要读五本马列主义的书"的任务。说马克思主义的书很多，首先要读这五本。五本中第一本就是《共产党宣言》。他专门说："马克思的一本，就是《共产党宣言》，是和恩格斯合著的，但主要是马克思著的。"[1] 5月31日，毛泽东在七大上做结论报告时，再次强调："加强理论学习至少要读五本书，我向大家推荐这五本书：《共产党宣言》《社会主义从空想到科学的发展》《社会民主党在民主革命中的两种策略》《共产主义运动中的"左派"幼稚病》《联共（布）党史简明教程》，这里马、恩、列、斯的都有了。如果有五千人到一万人读过了，并且有大体的了解，那就很好，很有益处。"他还风趣地要求大家："我们可以把这五本书装在干粮袋里，打完仗后，就读他一遍或者看他一两句，没有味道就放起来，有味道就多看几句，七看八看就看出味道来了。一年看不通看两年，如果两年看一遍，十年就可以看五遍，每看一遍在后面记上日子，某年某月某日看的。这个方法可以在各个地方介绍一下，我们不搞多了，只搞五本试试。"[2] 在一次大会上，毛泽东反复强调读马列著作，特别强调读《共产党宣言》，其中深意非同寻常。而毛泽东本人，就是这样常读常新的；也是这样带着全党特别是党的领导干部们从解决理论问题和实际问题的角度不断研读的。

不仅如此，毛泽东还在七大的结论报告中，多次提到并阐

---

[1]《毛泽东文集》第3卷，人民出版社1996年版，第350页。
[2] 同上书，第417—418页。

发《共产党宣言》中的思想。在提出要"放手发动群众,壮大人民力量,在我党的领导下,打败日本侵略者,解放全国人民,建设一个新民主主义的中国"时,他特别提醒大家:"一八四八年发表的马克思、恩格斯的《共产党宣言》,是放手发动群众的方针。"[1]在强调党的认识成果和理论成果,是靠集体智慧完成时,他说:"一个人搞不完全,要依靠大家来搞,这就是我们党的领导方法。要用这样的方法来启发同志的思想,去掉盲目性。"谈到党性与个性的关系时,他指出,在共产党的领导下,要使"社会上的人都有人格、独立性和自由,而且在我们党的教育下,更发展了他们的人格、独立性和自由。这个问题,马克思在《共产党宣言》里讲得很清楚"。在引用《共产党宣言》中有关"每个人的自由发展是一切人的自由发展的条件"的思想后,他进一步说:"不能设想每个人不能发展,而社会有发展,同样不能设想我们党有党性,而每个党员没有个性,都是木头,一百二十万党员就是一百二十万块木头。"并指出:"马克思讲的独立性和个性,也是有两种,有革命的独立性和个性,有反动的独立性和个性。而一致的行动,一致的意见,集体主义,就是党性。"[2]在这样一个历史当口,毛泽东大力提倡学习马列主义,并引用《共产党宣言》的思想来阐述中国共产党的目标任务和行动准则等重大问题,对全党带领人民走向光明的前途,产生了重要的指导作用。

另一个重要历史关口,是进入1949年。这时,面对中共即将由局部执政到全国执政的局面以及更为复杂的世界大格局,党

---

[1]《毛泽东文集》第3卷,人民出版社1996年版,第376、377页。
[2]同上书,第415—416页。

内大多数同志对情况不熟悉、能力不足和水平不够的危机加大。如何适应新形势、解决新问题？如何提高全党的执政能力和马克思主义理论水平？这是毛泽东和中共中央思考的一个重大问题。1949年3月，中共召开七届二中全会，毛泽东除了在开幕会上告诫全党"夺取全国胜利，这只是万里长征走完了第一步"，"务必使同志们继续地保持谦虚、谨慎、不骄、不躁的作风，务必使同志们继续地保持艰苦奋斗的作风"外，还在闭幕会上专门讲到了"马克思主义的普遍真理与中国革命的具体实践相统一"问题。为此，他在以往多次为党内干部开列马克思主义必读书单的基础上，又一次为全党干部开列了"十二本干部必读的书"，其中仍有《共产党宣言》，还包括《社会发展史》《政治经济学》《社会主义从空想到科学的发展》《帝国主义是资本主义的最高阶段》《国家与革命》《列宁斯大林论社会主义建设》《列宁斯大林论中国》《马恩列斯思想方法论》等。这些书的内容，都与中国共产党走向全国执政所要遵循的指导思想和方法论有关。毛泽东说，开列这个书单，是"积二十多年之经验，深知要读这十二本书"。他要求干部们，"在三年之内看一遍到两遍"，"如果在今后三年之内，有三万人读完这十二本书，有三千人读通这十二本书，那就很好"。毛泽东思考的是，在我们面临全国执政的情况下，亟须用马克思主义理论进一步教育干部、培训干部，以提高全党的理论水平和政策水平。他明确提出："对宣传马克思主义，提高我们的马克思主义水平，应当有共同的认识。"[1]

这个时候的中国共产党，已经成为一个比较成熟的马克思主

---

[1]《毛泽东文集》第5卷，人民出版社1996年版，第261页。

义政党；作为这个党的指导思想的毛泽东思想，也已经达到了马克思主义中国化的一种全新的理论境界。但是，毛泽东仍然具有清醒的头脑，他提醒党内同志："不应当将中国共产党人和马、恩、列、斯并列"，"不要把毛与马、恩、列、斯并列起来"，"应当在全中国全世界很好地宣传马、恩、列、斯关于唯物主义、关于党和国家的学说，宣传他们的政治经济学等等"。[1] 由此可见，中国共产党领导层是带着这种清醒的认识走向新中国的；也是带着这种清醒的马克思主义头脑，号召全党干部认真读《共产党宣言》等经典著作的。其结果，党内许多同志特别是领导干部成为真正懂得马克思主义的人，并在实践中迅速地担当起领导中国革命取得伟大胜利的历史重任。

半年以后，在协商建国的过程中，毛泽东为新华社写了一篇社论，阐述"唯心历史观的破产"，表明"我们是反对历史唯心论的历史唯物论者"等问题。其中提到，自十月革命以来，马克思列宁主义"唤醒了中国人"，"中国产生了共产党，这是开天辟地的大事变"，"从此以后，中国改换了方向"。毛泽东所说的这个方向，就是中国人民从此走向独立、解放、自由、民主的方向，也就是从此"站立起来了"的方向。还专门引用《共产党宣言》中的思想，说明尽管"西方资产阶级按照自己的面貌用恐怖的方法去改造世界"，但却形成了"反抗帝国主义的工人阶级、农民阶级、城市小资产阶级、民族资产阶级和从这些阶级出身的知识分子，所有这些，都是帝国主义替自己造成的掘墓人"。在这里，毛泽东也从理论上讲清了"马克思列宁主义来到中国之所以发生

---

[1]《毛泽东文集》第 5 卷，人民出版社 1996 年版，第 260 页。

这样大的作用,是因为中国的社会条件有了这种需要",而中国共产党人将马克思列宁主义的科学理论与中国的特点相结合,从而"发动了中国的人民解放战争和人民大革命,创立了人民民主专政的共和国",这是历史的必然。[1]

## 四、在探索社会主义道路过程中,毛泽东如何研读《共产党宣言》

新中国成立后,如何建设社会主义,这是摆在中国共产党人面前的一个更大的难题。尽管有苏联的经验可以借鉴,但是中国的情况却有着极大的特殊性。怎样运用马克思主义基本原理与中国社会主义建设的实际相结合,来探索不同于中国革命规律的社会主义建设规律。这更是一件极不容易的事。怎么办?毛泽东经常说,遇到实际问题,就去请教马列主义;遇到实际问题,就翻阅马克思的《共产党宣言》。这是他的一贯做法。[2]

**(一)面对建设社会主义的系列新问题,从《共产党宣言》的思想阐明党的领导方法**

进城以后,毛泽东的生活和居住环境有了根本性的好转,存书和读书的环境也有了根本性的改变。各种版本的《共产党宣言》以及马克思主义的其他著作更是伴随着毛泽东,他时常阅读并从中找理论根据,找思想智慧,找解决问题的思路和办法。

---

[1]《毛泽东选集》第4卷,人民出版社1991年版,第1513—1516页。
[2] 参见徐中远:《毛泽东读〈共产党宣言〉的启示》,载《红旗文稿》2015年第16期。

在毛泽东研读过的《共产党宣言》版本中，他写下了许多批注文字，还做了众多圈圈画画，比如在有关废除资产阶级所有制，剥夺资产阶级占有他人劳动、奴役他人劳动的权力，与传统的所有制观念决裂，建立公有制等处，他都做了密密麻麻的圈画。那些对探索社会主义或共产主义有启示的文字，他做的各种符号的圈点批画也就更多。[1]

20世纪50年代中期，在全面开展社会主义建设、实施第一个五年计划过程中，出现了一些复杂的新情况，比如：党内一度出现一些认识上的分歧，一些局部出现了分散主义现象，一些人出现骄傲自满情绪，等等。解决这些问题，毛泽东没有忘记翻阅《共产党宣言》。在1955年3月召开的中国共产党全国代表会议上，在审议关于发展国民经济第一个五年计划过程中，毛泽东和中共中央认真总结中华人民共和国成立以来的经验。毛泽东认为："在我们这样一个大国里面，情况是复杂的，国民经济原来又很落后，要建成社会主义社会，并不是轻而易举的事。"正因为如此，他再次提醒党内同志："不要因为我们的工作有成绩就骄傲自满起来，应该保持谦虚态度，向先进国家学习，向群众学习，在同志间也要互相学习，以求少犯错误。"他在批评党内少数人"玩弄阴谋，进行秘密活动，在同志背后进行挑拨离间"时，再次引用了《共产党宣言》中的话："共产党人认为隐秘自己的观点与意图是可耻的事。"毛泽东接着强调说："我们是共产党人，更不待说是党的高级干部，在政治上都要光明磊落，应该随时公开说出自己的政治见解，对于每一个重大的

---

[1] 参见徐中远：《毛泽东读〈共产党宣言〉的启示》，载《红旗文稿》2015年第16期。

政治问题表示自己或者赞成或者反对的态度，而绝对不可以学高岗、饶漱石那样玩弄阴谋手段。"毛泽东还提出："鉴于种种历史教训，鉴于个人的智慧必须和集体的智慧相结合才能发挥较好的作用和使我们在工作中少犯错误，中央和各级党委必须坚持集体领导的原则，继续反对个人独裁和分散主义两种偏向。必须懂得，集体领导和个人负责这样两个方面，不是互相对立的，而是互相结合的。"[1]

这年10月，在进一步阐释社会主义时期的统一战线的重要性时，毛泽东坚定地说服各界人士，"劝大家走社会主义道路"，他说："还是把积极因素团结起来好。要把民族资产阶级、小资产阶级（农村的、城市的）、宗教家等等都团结起来。团结了更多的人，阻碍就少些，事情就容易办得通。"他还强调指出："现在是协商办事，这样大的事情，与全国人民有关的大事，当然要协商办理。"由此，他引用《共产党宣言》中的思想，向大家提到了无产阶级的目的："无产阶级要解放自己，就要解放整个人类。""必须全人类都解放，变成一个新制度，无产阶级才能最后解放自己。"[2]

在把马克思主义与中国社会主义建设实际相结合过程中，如何进一步开创马克思主义发展的新境界？这也是毛泽东深入思考的重要问题。他提醒人们，马克思主义也需要随着实践的发展不断发展创新。1957年3月10日，毛泽东在同新闻出版界代表谈话时，就以《共产党宣言》为例，提到马克思主义的不断发展问

---

[1]《毛泽东文集》第6卷，人民出版社1999年版，第390—392页。
[2] 同上书，第490页。

题。他说:"马克思主义的创造者马克思本人,也不是一下子就全部贯通的。一八四八年《共产党宣言》出版,只是马克思主义体系形成的开始,还不是马克思主义体系的完成。"他提醒大家,读《共产党宣言》等马克思主义书籍,"重要的是要注意研究方法"。[1] 这年11月16日,他在与外国共产党交流经验,谈到人对客观事物认识的不足时,也以革命导师为例,说:"马克思和恩格斯经常说欧洲的革命要来了,结果革命没有到来。"还进一步举例提到了《共产党宣言》存在的时代局限:是"在一国内可以建成社会主义",还是像《共产党宣言》中所说的"好多国家同时进行,并且还要在资本主义最先进的文明国家首先取得胜利",在这个问题上,《共产党宣言》做了预言,但"结果并不是如此"。[2] 毛泽东旨在提醒人们,无论在革命还是在建设问题上,既要遵循马克思主义原理,又不要把马克思主义当作教条。

有意思的是,这一时期毛泽东也进入了人生的后半程,眼睛开始老花。在他的要求下,有关部门印制了《共产党宣言》等书的大字线装本,供他和有关领导干部阅读。毛泽东不仅研读中文版的《共产党宣言》,而且对英文版的《共产党宣言》也很有兴趣。他从1954年秋天起开始重新学英语,特意把一些马列主义经典著作的英文本作为教材,其中第一本教材选的就是英文版的《共产党宣言》。由此既可以看出毛泽东学习的毅力之强,也可以看出毛泽东对《共产党宣言》之钟爱。

---

[1]《毛泽东文集》第7卷,人民出版社1999年版,第264—265页。
[2]《建国以来毛泽东军事文稿》中卷,军事科学出版社、中央文献出版社2010年版,第355页。

## （二）在社会主义建设遇到难题时，通过读《共产党宣言》进一步思考探索

经过"大跃进"和人民公社化运动以后，由于主客观等多方面复杂的原因，中国经济社会生活中出现了前所未有的困难。毛泽东等中共领导人在探索中国社会主义建设道路和建设规律方面，也出现了一些理论上的困惑和现实中的迷惘。在这种情况下，毛泽东再次沉下心来，号召党内同志特别是领导干部一边反思、总结建设经验，一边学习马克思主义。

1958年11月，毛泽东专门给中央、省市区、地、县四级党委委员写了一封信，"单为一件事，向同志们建议读两本书：一本，斯大林著《苏联社会主义经济问题》；一本，《马恩列斯论共产主义社会》"。信中还提议："将来有时间，可以再读一本，就是苏联同志们编的那本《政治经济学教科书》。"[1]对社会主义建设道路的探索，就是在这种一边实践一边总结一边读书思考中不断前进的。一年以后，毛泽东于1959年12月至1960年2月期间，亲自组织了一个读书小组，集中起来专门研读苏联《政治经济学教科书》。就在读这本书的系列谈话中，他多次提到《共产党宣言》中的思想。特别是在谈到"关于社会主义建设"问题时，他明确提出："社会主义这个阶段，又可能分为两个阶段，第一个阶段是不发达的社会主义，第二个阶段是比较发达的社会主义。后一阶段可能比前一阶段需要更长的时间。经过后一阶段，到了物质产品、精神财富都极为丰富和人们的共产主义觉悟极大提高的时候，就可以进入共产主义社会了。"也就是在这

---

[1]《毛泽东文集》第7卷，人民出版社1999年版，第432—433页。

次读书思考中,他提出了"四个现代化"的思想并明确建设社会主义是一个长期的艰巨的历史任务:"建设社会主义,原来要求是工业现代化,农业现代化,科学文化现代化,现在要加上国防现代化。在我们这样的国家,完成社会主义建设是一个艰巨任务,建成社会主义不要讲得过早了。"正是在谈这些问题的时候,他把1848年发表的《共产党宣言》与1957年通过的各国共产党"莫斯科宣言"联系起来,明确表示:"'每一个'国家都'具有自己特别的具体的社会主义建设的形式和方法',这个提法好。一八四八年有一个《共产党宣言》,在一百一十年以后,又有一个'共产党宣言',这就是一九五七年各国共产党的莫斯科宣言。在这个宣言中,就讲到了普遍规律和具体特点相结合的问题。"[1]可以看出,在思考社会主义建设规律的时候提到这两个宣言,毛泽东的本意是清晰的,就是提醒人们要充分关注矛盾的特殊性,充分认识普遍规律与各国实际情况及具体特点相结合的重要性。由此他在读书谈话中也对"照抄苏联的办法"进行了反思,肯定中国必须走一条"具有自己特别的具体的社会主义建设的形式和方法"的路子。他坦率地承认,从解放后到三年恢复时期,再到"一五计划"时期,包括自己在内,"对建设还是懵懵懂懂的","有些计划合乎规律,或者基本上合乎规律,有些计划不合乎规律,或者基本上不合乎规律"。[2]做出这样的反思,是思想深邃的表现,也反映出中共领导层的一种马克思主义理论勇气。

每遇到难题和挫折,毛泽东在冷静反思和总结经验的基础

---

[1]《毛泽东文集》第8卷,人民出版社1999年版,第116页。
[2]同上书,第117—118页。

上，都要给党内干部开列读马克思主义原著的书单，要求中央有关部门"组织高级干部学习马、恩、列、斯著作"。每次开书单，都有《共产党宣言》或者第一本就是《共产党宣言》。

进入60年代后，中、苏两党两国关系出现波折，随之而来的是中、苏两党在如何认识和发展马列主义问题上开始论战。而中共党内在对马克思主义一些基本理论问题的认识上，也出现了一些思想上的困惑。为此，毛泽东结合总结前一阶段中国建设社会主义的经验教训，提出党内中高级领导干部要学习马列原著。1963年5月，毛泽东在审阅社会主义教育运动指导文件《关于目前农村工作中若干问题的决定（草案）》（即"前十条"）时，专门加写了有关学习马列主义和加强调查研究的一段文字："我们现在还有一些处在领导工作岗位的同志和许多从事一般工作的同志，并不懂得或者不甚懂得马克思主义的科学的革命的认识论，他们的世界观和方法论还是资产阶级的，或者有资产阶级思想的残余。他们常常自觉地或者不自觉地以主观主义（唯心主义）代替唯物主义，以形而上学代替辩证法。"毛泽东强调："为了做好我们的工作，各级党委应当大大提倡学习马克思主义的认识论。"[1]根据毛泽东的意见，中宣部拟出了包括《共产党宣言》在内的"干部选读马恩列斯著作目录"，共30本书。到1964年2月，他再次要求中宣部，将开列的马恩列斯30本著作印成线装本，并恳切地说："每部印一万份、两万份或者三万份好吗？我急于想看这种大字书。"这次读书，他特别强调领导干部们要深入了解马克思列宁主义的基本内容和基本原理，提高对若干社

---

[1]《毛泽东年谱（1949—1976）》第5卷，中央文献出版社2013年版，第224页。

发展规律的认识，越是在"极其重要的关键时期"，高级干部们越是"必须下决心挤出一定时间，认真坐下来学习马克思、恩格斯、列宁、斯大林的著作，掌握马克思列宁主义这个锐利的武器"。[1]这次开列的提供干部选读的30本马恩列斯等人的著作中，第一本就是《共产党宣言》。这年8月3日，他再次请秘书帮他找一本大字本的《共产党宣言》，信中说："我又要找一部《共产党宣言》，一部列宁论帝国主义是垂死的资本主义，都要是新出大字本的。"[2]这种阅读《共产党宣言》的急迫性和反复性，对一位大党领袖而言，是罕见的。

到了晚年，毛泽东依然对《共产党宣言》爱不释手。在他不断要求领导干部特别是高级干部必须精读的书目中，无论如何挑选，第一本都是《共产党宣言》。中共九大以后，面对"文化大革命"期间出现的混乱状况以及党内林彪、江青两个集团种种反常表现，毛泽东一方面强调党内要加强团结，另一方面要求党内要加强学习。在中共九届二中全会上，毛泽东提出要通过学好马列著作来区分真假马列主义。他说："党的高级干部，不管工作多忙，都要挤时间，读一些马、列的书，区别真假马列主义。"[3]1970年9月，按照毛泽东的要求，周恩来等人又在毛泽东1964年关于选读马恩列斯著作的三十几本书的基础上，从中选了九本，第一本也是《共产党宣言》。这年11月6日，中共中央下发了经毛泽东审阅的关于高级干部学习问题的通知，并特

---

[1]《建国以来毛泽东文稿》第11册，中央文献出版社1996年版，第25、27页。
[2]同上书，第119页。
[3]《建国以来毛泽东文稿》第13册，中央文献出版社1998年版，第136页。

别提到了毛泽东关于以认真读马列著作来区别真假马列主义的要求。

直到去世,在毛泽东卧室床边还摆放着他经常阅读的至少三个版本的《共产党宣言》:两个战争年代的版本、一个英文版本。这恰恰印证了《共产党宣言》他读了无数次且伴随他一生这样的事实,也印证了《共产党宣言》伴随着他探索中国"特别的具体的社会主义建设"道路这样的历程。

## 五、《共产党宣言》对毛泽东的影响

从中国革命和建设历史进程中毛泽东研读和推介《共产党宣言》的情况看出,《共产党宣言》等马列著作对毛泽东和中国共产党产生了全方位的深刻影响。在这些影响中,毛泽东所受的影响是丰富而长期的,绝不是几个字、几句话或个别的思想点。综合来看,至少以下三个方面的影响值得我们特别关注。

### (一)《共产党宣言》等马列原著,对毛泽东最大的影响体现在理想信念上

毛泽东自己说过,他的马克思主义信仰,是通过读《共产党宣言》等书确立起来的,并且也是通过读这些书成为一个马克思主义者的。1936年10月,他在与美国记者斯诺的谈话中说:"我第二次到北京期间[1],读了许多关于俄国所发生的事情的文章。我热切地搜寻当时所能找到的极少数共产主义文献的中文本。有

---

[1] 1919年12月18日至1920年4月11日。

三本书特别深刻地铭记在我的心中，使我树立起对马克思主义的信仰。我接受马克思主义、认为它是对历史的正确解释，以后，就一直没有动摇过。"他说的这三本书，就是《共产党宣言》《阶级斗争》《社会主义史》。他还说："到了一九二〇年夏天，我已经在理论上和在某种程度的行动上，成为一个马克思主义者，而且从此我也自认为是一个马克思主义者了。"[1]毛泽东与当时中国先进的知识分子一样，是在长期苦苦探寻救国救民的真理过程中，经过对各种思潮、主义的反复推求比较，最终找到马克思主义真理的。毛泽东从此坚定马克思主义的理论信仰，坚定追求共产主义事业，他一生在理论的坚定性和道路的坚定性方面，"一直没有动摇过"。

所以说，《共产党宣言》带给毛泽东的影响中，最大的影响就体现在理想信念上，在对马克思主义真理的执着追求和对共产主义事业的不懈奋斗上。毛泽东对《共产党宣言》等马列经典著作的阅读和把握，不是一般人所能及的。他一生中反复阅读这些书，《共产党宣言》中的许多思想精髓、精辟论断，他不仅能灵活运用而且几乎都能随口背下来。到了晚年，他还常对身边工作人员风趣地说过："我活一天就要学习一天，尽可能多学一点，不然，见马克思的时候怎么办？"[2]他是一个完全彻底地为共产主义事业奋斗终身的伟大的马克思主义者。

---

[1]《一个共产党员的经历》，载《毛泽东一九三六年同斯诺的谈话》，人民出版社1979年版。

[2] 参见徐中远：《毛泽东读〈共产党宣言〉的启示》，载《红旗文稿》2015年第16期。

## （二）毛泽东从《共产党宣言》等马列著作中找智慧、找思路、找办法

毛泽东读马列著作的目的，是为了解决中国革命和建设实际中遇到的重大问题，或者是为了解答实践中出现的思想疑难。读《共产党宣言》更是如此。

毛泽东曾提到他最早读《共产党宣言》等书得到什么启发时说过："初步地得到认识问题的方法论。"[1]在延安时期他还说过："遇到问题，我就翻阅马克思的《共产党宣言》，有时只阅读一两段，有时全篇都读。"而当遇到的问题得到解疑释惑以后，毛泽东又回到实践中去，因此他又说："要学马列主义经典著作，要精读，读了还要理解它，要结合中国国情，结合自己的工作实践去分析、去探索、去理解。理论和实践结合了，理论就会是行动的指南。""我写《新民主主义论》时，《共产党宣言》就翻阅过多少次。读马克思主义理论就在于应用，要应用就要经常读，重点读。"[2]

带着问题读，遇到难题读，读懂以后再与实践相结合，把其中的深刻道理运用于中国社会实践，让马克思主义理论成为行动的指南，这些就是毛泽东研读和运用《共产党宣言》等马列著作的基本流程。在探索中国革命道路时如此，在探索中国社会主义建设道路时亦如此，毛泽东从《共产党宣言》等马列著作中找到了解决中国问题的丰富的智慧、宽广的思路和有效的办法。

从新中国成立后毛泽东自己研读以及不断提倡全党阅读马列

---

[1]《毛泽东农村调查文集》，人民出版社1982年版，第22页。
[2]《缅怀毛泽东》上册，中央文献出版社1993年版，第400—401页。

著作的情况来看，每当他特别提出要重读《共产党宣言》等经典著作的时候，大都是中国社会实践出现波折或者思想认识上出现疑惑的时候。面对探索过程中的种种艰难曲折，面对思想认识上有了解不开的扣子，毛泽东的一条重要经验和做法，就是从《共产党宣言》等马列主义经典著作中寻找理论初心，而他总能从中得到思路、启示、方法甚至信心和力量。正像他经常提醒大家的，读《共产党宣言》等马克思主义书籍，重要的是研究其中的方法，这些方法是马克思主义普遍真理、基本原则与中国具体实践相结合的桥梁。

## （三）毛泽东不断以《共产党宣言》等马列著作教育引导全党同志特别是党的各级领导干部

早在革命战争年代，毛泽东就提出："指导伟大的革命，要有伟大的党，要有许多最好的干部。"[1]毛泽东始终认为，中国共产党作为带领中国人民为民族独立解放、人民幸福和国家富强而坚决奋斗的大党，要担负起这些重大的历史责任，没有马克思主义的指导或者偏离马克思主义思想路线是绝对不行的。党的各级干部是否具备马克思主义的能力、水平和素养，是毛泽东高度关注的问题。毛泽东指出，"改变我国在经济上和科学文化上的落后状况，迅速达到世界上的先进水平"，这是一个"伟大的目标"；"要使几亿人口的中国人生活得好，要把我们这个经济落后、文化落后的国家，建设成为富裕的、强盛的、具有高度文化的国家，这是一个很艰巨的任务"。要完成这样的伟大目标

---

[1]《毛泽东选集》第1卷，人民出版社1991年版，第277页。

和艰巨的任务,"决定一切的是要有干部"。[1]他不断强调干部问题的决定作用,提出:"政治路线确定之后,干部就是决定的因素。""有计划地培养大批的新干部,就是我们的战斗任务。"[2]

在革命和建设的长期奋斗历程中,毛泽东和中共中央持续不断地制订了培养训练大批"能够管理军事、政治、经济、党务、文化教育等项工作的干部"[3]的计划,并组织实施。毛泽东历来主张,培养训练干部最核心的内容和首要的教材,就是马克思主义;而《共产党宣言》,就是首本学习教材。共产党的干部,必须具备马克思主义的理论水平和工作能力。所以毛泽东提出,无论过去还是现在,都应该开展"普遍的马克思主义的教育运动",使我们的干部"更多地学到一些马克思主义",成为"彻底的唯物主义者"。[4]

---

[1]《毛泽东文集》第7卷,人民出版社1999年版,第275、2页。
[2]《毛泽东选集》第2卷,人民出版社1991年版,第526页。
[3]《毛泽东选集》第4卷,人民出版社1991年版,第1347页。
[4]《毛泽东文集》第7卷,人民出版社1999年版,第275页。

# 精　髓

## 从反对本本主义看毛泽东"靠什么吃饭"

考察毛泽东"伟大的无产阶级革命家、战略家、理论家"这三个定位，就不得不关注他立足和成功的根本点：毛泽东"靠什么立足""靠什么取胜"。毛泽东自己多次说过：我是"靠实事求是吃饭"的。

1942年2月，毛泽东在《反对党八股》一文清楚地说明："共产党不靠吓人吃饭，而是靠马克思列宁主义的真理吃饭，靠实事求是吃饭，靠科学吃饭。"

从毛泽东那里得其精髓的邓小平，于1978年12月在十一届三中全会前召开的中共中央工作会议上，也明确说过这样的话："实事求是，是无产阶级世界观的基础，是马克思主义的思想基础。过去我们搞革命所取得的一切胜利，是靠实事求是；现在我们要实现四个现代化，同样要靠实事求是。"

1992年年初，邓小平在南方谈话中又特别说道："实事求是是马克思主义的精髓。要提倡这个，不要提倡本本……我读的书并不多，就是一条，相信毛主席讲的实事求是。过去我们打仗靠这个，现在搞建设、搞改革也靠这个。我们讲了一辈子马克思主义，其实马克思主义并不玄奥。马克思主义是很朴实的东西，很朴实的道理。"

实事求是，就是毛泽东为中国共产党人规定的思想路线，是中国共产党人思想的精髓。毛泽东就是"靠实事求是吃饭"的。

那么，这个思想路线又是怎么来的呢？这就不得不讲到1930年5月毛泽东写作的《反对本本主义》一文。

毛泽东提出"没有调查，没有发言权"论断和最早提出"思想路线"，就是出自《反对本本主义》一文。这篇文章强调了调查研究的极端重要性，阐述了共产党人的世界观和方法论，凝练了毛泽东思想的一些理论精髓，具有奠基性作用，毛泽东一生极为看重。他在探索道路、整顿作风、反思失误等重要关头多次解读、升华调查研究思想和党的思想路线。这篇文章沁润了实践探索和理论创新的生机活力，体现了毛泽东思想的深邃内涵和无穷魅力。

当我们阐述毛泽东思想、毛泽东哲学思想，以及党的思想路线、思想方法和工作方法等形成或起源问题时，离不开一篇极为重要的文献，会从这篇文献讲起。这就是九十年前毛泽东写作的《反对本本主义》。学术界普遍认为，《反对本本主义》是毛泽东在第二次国内革命战争时期最重要的著作之一，是毛泽东思想特别是毛泽东哲学思想初步形成的标志，是奠基性著作；毛泽东最初在这篇文章中阐述的有关思想原则，成为后来概括的毛泽东思想活的灵魂——实事求是、独立自主、群众路线——雏形。在我们党做出的《关于建国以来党的若干历史问题的决议》中，讲到毛泽东提出的、"我们党必须永远坚持"的思想路线问题时，就是从"早在一九三〇年，他就提出反对本本主义，强调调查研究是一切工作的第一步，没有调查，没有发言权"讲起的。正因为《反对本本主义》一文和反对本本主义问题的奠基性和永久性作用，我们今天很有必要进一步探讨毛泽东本人是怎样解读这个问题的。

## 一、揭秘：毛泽东自解《反对本本主义》有两个版本

我们现在谈论的《反对本本主义》一文，原题为《调查工作》，是毛泽东1930年5月为了反对当时红军中的教条主义思想，强调从实际出发搞调查工作的极端重要性而写的。这篇文章写成后，曾于当年8月印过石印单行本，遗憾的是，在战争中丢失，作者本人也没有保存原稿，以致1951年编辑出版《毛泽东选集》第1卷时，未能收入。所幸的是，1957年2月，福建上杭县农民赖茂基将珍藏多年的这篇文章的石印本献了出来，最终于1961年1月辗转重新回到毛泽东手中。据1958年11间曾到过赣南、闽西老区一带收集党史资料和革命历史文物的同志回忆，他们在福建龙岩地委党史办公室的一个库房内，曾经看到有五份毛泽东著的《调查工作》石印本原件，同时摆放在文物柜内的一个木格里。当时只做了登记，并未将文物随身带走。[1]

这篇重要文章失而复得后，毛泽东喜悦之情溢于言表，他多次表达说："我对自己的文章有些也并不喜欢，这篇我是喜欢的。"[2]"别的文章丢了，我不伤心，也不记得了，这两篇文章我总是记得的。忽然找出一篇来了，我是高兴的。"[3]他将题目改为

---

[1] 缪青：《毛泽东〈反对本本主义〉一文的发现经过》，载《党的文献》1993年第3期。
[2] 逄先知：《毛泽东和他的秘书田家英》，中央文献出版社1989年版，第39页。
[3]《毛泽东文集》第8卷，人民出版社1999年版，第257页。

《关于调查工作》，并做了少量文字修改，于1961年3月11日印发给在广州参加中共中央工作会议的同志们阅看。1964年7月，在出版《毛泽东著作选读》甲种本和乙种本时，毛泽东又将题目改为《反对本本主义》收入。这是《反对本本主义》首次公开发表，从这以后，《反对本本主义》一文，作为毛泽东思想的经典著作，被广大读者熟知。

说到版本，这里需要搞清楚一个问题：毛泽东所说"我总是记得"已经丢了的、一想起来就"伤心"的"这两篇文章"，也就是改题后的这篇较长的《反对本本主义》与原题为《反对本本主义》的另一篇文章，是个什么关系？

对这个问题，毛泽东自己揭开了谜底。1961年3月23日，在广州召开的中央工作会议上，毛泽东曾这样解释过这篇文章："有同志说这是几篇短文，不是的，是一篇文章的几段。"毛泽东讲的"几段"中，第三"段"（即第三节）的题目就是"反对本本主义"，也是整篇文章的主题。毛泽东接着说："这篇文章是一九三〇年写的，总结了那个时期的经验。写这篇文章之前，还写了一篇短文，题目叫《反对本本主义》，现在找不到了。这篇文章是最近找出来的。"[1] 毛泽东对"那个时候产生这篇文章的详细过程"，内心感慨万千。1964年在公开出版《毛泽东著作选读》甲种本和乙种本之前，毛泽东再次对一长一短的这两篇文章的情况做了说明："先写了一篇短文，题名《反对本本主义》，是在江西寻乌县写的。后来觉得此文太短，不足以说服同志，又改写了这篇长文，内容基本一样，不过有所发挥罢了。"

---

[1]《毛泽东文集》第8卷，人民出版社1999年版，第257页。

当时两文都有油印本。"[1]

正因为一长一短两篇文章主题一致、"内容基本一样",相互交叉,毛泽东在找不到那篇原题《反对本本主义》短文的情况下,在强调全党开展调查研究、"一九六一年成为一个调查年"[2]的时候,用《关于调查工作》一题印发党内学习;在调查研究工作有所改观,全党全国工作需要开创新局面且重点放在反对教条主义、本本主义的时候,1964年则改为《反对本本主义》一题付印。该文1982年12月被收入中共中央文献研究室编辑、人民出版社出版的《毛泽东农村调查文集》,1986年9月,被收入中共中央文献编辑委员会编辑、人民出版社出版的《毛泽东著作选读》(上册)。1991年编辑出版《毛泽东选集》第二版时,《反对本本主义》是唯一被增补进去的文章。

自1930年以后,直到新中国社会主义建设时期,毛泽东每到革命和建设的关键时刻,都要谈论反对本本主义、教条主义问题,并对《反对本本主义》一文的深刻内涵和现实意义反复做解读。

## 二、探路:20世纪30年代在探索中国革命道路时写出的经典

毛泽东曾说过,《反对本本主义》是"为了反对当时红军中的教条主义思想而写的","是经过一番大斗争以后写出来的"。[3]这番大斗争,在党内和红四军内部,有各种表现形式,归结到一

---

[1]《建国以来毛泽东文稿》第11册,中央文献出版社1996年版,第47页。
[2]《毛泽东年谱(1949—1976)》第4卷,中央文献出版社2013年版,第526页。
[3]《毛泽东文集》第8卷,人民出版社1999年版,第252页。

点，就是坚持彻底的唯物主义还是主观唯心主义，是一切从客观实际出发还是从主观估量出发的问题。

党内早期的一些教条主义者习惯从"本本"出发，拿着马克思主义的"本本"和苏联的经验在中国"瞎指挥"，他们排挤一切从中国实际出发、通过调查研究解决问题的同志，从各个方面实施"左"倾机会主义政策，使原来顺利发展的革命形势遭到了严重破坏，党和红军付出了极为沉重的代价。为纠正党内存在的一些错误思想和解决党领导下的红军发展的一系列根本问题，毛泽东于1929年12月主持召开了红四军党的第九次代表大会，通过了古田会议决议。在毛泽东起草的这份决议中，尖锐地批评了主观主义的指导，认为这种指导，"其必然的结果，不是机会主义，就是盲动主义"。提到纠正主观主义的方法，决议讲了三条，包括用马克思列宁主义的方法去代替主观主义的分析和估量、要注意社会经济的调查和研究、说话要有证据等。[1]这些都与调查研究相关。但具体怎么做，决议里不可能说得那么详细和透彻，这些问题从理论上进一步思考和解决，是在几个月后的《反对本本主义》这篇文章中。

《反对本本主义》是毛泽东在探索中国革命道路初期的实践总结和理论思考，反映了"探路"时期的思想结晶。这篇文章从"调查工作"切入，第一句就点明了调查工作的极端重要性："没有调查，没有发言权。"[2]从根本上讲，这篇文章讲的是彻底的唯物主义者的世界观和方法论问题，讲的是共产党人遵循的思想路

---

[1]《毛泽东选集》第1卷，人民出版社1991年版，第91—92页。
[2]同上书，以下凡引《反对本本主义》一文，不再作注，均见该书第109—118页。

线问题。

最早思考并提出党的思想路线问题的，就是毛泽东，就是《反对本本主义》这篇文章。毛泽东反复思考了本本主义、教条主义给我党带来的严重危害，针对那些具有"一切拿本本来""一成不变的保守的形式""空洞乐观的头脑"，以及那些试图靠"本本"就能"保障了永久的胜利""只要遵守既定办法就无往而不胜利"的想法，他明确提出了党的思想路线问题："这些想法是完全错误的，完全不是共产党人从斗争中创造新局面的思想路线，完全是一种保守路线。"

在这篇文章中，毛泽东从七个方面阐述了共产党人的世界观和方法论，特别是从批评教条主义的角度，以先"破"后"立"的方式，凝练了毛泽东思想的一些理论精髓。

讲到一切从实际出发、实事求是时，毛泽东批评党内一些干部，对上级领导机关的指示"不根据实际情况进行讨论和审察，一味盲目执行，这种单纯建立在'上级'观念上的形式主义的态度是很不对的。为什么党的策略路线总是不能深入群众，就是这种形式主义在那里作怪"。

讲到群众路线问题时，毛泽东批评一些新接任工作的干部，喜欢一到任就宣布政见、指手画脚、纯主观地"瞎说一顿"，"他一定要弄坏事情，一定要失掉群众，一定不能解决问题"。号召大家"到群众中作实际调查去"。

讲到独立自主问题时，毛泽东特别强调："马克思主义的'本本'是要学习的，但是必须同我国的实际情况相结合。""中国革命斗争的胜利要靠中国同志了解中国情况。"

讲到纠正领导干部的作风问题时，毛泽东尖锐地指出："你对于某个问题没有调查，就停止你对于某个问题的发言权。这不太野蛮了吗？一点也不野蛮。你对那个问题的现实情况和历史情况既然没有调查，不知底里，对于那个问题的发言便一定是瞎说一顿。瞎说一顿之不能解决问题是大家明了的，那末，停止你的发言权有什么不公道呢？许多的同志都成天地闭着眼睛在那里瞎说，这是共产党员的耻辱，岂有共产党员而可以闭着眼睛瞎说一顿的吗？"

讲到共产党的政策和策略的源泉时，毛泽东特别反对闭门造车的作风，他指出："共产党的正确而不动摇的斗争策略，决不是少数人坐在房子里能够产生的，它是要在群众的斗争过程中才能产生的，这就是说要在实际经验中才能产生。"

这篇文章从批评本本主义、教条主义入手，初步阐述了毛泽东思想的一些基本点，由此也成为毛泽东思想的奠基性著作。这种奠基性，从这篇文章留下的一些永恒准则或经典语言中也可以看出来。比如："没有调查，没有发言权""注重调查！反对瞎说！""调查就是解决问题""你对于那个问题不能解决吗？那末，你就去调查那个问题的现状和它的历史吧！你完完全全调查明白了，你对那个问题就有解决的办法了""一切结论产生于调查情况的末尾，而不是在它的先头""调查就象'十月怀胎'，解决问题就象'一朝分娩'""我们说马克思主义是对的，决不是因为马克思这个人是什么'先哲'，而是因为他的理论，在我们的实践中，在我们的斗争中，证明了是对的""我们需要'本本'，但是一定要纠正脱离实际情况的本本主义""离开实际调查就要产生唯心的阶级估量和唯心的工作指导，那末，它的结果，不是机会主义，便是盲动主义""必须洗刷唯心精神，防止一切机会主义盲动主义错误出现，才能完成争取群众战胜敌人的任务""必须努力作实际调查，才能洗刷唯心精神""社会经济调查，是为了得到正确的阶级估量，接着定出正确的斗争策略""我们的主要目的，是要明了社会各阶级的政治经济情况""我们调查所要得到的结论，是各阶级现在的以及历史的盛衰荣辱的情况""我们调查工作的主要方法是解剖各种社会阶级，我们的终极目的是要明了各种阶级的相互关系，得到正确的阶级估量，然后定出我们正确的斗争策略""我们要了解农村，也要了解城市，否则将不能适应革命斗争的需要""速速改变保守思想！换取共产党人的进步的斗争思想！到斗争中去！到群众中作实际调查去！""要亲身出马，凡担负指导工作的人，从乡政府主席到全国中央政府主席，从大队长到总司令，从支部书记到总书记，一定都要亲身从事社会经济的实际调查，不能单靠书面报告""要自己做记录""假手于人是不行的"，等等。这些论断表明，毛泽东在探索中国革命正确道路过程中，思考的是中国共产党人的思想路线问题，阐述的是世界观和方法论问题。

就在毛泽东提出"没有调查，没有发言权"的著名论断不久，他在实践中又对这一论断做了补充和发展。1931年4月，毛泽东为中央革命军事委员会总政治部起草了一份《总政治部关于调查人口和土地状况的通知》，进一步提出："我们的口号是：一，不做调查没有发言权。二，不做正确的调查同样没有发言权。"[1]由此可见，这些重要论断做出后，并没有停止不前，而是在边探索、边思考中不断深化。

---

[1]《毛泽东文集》第1卷，人民出版社1993年版，第267—268页。

### 三、整风：20 世纪 40 年代在延安时期以此融贯整风

从一定意义上讲，以调查研究和反对本本主义、教条主义为切入点，提出从中国具体实际出发、把马克思列宁主义普遍原理同中国具体实践相结合从而创造新局面的思想路线，这一出发点和落脚点，一开始就铸起了毛泽东思想的魂，奠定了毛泽东思想的基础，由此也就具备了党的事业能够取得胜利的思想武器。对这一点，叶剑英曾以自己的切身体会说过："同志们试想，如果毛泽东同志在一九二七年大革命失败以后和遵义会议以后，不从中国当时的实际出发，不反对本本主义和教条主义，本本怎样说就怎样做，中国革命能够胜利吗？能够有毛泽东思想吗？"[1]他认为，不反对本本主义、教条主义，就不可能产生毛泽东思想，我们党的事业就不可能取得胜利。

当然，找到一条符合中国实际的革命道路，不是一件容易的事；找到并坚持一条正确的思想路线，更不容易。在把马克思主义与中国实际相结合的实践探索中，我们党历经艰难曲折。毛泽东 1930 年提出的反对本本主义和注重调查研究的思想，并不是立即就被党内所理解和接受的，不仅如此，一些"靠本本吃饭"的人甚至讥笑毛泽东这套理论为"狭隘经验论"，以致本本主义、教条主义和"保守路线"在很长时间里仍然在党内很有市场。这个问题，直到延安时期才基本解决。

延安时期，随着伟大的抗日战争全面深入，中国共产党要承

---

[1] 叶剑英：《在庆祝中华人民共和国成立三十周年大会上的讲话》，《人民日报》1979 年 9 月 30 日。

担起引领中华民族前进方向的伟大任务,就必须从根本全面解决党的作风问题特别是思想路线问题。毛泽东号召全党反对主观主义以整顿学风、反对宗派主义以整顿党风、反对党八股以整顿文风,整顿"三风"当中首先一条就是要整顿包括本本主义、教条主义在内的主观主义倾向,消除这些倾向给党带来的负面影响。

在这之前,毛泽东就深刻总结了中国革命的实践经验,写下了《实践论》《矛盾论》等重要著作,从理论上系统清算了党内的主观主义特别是教条主义,阐述了辩证唯物主义的世界观和方法论,为全党解决思想路线问题奠定了理论基础。进入整风时期,要确立一切从实际出发、实事求是的马克思主义思想路线,就必须重申调查研究的极端重要性,进一步解决与本本主义、教条主义等主观主义作风相勾连的一系列重大问题。为此,毛泽东系统地回答了《反对本本主义》中提出来却没有条件深入回答的一系列理论和实践问题。

## (一)"实事求是、不尚空谈"

"实事求是",是毛泽东为扫除主观主义作风为共产党人确立的世界观和方法论。本本主义、教条主义等主观主义作风的一大特点就是不从实际出发,不进行深入细致的调查研究,只会空洞说教。毛泽东早在《反对本本主义》一文中就特别批评过"闭着眼睛瞎说一顿"的作风,尖锐地指出:"只有蠢人,才是他一个人,或者邀集一堆人,不作调查,而只是冥思苦索地'想办法','打主意'。须知这是一定不能想出什么好办法,打出什么好主意的。换一句话说,他一定要产生错办法和错主意。"

为了彻底纠正这种不良风气,引导全党求真务实,毛泽东自

1937年秋天开始，就汇集了自己留存下来的调查报告，即"亲手从农村中收集的材料"，以《农村调查》为题结集（遗憾的是，当时没有找到1930年写的长文《调查工作》和短文《反对本本主义》）。1941年正式出版前，他特别"申明"："出版这个参考材料的主要目的，在于指出一个如何了解下层情况的方法，而不是要同志们去记那些具体材料及其结论。""是为了帮助同志们找一个研究问题的方法。"并要求领导干部："对于担负指导工作的人来说，有计划地抓住几个城市、几个乡村，用马克思主义的基本观点，即阶级分析的方法，作几次周密的调查，乃是了解情况的最基本的方法。只有这样，才能使我们具有对中国社会问题的最基础的知识。"[1]

随后，毛泽东进一步升华了调查研究思想，于1942年在《改造我们的学习》中，明确概括了我们党的思想路线，清晰地阐述了"实事求是的态度"："'实事'就是客观存在着的一切事物，'是'就是客观事物的内部联系，即规律性，'求'就是我们去研究。我们要从国内外、省内外、县内外、区内外的实际情况出发，从其中引出其固有的而不是臆造的规律性，即找出周围事变的内部联系，作为我们行动的向导。"[2]他把中国传统文化中有关"修学好古，实事求是""务得事实，每求真是"的思想加以升华，与马克思主义理论有机地结合起来，赋予了"实事求是"以丰富的思想内涵，创造性地融入了毛泽东思想的精髓。应该说，在《反对本本主义》一文中，毛泽东只是提出了"思想路线"的问题，

---

[1]《毛泽东农村调查文集》，人民出版社1982年版，第14—15、17页。
[2]《毛泽东选集》第3卷，人民出版社1991年版，第801页。

着重强调了反对本本主义、教条主义，从实际出发进行调查研究，以及"从斗争中创造新局面"的意思，而到了延安时期，毛泽东则从哲学高度，明确地概括了实事求是的思想路线，确立了实事求是在中国共产党人指导思想中的精髓和核心地位。

不仅如此，毛泽东还从各个角度通俗地阐述了实事求是的马克思主义作风。比如，他专门提出了"深入群众，不尚空谈"的号召[1]，并解释说："不尚空谈，就是实事求是地解决问题，就是要实干，不讲空话。"并亲自为中央党校确定了"实事求是，不尚空谈"的校训，[2]用于教育干部，目的是以这样的干部作风引领中国共产党承担起民族独立和走向复兴的历史重任。

## （二）"眼睛向下"，"放下臭架子，甘当小学生"

"眼睛向下"，是毛泽东为扫除主观主义作风提倡的一种根本态度和着眼点。本本主义、教条主义的一大习惯就是眼睛里只有书本和上级，热衷于唯书、唯上。早在《反对本本主义》中，毛泽东就批评过那些"以为上了书的就是对的"和"单纯建立在'上级'观念上的形式主义的态度"，指出："盲目地表面上完全无异议地执行上级的指示，这不是真正在执行上级的指示，这是反对上级指示或者对上级指示怠工的最妙方法。"

延安时期，毛泽东极力提倡共产党人不能唯书、唯上，要唯实。他特别强调："共产党员对任何事情都要问一个为什么，都

---

[1] 1942年3月8日，毛泽东为《解放日报》的题词，见《毛泽东年谱（1893—1949）》（修订本）中卷，中央文献出版社2013年版，第367页。

[2]《十三大以来重要文献选编（中）》，中央文献出版社1991年版，第1189页。

要经过自己头脑的周密思考，想一想它是否合乎实际，是否真有道理，绝对不应盲从，绝对不应提倡奴隶主义。"[1]这种思想风格和工作作风，对全党上下影响很大。

要想"合乎实际"，就必须"眼睛向下"，"向群众学习"。这就是毛泽东提倡的调查研究的态度。毛泽东自己以身作则，眼睛向下，甘当群众的小学生。他诚恳地说："和全党同志共同一起向群众学习，继续当一个小学生，这就是我的志愿。"毛泽东要求党内同志特别是领导干部，要有"眼睛向下"和"甘当小学生"的态度和精神："没有满腔的热忱，没有眼睛向下的决心，没有求知的渴望，没有放下臭架子、甘当小学生的精神，是一定不能做，也一定做不好的。必须明白：群众是真正的英雄，而我们自己则往往是幼稚可笑的，不了解这一点，就不能得到起码的知识。"[2]

要想"合乎实际"，就必须"面向下层"，不能"昂首望天"。他提醒干部们："我们是信奉科学的，不相信神学。所以，我们的调查工作要面向下层，而不是幻想。"在印发《农村调查》时，毛泽东在"序言"中也特别提出了到实际中去、到下层去了解生动的情况，明确提出："要了解情况，唯一的方法是向社会作调查，调查社会各阶级的生动情况。"他反复强调，眼睛向下就是要面向下层，"不要只是昂首望天"，否则"一辈子也不会真正懂得中国的事情"。[3]

---

[1]《毛泽东选集》第3卷，人民出版社1991年版，第827页。
[2]《毛泽东农村调查文集》，人民出版社1982年版，第16—18页。
[3]同上书，第15—16页。

## （三）"事物是运动变化进步着的，我们的调查也是长期的"

建立"长期的"调查研究制度，是毛泽东为扫除主观主义作风着力加强的基础性建设。本本主义、教条主义的一大顽疾是以僵化的、一成不变的眼光看问题和处理事情。毛泽东早在《反对本本主义》一文中就严肃地批评过"那些具有一成不变的保守的形式的空洞乐观的头脑的同志们"，认为他们"完全是一种保守路线"。因此他提出："我们需要时时了解社会情况，时时进行实际调查。"他提倡"时时了解""时时调查"，就是一种制度性思考，因为只有这样才能阻断本本主义者们的"保守路线"。

延安时期，全面系统地清扫主观主义显得更加迫切。为此，毛泽东向全党提出了系统地调查研究的任务，推行周密地调查研究的计划，作为转变党的作风和决定政策的基础一环。他提醒全党同志："我党现在已是一个担负着伟大革命任务的大政党，必须力戒空疏，力戒肤浅，扫除主观主义作风，采取具体办法，加重对于历史，对于环境，对于国内外、省内外、县内外具体情况的调查与研究。"[1]要想彻底"扫除主观主义作风"，"加重调查与研究"，就必须建立起一定的制度。所以毛泽东在确立党的实事求是思想路线基础上，进一步考虑建立调查研究制度的问题，提倡共产党人要学会时时做、长期做且永远做调查研究工作。1941年8月1日，毛泽东亲自为中共中央起草了《关于调查研究的决定》，在这份制度性文件中，他仍然从《反对本本主义》中提出的首要观点出发，警示全党："党内许多同志，还不了解没有调查就没有发言权这一真理。还不了解系统的周密的社会调查，是

---

[1]《毛泽东文集》第2卷，人民出版社1993年版，第360—361页。

决定政策的基础。还不知道领导机关的基本任务,就在于了解情况与掌握政策,而情况如不了解,则政策势必错误。"他特别指出:"粗枝大叶、自以为是的主观主义作风,就是党性不纯的第一个表现;而实事求是,理论与实际密切联系,则是一个党性坚强的党员的起码态度。"[1]这个决定,为我们党建立调查研究制度打下了重要基础。

经毛泽东和中共中央大力倡导,全党上下形成了调查研究的风气,许多单位组成调查团,按照"眼睛向下"的精神,深入到农村、基层,扎到群众中去搞调查,了解中国的实情,急群众之所急、想群众之所想,从实际出发解决中国自身的问题。《关于调查研究的决定》发出不久,中央妇委和中共中央西北局组成调查团,准备下去做调查工作,走之前向毛泽东提出了许多问题。毛泽东应约与他们做了一次长谈。这次谈话,后来整理成《关于农村调查》一文。毛泽东开门见山,从调查工作的长期性谈起,谈到的几个重要观点,都反映了他对调查研究工作的制度性思考。首先提到,马克思主义是从终生进行的调查研究中产生的。毛泽东说:"认识世界,不是一件容易的事。马克思、恩格斯努力终生,作了许多调查研究工作,才完成了科学的共产主义。列宁、斯大林也同样作了许多调查。"第二,解决中国的问题,必须学会全面系统地做调查研究工作。毛泽东说:"中国革命也需要作调查研究工作,首先就要了解中国是个什么东西(中国的过去、现在及将来)。可惜很多同志常是主观主义,自以为是,完全不重视调查研究工作。"第三,到下面去做调查研究工作的同志,要深

---

[1]《毛泽东文集》第2卷,人民出版社1993年版,第360—361页。

入中国农村,特别是要了解中国各阶级的状态。毛泽东说:"老老实实地来开始研究实际的阶级斗争","同志们的任务是脚踏实地去钻,去努力"。第四,调查研究是长期的、永久的。他说:"事物是运动的,变化着的,进步着的。因此,我们的调查,也是长期的。今天需要我们调查,将来我们的儿子、孙子,也要作调查,然后,才能不断地认识新的事物,获得新的知识。"[1]

从上面这几个侧面可以看出,毛泽东自从写作《反对本本主义》以后,对其中相关问题的思考和探索不仅没有停止,而且一步步深化。到了延安时期,全党上下调查研究蔚然成风,实事求是路线基本确立,思想方法和工作方法也归于科学,而那种曾经讥笑毛泽东的调查研究理论是"狭隘经验论"的本本主义、教条主义,也就没有了市场。这恰恰印证了毛泽东在延安印发《农村调查》报告集和进一步提倡全党调查研究的必要性和正确性。毛泽东在印发这本报告集的序言中曾说过:"一切实际工作者必须向下作调查。对于只懂得理论不懂得实际情况的人,这种调查工作尤有必要,否则他们就不能将理论和实际相联系。'没有调查就没有发言权',这句话,虽然曾经被人讥为'狭隘经验论'的,我却至今不悔;不但不悔,我仍然坚持没有调查是不可能有发言权的。"[2]延安整风后不久,伟大的抗日战争取得胜利,更加证明了毛泽东"没有调查,没有发言权"这一论断的正确性。

如果从《反对本本主义》的思想内涵角度审视毛泽东思想的形成和发展过程,是否可以这样说,自 1930 年毛泽东在《反对

---

[1]《毛泽东农村调查文集》,人民出版社 1982 年版,第 21 页。
[2]同上书,第 17 页。

本本主义》中初步阐述中国共产党人的世界观和方法论、提出共产党人的思想路线问题起，毛泽东思想就是沿着一条思想路线的主线不断深化的，到了延安时期，随着实事求是思想路线的确立，全党上下真正解决了马克思主义的世界观和方法论问题，毛泽东思想也走向成熟。

经过延安整风，我们党成为比较成熟的马克思主义政党，在毛泽东思想的教育和指导下，在斗争实践的锤炼下，涌现出一大批能够将马克思主义与中国实际有机结合并在实践中创造性地运用马克思主义理论的干部。正如毛泽东所期待的，"不但造就了一大批会治党会治国的有力的骨干，而且造就了一大批会治军的有力的骨干"。[1]在他们的带领下，中国革命终于取得成功，建立了新中国。

## 四、反思：20世纪60年代反思社会主义建设问题时重新解读

思想路线问题的解决，不是一劳永逸的，本本主义、教条主义这类主观主义的东西，也不是轻易就能退出历史舞台的。新中国成立后毛泽东特别提醒大家："主观主义永远都会有，一万年，一万万年，只要人类不毁灭，总是有的。有主观主义，总要犯错误。"[2]也就是说，理论与实践相结合的问题，是个永不停息的过程，不会终结于一次性完成。这个"永远在路上"的客观规律，在社会主义建设时期也体现出来。

---

[1]《毛泽东选集》第2卷，人民出版社1991年版，第548页。
[2]《毛泽东文集》第7卷，人民出版社1999年版，第90页。

### (一)"教训就是理论和实践相脱离"

在探索社会主义建设道路过程中,本本主义、教条主义的旧残余和新花样,时不时沉渣泛起、翻新再现。针对出现的问题,毛泽东经常结合《反对本本主义》中讲述的一些基本道理,有针对性地提醒党内同志注意防范理论脱离实际的危险。对"大跃进"问题的反思,就是一个很典型的例子。

自1958年年初发动"大跃进"运动后,毛泽东不是没有担心的。从历史文献中可以看出,发动"大跃进"的是毛泽东,但头脑发热的却是全党上下;而最早认识到"大跃进"问题并主动降温的,也是毛泽东本人。自1958年3月起,仅当年他对"大跃进"发表反思和批评的谈话就不下十次。毛泽东严肃批评那些不从实际出发、不实事求是、"吹牛吹得太大"的做法,要求大家"把指标降低"。比如,1958年3月,他针对一些同志总是习惯"照搬""硬搬"经验和规章制度,在社会主义建设时期仍不结合实际做细致分析、不独立思考的现象,明确指出:"忘记了历史上教条主义的教训。教训就是理论和实践相脱离。"他批评这些同志既不讲唯物论,也不讲辩证法,"缺乏独创精神"。[1] 7月,毛泽东针对一些同志身上存在的教条主义,严肃批评说:"马克思和列宁都说过,他们的理论仅仅是行动的指南,是指导方向的,不能当作教条。但我们有些同志就是不懂得这一点,后来受了损失,吃了苦头,才明白了。"[2] 在领导社会主义建设过程中,越是在党和国家面临困难和挫折的时候,毛泽东越侧重提醒

---

[1]《毛泽东文集》第7卷,人民出版社1999年版,第366页。
[2] 同上书,第383页。

党内头脑发热的同志要注意防止教条主义、避免主观主义。他多次借用历史经验告诫大家:"过去,在民主革命中,我们受主观主义的害时间很长,受了很大的惩罚,根据地差不多丧失干净,革命力量丧失百分之九十以上,一直到这个时候我们才开始觉悟。经过延安整风,着重调查研究,从实际出发,才把这个问题搞清楚。马克思主义的普遍真理一定要同中国革命的具体实践相结合,如果不结合,那就不行。"[1]

这些情况恰恰说明,无论是革命时期还是建设年代,没有调查研究或者不做正确的调查,不从实际出发,就会背离正确的思想路线,就会犯严重的错误。曾经的教训让毛泽东记忆犹新;现时的失误和曲折又迫使他经常反思。

## (二)这篇"老文章""看来还有些用处"

随着"大跃进"和人民公社化运动的失误,再加上天灾不断,中国经济社会进入三年困难时期。为找到带领人民走出困境的办法,毛泽东不断总结并深入反思。1960年6月18日,他在中央政治局扩大会议期间,写了一份提纲式的《十年总结》,第一句话就是从批评党内仍然存在的"洋教条"开始的:"前八年照抄外国的经验。但从一九五六提出十大关系起,开始找到自己的一条适合中国的路线。"然后梳理了我们党在"大跃进"期间犯错误的过程,指出:"郑重的党在于重视错误,找出错误的原因,分析所以犯错误的主观和客观原因,分开改正。"并郑重提出,对今后的社会主义革命和建设,"我们要以第二个十年时间

---

[1]《毛泽东文集》第7卷,人民出版社1999年版,第90页。

去调查它，去研究它，从其中找出它的固有的规律"。[1]

鉴于导致"大跃进"中各种错误的一个基本原因是情况不明、脱离实际，毛泽东于1961年年初号召全党大兴调查研究之风，恢复党的实事求是作风。1月13日，他在主持中央工作会议的时候，回想起当年做寻乌调查和写《反对本本主义》时的情景，自我检讨说："建国以来，特别是最近几年，我们对实际情况不大摸底了，大概是官做大了。我这个人就是官做大了，我从前在江西那样的调查研究，现在就做得很少了。"为此，他提出："今年搞一个实事求是年好不好？"1月18日，他在主持中共八届九中全会时，再次提出："希望今年这一年，一九六一年成为一个调查年，大兴调查研究之风。"[2]

恰好在这个时候，毛泽东看到了三十年前写的那篇"老文章"《调查工作》(后改名《反对本本主义》)。在印发党内学习前，1月20日，毛泽东先送给自己身边将要下去搞农村调查的三个调查组成员每人一份，要求大家先讨论一下，然后再去搞农村调查。他特别提出："给三组二十一个人看并加讨论，至要至要！！！"[3]用了两个"至要"、三个感叹号，可见对这篇"老文章"的极度重视。

八届九中全会以后，毛泽东也离开北京，一路南下亲自做深入细致的调查工作，并一路讲"大兴调查研究之风"的道理。3月间，他在广州主持召开中央工作会议。会前，印发了新找到的

---

[1]《建国以来毛泽东文稿》第9册，中央文献出版社1996年版，第213—216页。
[2]《毛泽东年谱(1949—1976)》第4卷，中央文献出版社2013年版，第524、526页。
[3]《毛泽东书信选集》，中央文献出版社2003年版，第530页。

《调查工作》一文。毛泽东特别在印发前批示说："这是一篇老文章，是为了反对当时红军中的教条主义思想而写的。那时没有用'教条主义'这个名称，我们叫它做'本本主义'。写作时间大约在1930年春季，已经三十年不见了。1961年1月，忽然从中央革命博物馆里找到，而中央革命博物馆是从福建龙岩地委找到的。看来还有些用处，印若干份供同志们参考。"[1]为强调这篇文章的重要性，毛泽东还恳切地说："建议同志们研究一下。可以提出反对意见，但不要置之不理。"[2]在这样的特殊时期，对一篇"老文章"如此看重，这在毛泽东一生中是少见的。

### （三）"文章中心点是要做好调查研究工作"

几十年过去了，时过境迁，革命战争年代所做的调查及其总结，是不是还适合社会主义建设时期的情况？对这一点，毛泽东还是极为审慎的，他说："这篇文章，我不赞成现在公开发表，只在内部印给大家看看就是了。"[3]同时，毛泽东对这篇文章的思想价值和现实作用极为看重、极为珍惜。

1961年3月23日，他在广州主持召开中央工作会议时，为有利于大家讨论《中共中央关于认真进行调查工作问题给各中央局，各省、市、区党委的一封信》，专门逐节详细解读了《调查工作》这篇文章（印发时已改名为《关于调查工作》）。

讲到第一节，毛泽东首先交代，这篇文章里面讲的一些问题

---

[1]《建国以来毛泽东文稿》第9册，中央文献出版社1996年版，第438页。
[2]《毛泽东文集》第8卷，人民出版社1999年版，第251页。
[3]同上书，第256页。

是针对民主革命的,"现在的问题是社会主义革命和社会主义建设的问题"。毛泽东同时也点明了这篇文章的现实意义:"有一些用处,就是讲文章中心点是要做好调查研究工作。建立一条马克思列宁主义路线是很不容易的。"他从调查研究和思想路线高度,强调了这篇文章的重要性。

讲到第二节,毛泽东解释了当时为什么要强调"调查就是解决问题",重申:"要做调查研究,做典型的调查研究。"

讲到第三节,也就是以"反对本本主义"为小标题的一节,毛泽东提示:"这里头包含一个破除迷信的问题。那个时候不管三七二十一,只要是上级的东西就认为是好的。"

讲到第四节,毛泽东强调"离开实际调查就要产生唯心的阶级估量和唯心的工作指导"的道理,现在依然适用:"无论城市或农村,都不能离开阶级分析。"

讲到第五节,毛泽东解释了原文中所提的"调查工作的纵断法和横断法",说明"这两个名词我只用了一次,写出这篇文章之后我自己也没有再用过"。他批评一些人调查方法是错误的、调查的结果就像挂了一篇"狗肉账","只是收集许多材料,没有观点,没有思想"。

讲到第六节,毛泽东重申解决中国的问题"要靠中国同志了解中国情形,不能依靠外国同志了解中国情形"。

讲到第七节,毛泽东分别解释了几种常用的调查方法。特别强调从基层干部到最高领导人"都要亲身出马","一定要亲身从事社会经济的实际调查,不能单靠书面报告";"要自己当记录","假手于人是不行的"。

解读完每一节后,毛泽东结合革命和建设时期的经验,坚定地说:"我总是不相信没有调查会有发言权的。""我的经验历来如此,凡是忧愁没有办法的时候,就去调查研究,一经调查研究,办法就出来了,问题就解决了。""民主革命阶段,要进行调查研究,社会主义革命和社会主义建设阶段,还是要进行调查研究,一万年还是要进行调查研究工作。"

在解读这篇文章时,毛泽东还为自己近些年来缺少调查研究承担了责任和过错,诚恳地说:"为补过起见,现在我来提倡一下。""没有调查研究,是不能产生正确的具体政策的。"[1]会后他又在一封给领导干部的信中特别提出:"各级党委,不许不作调查研究工作。绝对禁止党委少数人不作调查,不同群众商量,关在房子里,作出害死人的主观主义的所谓政策。"[2]

我们极少见到毛泽东对自己几十年前写的一篇文章如此看重并在中央工作会议上做如此详细的逐节解读,其重要性及其现实指导作用是不言而喻的。谈到毛泽东这篇文章的重要性,刘少奇在会议发言中重复了两个"最根本":"调查研究是做好工作的最根本的方法","调查研究是今后改进工作的最根本的方法"。并强调说:"要提到这样一个高度。毛主席的文章,提得非常尖锐:调查研究是世界观,又是方法论,是彻底的唯物主义者、共产主义者必须坚持的。"[3]会议期间,中共中央在《关于认真进行调查工作问题给各中央局,各省、市、区党委的一封信》中是这样说的:这篇文章是"一个极其重要的文件,有十分重大的理论

---

[1]《毛泽东文集》第8卷,人民出版社1999年版,第256—265页。
[2]同上书,第272页。
[3]《刘少奇论新中国经济建设》,中央文献出版社1993年版,第418、420—421页。

意义和实际意义"。[1]

自 20 世纪 60 年代初起，在毛泽东的亲自倡导和带动下，以调查研究作为"做好工作"和"改进工作"的"最根本方法"，全党上下大兴调查研究之风，重新找回马克思主义思想路线，使得各方面的工作有了很大的改观，国民经济和社会发展很快有了起色，走出了"大跃进"带来的困境。回顾历史，我们可以清晰地看到，凡是真正贯彻实事求是的思想路线，坚持一切从实际出发、到基层和群众中做深入细致的调查研究，我们党和国家的事业就能够取得胜利；如果相反，我们就会犯错误、事业就会遭受挫折。

一篇文章、一个概念，生命力如此之强大和久远，对我们党的指导思想、路线方针和干部作风产生如此长远和深厚的影响，对党和国家事业发挥如此大的推动作用，这在我们党还处在幼年时期产生的文章中是非常少见的。关键就在于，这篇文章的"中心点"是讲做好调查研究工作的极端重要性，核心和根本问题是阐述我们党实事求是的思想路线。这就是毛泽东思想的深邃内涵和无穷魅力所在。正如邓小平所说的："一个党，一个国家，一个民族，如果一切从本本出发，思想僵化，迷信盛行，那它就不能前进，它的生机就停止了，就要亡党亡国。"[2] 习近平也明确指出："实事求是是马克思主义的精髓，是我们共产党人的重要思想方法。我们过去取得的一切成就都是靠实事求是。今天，我们要把中国特色社会主义事业继续推向前进，还是要靠实事求是。"[3]

---

[1]《建国以来重要文献选编》第 14 册，中央文献出版社 1997 年版，第 225 页。
[2]《邓小平文选》第 2 卷，人民出版社 1994 年版，第 143 页。
[3] 习近平：《在纪念朱德同志诞辰 130 周年座谈会上的讲话》（2016 年 11 月 29 日），《人民日报》2016 年 11 月 30 日。

# 创 新

## "从斗争中创造新局面"——毛泽东提出思想路线的本意

再深入谈论毛泽东如何"靠实事求是吃饭",就需要进一步探究毛泽东提出思想路线问题的本意了。

如果要简单界定一下毛泽东的思想风格和实践风格,他自己说过的一句话最为准确,那就是"从斗争中创造新局面"。

毛泽东在《反对本本主义》一文中提出思想路线问题时,其含义就是"从斗争中创造新局面"。自那以后,一切从实际出发、实事求是地开创新局面,就成为中国共产党的思想传统和实践品格。"从斗争中创造新局面",一直是中国共产党人坚持思想路线的内在要求。

自1930年5月毛泽东首次在《反对本本主义》一文中提出中国共产党人的"思想路线"这一概念后,中国共产党人才真正开始树立起一切从实际出发、实事求是的理论自信。

随着时代的变迁,随着历史的发展,随着我们面临的问题已经发生巨大的变化。我们看到,我们党在各个历史时期、面临不同的时代课题时,所坚守的思想传统和实践品格,依然历久弥坚。

毛泽东曾在20世纪60年代初总结社会主义建设经验的时候深刻指出:"从现在起,五十年内外到一百年内外,是世界上社会制度彻底变化的伟大时代,是一个翻天覆地的时代,是过去任何一个历史时代都不能比拟的。处在这样一个时代,我们必须准备进行同过去时代的斗争形式有着许多不同特点的伟大的斗争。"他特别强调,"我们必须把马克思列宁主义的普遍真理同中国社会主义建设的具体实际,并且同今后世界革命的具体实际,尽可能好一些地结合起来,从实践中一步一步地认识斗争的客观规律",才能"取得最后的胜利"的道理。[1]——这就是说,处在"伟大时代","必须准备进行同过去时代的斗争形式有着许多不同特点的伟大的斗争"!

中国特色社会主义进入新时代后,习近平总书记进一步深刻指出:"越是伟大的事业,往往越是充满艰难险阻,越是需要开拓创新。中国特色社会主义是前无古人的伟大事业,改革开放和社会主义现代化建设还有很长的路要走。在前进道路上,我们将进行许多具有新的历史特点的伟大斗争。"[2]"一定要坚持解放思想,开拓进取,这是坚持实事求是的内在要求。"[3]——这就是说,中国特色社会主义进入新时代,我们更要"进行许多具有新的历史特点的伟大斗争"!

历史和现实都提醒我们,在前进道路上,必须进一步坚持党的实事求是思想路线,深刻理解和深入把握在复杂斗争中开拓创新的内在要求。

---

[1] 毛泽东:《在扩大的中央工作会议上的讲话》(1962年1月30日)。
[2]《习近平谈治国理政》第二卷,外文出版社2017年版,第6页。
[3] 习近平:《在中央党校春季学期第二批入学学员开学典礼上的讲话》(2012年5月16日)。

创新 "从斗争中创造新局面"——毛泽东提出思想路线的本意

## 一、"从斗争中创造新局面",是马克思主义思想路线的题中应有之义

在《反对本本主义》中,毛泽东开门见山提出"没有调查,没有发言权"的论断,并揭示了一切从实际出发而不能从本本出发的道理。特别值得注意的是,毛泽东深刻指出了"斗争"一义在共产党人思想中的极端重要性,他提出思想路线问题,是从反对本本主义和保守思想切入的,也是从共产党人的斗争策略着眼的。他特别指出:"共产党的正确而不动摇的斗争策略,决不是少数人坐在房子里能够产生的,它是要在群众的斗争过程中才能产生的,这就是说要在实际经验中才能产生。"他严肃批评"那些具有一成不变的保守的形式的空洞乐观的头脑的同志们,以为现在的斗争策略已经是再好没有了",以为靠"本本"就能"保障了永久的胜利,只要遵守既定办法就无往而不胜利"。正是从这一点出发,他明确提出了共产党人的"思想路线"问题,点明了这条思想路线的本质特征,指出:"这些想法是完全错误的,完全不是共产党人从斗争中创造新局面的思想路线,完全是一种保守路线。"他警告那些"保守路线"的同志:"这种保守路线如不根本丢掉,将会给革命造成很大损失,也会害了这些同志自己。"并"大声疾呼,唤醒这些同志":"速速改变保守思想!换取共产党人的进步的斗争思想!到斗争中去!到群众中作实际调查去!"[1]这就是毛泽东提出思想路线问题的初衷。

从毛泽东的这些阐述以及他对保守思想、保守路线、保守形

---

[1]《毛泽东选集》第1卷,人民出版社1991版,第115—116页。

式的批评中可以看出，马克思主义政党的路线方针和斗争策略，就是在一切从实际出发而不是从本本出发中产生的，是在深入实际的调查研究中产生的，是在现实斗争中产生的。"从斗争中创造新局面"，是共产党人思想路线的实质和题中应有之义，也是我们取得胜利的根本出发点。

毛泽东思考并提出思想路线问题的着眼点，是符合马克思主义基本原则的。马克思主义认为，对立统一规律是宇宙的根本规律，正是矛盾双方又统一又斗争，才推动了事物的运动、变化、发展。"对立的统一是有条件的、暂时的、过渡的，因而是相对的，对立的斗争则是绝对的。""这种斗争永远不会完结。这是真理发展的规律，当然也是马克思主义发展的规律。"[1] 毛泽东认为，共产党人就要懂得这个规律并应用这个规律去观察问题和处理问题，引导人们认识社会实践中的复杂矛盾，并且懂得采取正确的方法处理这种矛盾，从而推动社会向前发展，创造新的局面。我们党在强调全面坚持实事求是思想路线的时候，都蕴含着开拓创新和创造新局面的内在要求。

## 二、"从斗争中创造新局面"，是中共百年探索取得成功的密钥

作为一个经历了百年锤炼的大党，中国共产党自成立之日起，就是一个勇于承担中华民族伟大复兴历史重任、前赴后继地为民族独立、人民解放和全体人民幸福生活开创新局面的政治集团。

---

[1] 毛泽东：《关于正确处理人民内部矛盾的问题》（1957年2月27日），《毛泽东文集》第7卷，人民出版社1999年版，第1页。

中国共产党的诞生，就是近现代中国历史发展新局面的一个开端。从此，在中国共产党的带领下，中国革命有了正确的前进方向，中国人民有了强大的精神力量，中国命运有了光明的发展前景。正因为有了这个新开端，才能在这片古老的土地上书写出人类发展史上惊天地、泣鬼神的壮丽史诗，创建起"中国人从此站立起来了"的新国家。艰难困苦，玉汝于成，毛泽东在新中国成立前夕曾经专门总结了中国共产党已经走过的历程及其带来的变化，以充分的事实说明："自从有了中国共产党，中国革命的面目就焕然一新了。"[1]他还说过：我们党不是和平地走过的，而是在困难的环境中走过的，要和国内外党内外的敌人作战，战斗的主要武器，就是马克思列宁主义，"中国人找到了马克思列宁主义这个放之四海而皆准的普遍真理，中国的面目就起了变化了"。[2]毛泽东这里讲的就是马克思主义指导中国共产党人创造性地开创新局面的理论魅力；也是中国共产党人善于把马克思主义普遍真理与中国具体实际相结合，一切从实际出发，实事求是地在斗争中创造新局面的实践魅力。

如果以宏观大视野观察中国共产党诞生以后在伟大斗争中开创新局面的历程，我们可以看出，建立中国共产党，成立中华人民共和国，推进改革开放和中国特色社会主义事业……一路走来，这个党带领全国各族人民在中华民族伟大复兴的历史进程中开创了一轮又一轮伟大的历史新局面。

在第一轮伟大的历史新局面中，以毛泽东同志为主要代表的

---

[1]《毛泽东选集》第4卷，人民出版社1991年版，第1357页。
[2]同上书，第1469—1470页。

中国共产党人，把马克思列宁主义基本原理同中国革命具体实践结合起来，创立了毛泽东思想，团结带领全党全国各族人民，经过长期浴血奋斗，完成了新民主主义革命，建立了中华人民共和国。毛泽东曾深刻指出，这个新局面是这样得来的："斗争，失败，再斗争，再失败，再斗争，积一百零九年的经验，积几百次大小斗争的经验，军事的和政治的、经济的和文化的、流血的和不流血的经验，方才获得今天这样的基本上的成功。"他还说："斗争，失败，再斗争，再失败，再斗争，直至胜利——这就是人民的逻辑。"[1]

新中国成立后，我们党领导人民在进一步确立社会主义基本制度和探索社会主义建设道路的进程中开创新局面，成功实现了中国历史上最深刻最伟大的社会变革，为当代中国一切发展进步奠定了根本政治前提和制度基础。特别是在社会生产力的发展、新社会制度的创建和人民当家做主的精神面貌等方面，发生了翻天覆地的时代性变化。虽然在探索中也经历了一些严重曲折，但党在社会主义革命和建设中取得的独创性理论成果和巨大成就，为在新的历史时期开创中国特色社会主义提供了宝贵经验、理论准备、物质基础。同时，确定了建设社会主义现代化强国的伟大目标。

在第二轮伟大的历史新局面中，以邓小平同志为主要代表的中国共产党人，继续发扬敢于斗争、善于斗争的精神，在党的十一届三中全会以后，通过拨乱反正，团结带领全党全国各族人民，深刻总结我国社会主义建设正反两方面经验，借鉴世界社会主义历史经验，创立了邓小平理论，做出把党和国家工作中心转

---

[1] 毛泽东：《丢掉幻想，准备斗争》，《毛泽东选集》第4卷，人民出版社1991年版，第1487页。

移到经济建设上来、实行改革开放的历史性决策，深刻揭示社会主义本质，确立社会主义初级阶段基本路线，明确提出走自己的路、建设中国特色社会主义，科学回答了建设中国特色社会主义的一系列基本问题，制定了到 21 世纪中叶分三步走、基本实现社会主义现代化的发展战略，成功开创了中国特色社会主义。这在马克思主义发展史和社会主义运动史上，都是一个伟大的创造。

在第三轮伟大的历史新局面中，以江泽民同志为主要代表的中国共产党人，在党的十三届四中全会以后，团结带领全党全国各族人民，坚持党的基本理论、基本路线，加深了对什么是社会主义、怎样建设社会主义和建设什么样的党、怎样建设党的认识，积累了治党治国新的宝贵经验，形成了"三个代表"重要思想。在国内外形势十分复杂、世界社会主义出现严重曲折的严峻考验面前，通过斗争捍卫了中国特色社会主义，确立了社会主义市场经济体制的改革目标和基本框架，确立了社会主义初级阶段的基本经济制度和分配制度，开创全面改革开放新局面，推进党的建设新的伟大工程，成功把中国特色社会主义推向 21 世纪。

在第四轮伟大的历史新局面中，以胡锦涛同志为主要代表的中国共产党人，在党的十六大以后，根据新世纪新的斗争实践要求，团结带领全党全国各族人民，深刻认识和回答了新形势下实现什么样的发展、怎样发展等重大问题，形成了科学发展观，并抓住重要战略机遇期，在全面建设小康社会进程中推进实践创新、理论创新、制度创新，强调坚持以人为本、全面协调可持续发展，形成中国特色社会主义事业总体布局，着力保障和改善民生，促进社会公平正义，推动建设和谐世界，推进党的执政能力建设和先进性建设，成功地在新的历史起点上坚持和发展了中国特色社会主义。

党的十八大以来，中国特色社会主义进入新时代，新一轮伟大的历史新局面呈现在世人面前。以习近平同志为主要代表的中国共产党人，团结带领全党全国各族人民，全面审视国际国内新的形势，进行着具有许多新的历史特点的伟大斗争，通过总结实践、展望未来，深刻回答了新时代坚持和发展什么样的中国特色社会主义、怎样坚持和发展中国特色社会主义这个重大时代课题，形成了习近平新时代中国特色社会主义思想，坚持统筹推进"五位一体"总体布局、协调推进"四个全面"战略布局，坚持稳中求进的工作总基调，对党和国家各方面工作提出一系列新理念、新思想、新战略，推动党和国家事业发生历史性变革、取得历史性成就。这些历史性变革和成就是全方位和开创性的，对推动中国社会发展也是深层次和根本性的，是以习近平同志为核心的党中央一以贯之地坚持党的实事求是思想路线，进一步带领党和人民在新时代具有许多新的历史特点的伟大斗争中取得的。

综观我们党百年历程的各个历史时期，可以看出，它始终保持着解放思想、实事求是、与时俱进的精神状态，不断开拓马克思主义理论发展的新境界，不断开创党和人民事业发展的新局面。就是在这种不断开拓创新中，中华民族进步有了独特的灵魂，国家兴旺发达有了不竭的动力，我们党的生机也有了不竭的源泉。正如习近平总书记所说："我们解放思想、实事求是，大胆地试、勇敢地改，干出了一片新天地。""创造了人间奇迹。"[1]

---

[1] 习近平：《在庆祝改革开放 40 周年大会上的讲话》（2018 年 12 月 18 日），《人民日报》2018 年 12 月 19 日。

他还明确指出:"建立中国共产党、成立中华人民共和国、实行改革开放、推进新时代中国特色社会主义事业,都是在斗争中诞生、在斗争中发展、在斗争中壮大的。"[1]

## 三、"从斗争中创造新局面",是新时代进行伟大斗争的根本要求

当今世界正处于百年未有之大变局。中国特色社会主义伟大事业进入新时代以来,党和国家面临着"船到中流浪更急,人到半山路更陡"的复杂形势,我们党领导的伟大斗争、伟大工程、伟大事业、伟大梦想既面临着难得的历史机遇,也面临着一系列重大风险考验。"越是伟大的事业,往往越是充满艰难险阻,越是需要开拓创新。"[2]在新的伟大斗争中创造性地开展工作、进一步创造新局面,既是新时代一以贯之地坚持党的实事求是思想路线的内在要求,也是建设社会主义现代化强国和实现中华民族伟大复兴的根本性要求。对此,习近平总书记特别强调:"胜利实现我们党确定的目标任务,必须发扬斗争精神,增强斗争本领。"[3]

要适应这一根本要求,需要我们做到以下几个坚持。

一是"坚持以解放思想、实事求是的态度研究和解决社会主义改革和建设中的新情况、新问题"[4]。

在新的历史环境和实践条件下,新情况和新问题层出不穷,

---

[1] 见《人民日报》2019年9月4日。
[2] 《习近平谈治国理政》第二卷,外文出版社2017年版,第6页。
[3] 见《人民日报》2019年9月4日。
[4] 习近平:《解放思想、实事求是要一以贯之》,载《求是》1999年第1期。

对此要善于调查研究，到复杂的斗争中去，到人民群众中去寻找新思路、探索新路径，归根结底还是那句话：一切从客观实际出发，而不是从本本出发。这就是为什么习近平总书记要特别引用邓小平同志有关"我们改革开放的成功，不是靠本本，而是靠实践，靠实事求是"的道理。[1]他还明确提出："始终坚持解放思想、实事求是的思想路线，在实践中大胆地闯，大胆地试，努力探索和把握事物发展的规律，从更为广阔的范围内研究新情况，解决新问题，开创新局面。"[2]

二是"坚持以解放思想、实事求是的精神去创造性地开展工作"[3]。

在百年未有之大变局下，在中华民族伟大复兴的关键时期，我们面对的新矛盾、新困难以及风险、挑战之多前所未有。近期在全球暴发的新冠肺炎疫情就是一次前所未有的重大突发公共卫生事件，我们党和国家也面临着一场极为复杂的国内国际斗争环境，在这样的复杂斗争面前，必须进一步发扬斗争精神，鼓起斗争勇气，锤炼斗争本领，探寻斗争方法。既不能无所适从，也不能墨守成规，必须按照习近平总书记要求的"打破思维定势，启发创造性思维"，"以科学的态度去进行探索和创新"。[4]"在这场严峻斗争中"，以习近平同志为核心的党中央沉着应对、周密部署、科学施策，领导各级各界同舟共济，创造出了举世公认的中

---

[1]《习近平谈治国理政》第二卷，外文出版社2017年版，第6页。
[2] 习近平：《解放思想、实事求是要一以贯之》，载《求是》1999年第1期。
[3] 同上。
[4] 同上。

国抗疫斗争新局面,"沧海横流,方显英雄本色"。[1]

这些恰恰说明,只要敢于斗争、善于斗争,并以创新思维创造性开展工作,就能很好地应对挑战、化解风险、解决难题。正如习近平总书记所强调的:"要学懂弄通做实党的创新理论,掌握马克思主义立场观点方法,夯实敢于斗争、善于斗争的思想根基,理论上清醒,政治上才能坚定,斗争起来才有底气、才有力量。""领导干部要主动投身到各种斗争中去,在大是大非面前敢于亮剑,在矛盾冲突面前敢于迎难而上,在危机困难面前敢于挺身而出,在歪风邪气面前敢于坚决斗争。"[2]

三是"坚持在解放思想、实事求是的思想路线指导下不断丰富和发展马克思主义"[3]。

开创中国特色社会主义事业新局面,与开创马克思主义新境界,是辩证统一的。一个是在解放思想、实事求是思想路线指导下的实践探索,一个是在实践探索基础上的理论总结和思想升华。正如习近平总书记指出的:"全党同志要坚持解放思想、实事求是、与时俱进、求真务实,在实践中认识真理、把握规律,用发展着的马克思主义指导新的实践,用新的实践丰富和发展马克思主义,努力开创事业发展新局面、马克思主义发展新境界。"[4]

要想在创造性的实践探索基础上丰富和发展马克思主义,就

---

[1]《习近平关于统筹疫情防控和经济社会发展重要论述选编》,中央文献出版社2020年版,第72页。

[2]《习近平谈治国理政》第三卷,外文出版社2020年版,第227页。

[3] 习近平:《解放思想、实事求是要一以贯之》,载《求是》1999年第1期。

[4] 习近平:《在纪念胡耀邦同志诞辰100周年座谈会上的讲话》(2015年11月20日),人民出版社2015年版,第10页。

要有开拓创新的政治勇气和理论胆识,尊重实践、尊重基层经验,要学会细心观察新的实践和新的发展,尊重地方、基层、群众的首创精神,并善于概括提升。要按照习近平总书记的要求:"把开拓创新作为一种常态,不断用发展着的马克思主义指导新的实践,又从实践中作出新的理论概括,敢破敢立、敢闯敢试,义无反顾把改革开放不断向前推进。"[1]

无论是总结我们党的百年奋斗史,还是观察新时代我们党领导人民继续实现宏伟目标的伟大征程,都要充分看到斗争的复杂性,更要坚持和发扬解放思想、实事求是、与时俱进的科学态度和创新精神,前者是我们面临的客观状况,后者是我们党取得胜利的基本保证。总之,客观实际是不断发展变化的,我们对客观事物及其规律的认识也是不断深化的,实事求是永无止境,解放思想也永无止境,斗争更不会停息。这就是习近平总书记为什么要求我们"在深入研究新情况、不断解决新问题的实践中努力开创各项工作新局面"[2]的根本原因。

---

[1]《习近平谈治国理政》第二卷,外文出版社2017年版,第6页。
[2] 习近平:《坚持实事求是的思想路线》,《学习时报》2012年5月28日。

# 调 查

## 从几个早期调查报告看毛泽东怎样搞调查研究

概览毛泽东一生，我们发现，他的言行都与调查研究分不开。毛泽东一生对调查研究极其重视，认为"调查研究极为重要"[1]，他不仅把调查研究看作一切工作的基础，而且把调查研究当作各级干部必须练就的基本功。

早在中国共产党的幼年时期，他就提出过"没有调查，没有发言权"[2]"不做正确的调查同样没有发言权"[3]"调查就象'十月怀胎'，解决问题就象'一朝分娩'。调查就是解决问题"[4]等体会论断。

在党较为成熟的延安时期，他告诫全党"马克思、恩格斯努力终生，作了许多调查研究工作，才完成了科学的共产主义"，"今天需要我们调查，将来我们的儿子、孙子，也要作调查，然后，才能不断地认识新的事物，获得新的知识"[5]。

新中国成立后，在探索社会主义建设规律的过程中，他又

---

[1]《毛泽东文集》第8卷，人民出版社1999年版，第234页。
[2]《毛泽东选集》第1卷，人民出版社1991年版，第109页。
[3]《毛泽东文集》第1卷，人民出版社1993年版，第268页。
[4]《毛泽东选集》第1卷，人民出版社1991年版，第110—111页。
[5]《毛泽东文集》第2卷，人民出版社1993年版，第378页。

提出了"大兴调查研究之风"[1]"做领导工作的人要依靠自己亲身的调查研究去解决问题"[2]"凡是没有办法的时候，就去调查研究"[3]"要有正确的措施，就要做调查研究工作""没有调查研究，是不能产生正确的具体政策的"[4]。

他特别强调："民主革命阶段，要进行调查研究，社会主义革命和社会主义建设阶段，还是要进行调查研究，一万年还是要进行调查研究工作。"[5]

中国共产党的调查研究传统和作风，就是在毛泽东的倡导下形成和发展起来的。

毛泽东本人就是调查研究的行家和高手，他在极其繁重的革命和建设工作中，亲自做过无数次深入细致的调查。仅在20世纪二三十年代的土地革命时期，他就在农村专门做过十几个系统的调查。这里，我们仅从收入《毛泽东农村调查文集》的几个调查报告，分析毛泽东的调查特点，探寻这位历史伟人是如何进行调查研究的，从中也可以看出他是如何成为调查研究大家的。

## 一、毛泽东早期做了大量的调查，写下了许多调查报告

对早期在严酷革命战争环境下所做过的调查研究工作以及形

---

[1]《毛泽东文集》第 8 卷，人民出版社 1999 年版，第 234 页。
[2] 同上书，第 253 页。
[3] 同上书，第 261 页。
[4] 同上书，第 257、262 页。
[5] 同上书，第 262 页。

成的调查报告,毛泽东有着极为深刻的记忆。但由于条件和环境恶劣,一些调查报告损失了,毛泽东痛心地说:"失掉别的任何东西,我不着急,失掉这些调查(特别是衡山、永新两个),使我时常念及,永久也不会忘记。"[1]除了已经痛失的"永久也不会忘记的"调查报告以外,毛泽东还留下了一些有重要价值的调查报告,仅在大革命时期,至少就有七篇调查报告留下来,后来收入《毛泽东农村调查文集》,它们分别是:《中国佃农生活举例》(1926年)、《寻乌调查》(1930年5月)、《兴国调查》(1930年10月)、《东塘等处调查》(1930年11月)、《木口村调查》(1930年11月21日)、《长冈乡调查》(1933年11月)、《才溪乡调查》(1933年11月)。

从这些调查活动和报告中,我们可以看出,毛泽东凡做调查,目的都非常明确,针对性也很强。调查期间都是亲自做记录,结束后又亲手撰写调查报告。他认为:"要自己当记录,把调查的结果记下来,假手于人是不行的。"[2]

《中国佃农生活举例》,是目前我们看到的最早的一篇比较完整的调查报告。这次调查,是毛泽东在1926年做的,主要是了解佃农生活的整体状况。这份调查报告后来被作为"中央农民运动讲习所"丛书教材,对从事农民运动的人提供了很好的材料。

《寻乌调查》,记录了毛泽东早期"最大规模"的一次调查活动,主要是了解城镇商业。毛泽东说在这之前"我对于商业状况

---

[1]《毛泽东农村调查文集》,人民出版社1982年版,第41页。以下所引除专门注明外,均出自《毛泽东农村调查文集》,不再单独作注。
[2]《毛泽东文集》第8卷,人民出版社1999年版,第260页。

是完全的门外汉"。自毛泽东开始从事调查研究活动以来，他认为："我做的调查以这次为最大规模。"

《兴国调查》，毛泽东开始有了"农村的基础概念"。了解中国农村，历来是毛泽东调查研究的重点。因此他在江西的兴国县永丰区农村做了一次"较之我历次调查要深入些"的农村调查。"没有这种调查，就没有农村的基础概念。"

《东塘等处调查》，是毛泽东紧接着兴国调查后，做的一个专题调查。这次调查是毛泽东在红军行军途中做的，主要是想了解"这些地方的村乡两级苏维埃在土地斗争中的组织和活动情形"。毛泽东说，"在这次调查前，我对于那些情形的观念是模糊的"。调查后发现，"哪晓得实际情形完全两样"！

《木口村调查》，可以说是毛泽东做过的最短的一次调查。是毛泽东等人途经吉水县一个叫木口的小村子吃午饭时，利用短暂的时间做的一次专题调查，目的是了解"村政府委员的成份及本村所杀反动分子的成份"。

《长冈乡调查》和《才溪乡调查》，是毛泽东为了总结和推广基层工作经验做的。中华苏维埃共和国在江西瑞金建立以后，毛泽东等中国共产党人开始了管理国家的探索。但是，人民政府如何管理，苏维埃政权如何运转？对于当时的中华苏维埃政府来说，都是个新生事物，一切都很陌生。遇到众多的工作障碍后怎么办？毛泽东认为，必须找到一些典型经验，推广一些基层好的做法。这才有了1933年11月的长冈乡调查和才溪乡调查。

毛泽东早期留下的大量详尽的调查笔录和他自己整理的调查报告，是我们党的一笔巨大的财富。仅从上述七篇留存下来的调查报告看：长的达几万字，如《寻乌调查》，可以说是调查报告里的一份巨著,共五章三十九节,八万多字;《兴国调查》,也有三万多字;《长冈乡调查》两万多字;《才溪乡调查》一万字左右。也有短的,如《东塘等处调查》,有五千字左右;《中国佃农生活举例》,三千字左右。更短的是《木口村调查》,不足两千字。这些调查报告,不仅为当时党和红军了解农村和城镇的情况,研究革命斗争中存在的突出问题,制定正确的方针政策,提供了丰富、翔实的第一手材料和重要依据;而且为后人研究中国农村和城镇的经济、政治和各种社会状况,提供了宝贵的历史资料。

## 二、毛泽东早期调查的几种方式和特点

### (一)解剖麻雀式的调查方式,观一点而知全貌

解剖麻雀式的调查,是毛泽东早期常用的调查研究方法。在《中国佃农生活举例》这篇调查报告中,采用的就是这种调查方法。为了解中国佃农的生活状况,毛泽东找来自己家乡的壮年佃农张连初,首先了解这位佃农的家庭基本情况,进而详细分析这位佃农家里包括食粮、猪油、灯油、茶叶等在内的"支出之部",以及包括田收、喂猪、冬季或砍柴或挑脚、工食省余等在内的"收入之部"。通过分析这些翔实的家庭情况,毛泽东得知:如果没有天灾人祸,这户佃农"收支相抵,不足一十九元六角四分五厘五。即每年一百四十七元七角二分之收入"。由此毛泽东分析道:"穷苦佃农总是老实者多精明者少,在生存竞争十分剧烈之今日农村,此点关系荣枯极大";"中国之佃农比牛还苦,因牛每年尚有休息,人则全无";"事实上佃农不能个个这样终年无一天

休息地做苦工，稍一躲懒，亏折跟来了"。毛泽东认为："这就是中国佃农比世界上无论何国之佃农为苦，而许多佃农被挤离开土地变为兵匪游民之真正原因。"中国佃农的苦难，"在中国现时重租制度之下，是极其普遍的"。

## （二）短暂的专题调查方式，及时纠正政策和认识上的偏差

针对一些突出问题及时采取专题性的临时调查，也是毛泽东常用的调查方法。在复杂多变的斗争环境和社会实践中，经常会遇到一些出乎意料的特别情况，有时也会发现已有政策中的一些突出问题。为解决这些问题或纠正认识偏差，毛泽东经常利用一切可能的机会，做一些短暂的针对性极强的专题型调查。木口村调查，就属于这种情况。这次调查是在行军途中利用一次吃午饭的机会做的。在木口村调查中，毛泽东不仅"调查了村政府委员的成份及本村所杀反动分子的成份"，还分别了解了木口村全村人员包括普通劳动力和村政府人员等的组成、结构情况。在这个只有200人的小村子，毛泽东逐一分析了村政府办事人员的成分和"本村共杀了七个反动派"的情况，最后得出结论："证明小地主富农当土地革命深入时，有许多人是要走向反革命方面的。"但也提出了疑问："这七个人是否每人都应该杀，却是问题。"这个调查虽然规模很小，但针对性强，通过调查发现我们党在对待地主阶级的政策上可能存在的偏差和问题。

## （三）大规模的系统性调查方式，详细摸底了解情况

对于一些重大的深层次问题，只要时间和条件允许，毛泽东都尽量采取详尽、系统的大规模调查方式。寻乌调查，就是属于

这一类。在寻乌，毛泽东开了十多天的调查会。参加调查会的人员十几人，从二十多岁到六十多岁，有杂货店主、职员、小商贩、县署钱粮兼征柜办事员、城郊乡苏维埃主席等职业，这些人中，有的"做过小生意"，有的"开过赌场"，有的"做过小学教师"。大多是贫农。

调查报告中介绍了寻乌的全貌，重点讲了"寻乌的商业"。里面所列各个行业的情况，琳琅满目，应有尽有，极尽详细。为什么调查要如此细致？毛泽东道出了真实想法："对于商业的内幕始终是门外汉的人，要决定对待商业资产阶级和争取城市贫民群众的策略，是非错不可的。"为此毛泽东表示："我是下决心要了解城市问题的一个人，总是没有让我了解这个问题的机会，就是找不到能充足地供给材料的人。"毛泽东认为自己到了寻乌，才有了这样的机会，"使我像小学生发蒙一样开始懂得一点城市商业情况"。对于这样的机会，他不仅自己表示"不胜欢喜"，而且提请党内同志注意："于研究农村问题之外还加以去研究城市问题，那更是有益的事了。"

对于一些重大决策方面的问题，毛泽东认为，必须首先把基本情况调查研究透，把研究方法搞对头，"倘若走马看花，如某同志所谓'到处只问一下子'，那便是一辈子也不能了解问题的深处。这种研究方法是显然不对的"。在这种调查中，毛泽东采取的是极尽全面的分析研究方法。我们还很少见到像毛泽东这样针对一个小城镇，在对各行商业、各类商人、各种商品的列举和分析方面，有如此详细和深入的调查报告。而这样的调查，却是在革命战争年代的艰难条件下做的。

### （四）具体问题具体分析的方式，弥补所看材料和报告的不足

不满足于看材料和报告，而是抓住一些具体问题采取具体分析的方式进行再调查，是毛泽东特别注意的调查方式。具体问题具体分析，是马克思主义活的灵魂，也是马克思主义方法论的一个出发点。毛泽东认为，调查研究的过程，就是从实际出发和对具体问题进行具体分析的过程。如果仅限于看材料，依赖别人的调查结果和报告，是不可能做到实事求是的，也是不可能真正掌握具体生动的现实情况的。毛泽东所做的兴国调查，就突出地反映了这一点。

在兴国调查中，毛泽东最强调的就是一定要对具体情况、具体问题进行具体分析。他在撰写这篇调查报告时特别指出："实际政策的决定，一定要根据具体情况，坐在房子里面想象的东西，和看到的粗枝大叶的书面报告上写着的东西，决不是具体的情况。倘若根据'想当然'或不合实际的报告来决定政策，那是危险的。""详细的科学的实际调查，乃非常之必需。"

具体问题具体分析的方法，贯穿在毛泽东一生的调查研究工作中。新中国成立后在多次倡导调查研究工作时，毛泽东都强调过具体问题具体分析的重要性，他告诫党内同志："认真调查研究，对具体问题作出具体的分析，而不是抽象的主观主义的分析，这是马克思主义的灵魂。"[1]

### （五）研究总结典型经验的调查方式，把基层好的做法向更大的区域推广

善于发现、总结并推广基层工作中创造的鲜活经验，对一些

---

[1]《建国以来毛泽东文稿》第9卷，中央文献出版社1996年版，第605页。

典型案例进行调查研究，是毛泽东最常用的一种调查方法。长冈乡调查和才溪乡调查，就属于这一类。在做长冈乡调查和才溪乡调查之前，毛泽东发现，在苏区工作中，往往党的任务是提出了、许多工作计划也发布了，但在怎样动员群众去实行这些任务与计划方面，却出现偏差。"现在许多地方的苏维埃机关中，发生了敷衍塞责或者强迫命令的严重错误，这些苏维埃同群众的关系十分不好，大大障碍了苏维埃任务与计划的执行。"怎么办呢？毛泽东提出："问题的解决，不是脑子里头想得出来的，这依靠于从动员群众执行各种任务的过程中去收集各种新鲜的具体的经验，去发扬这些经验，去扩大我们动员群众的领域，使之适合于更高的任务与计划。"毛泽东提醒人们：要善于发现基层创造的新鲜经验，"在许多地方创造了许多动员群众的很好的方法，他们与群众打成一片，他们的工作收到了很大的成效"，"上级苏维埃人员的一种责任，就在把这些好的经验收集整理起来，传播到广大区域中去"。毛泽东明确提出："反对官僚主义的最有效方法，就是拿活的榜样给他们看。"

在长冈乡和才溪乡调查中，毛泽东研究总结的鲜活经验包括"代表会议""检查制度""群众生活""劳动力调剂""公债的推销""合作社运动""文化运动"等方面的工作办法、选举办法、组织办法以及各种经验做法。毛泽东认为，这两个乡在根据地建设方面探索出的许多好的经验，对其他苏区解决党如何密切联系群众、充分发动和依靠群众，如何关心群众生活、把群众生活和革命战争紧密联系起来，如何统筹解决好革命的工作方法和工作任务等问题，有重要的借鉴作用。由此，毛泽东提出，这些好的经验和办法，"应该推行到全苏区去"。

## 三、毛泽东通过早期调查研究引发的一些理论思考

从毛泽东早期调查及其形成的调查报告看，在开展实地调查的过程中，他始终注意把调查研究中遇到的一些重大问题上升到理论层面来进行思考。他的一些理论思考，为中国共产党提供了重要的理论依据和思想源泉。

### （一）只有调查研究，才能形成马克思主义世界观

早在1930年5月做寻乌调查期间，毛泽东就从理论上总结了调查研究与马克思主义世界观之间不可分割的关系。他在这次调查期间写下的《调查工作》一文中，对调查研究活动提出过许多重要的理论观点。其中最著名的是"没有调查，没有发言权"这一论断。他还明确提出了"必须努力作实际调查，才能洗刷唯心精神"，"离开实际调查就要产生唯心的阶级估量和唯心的工作指导"的重要论断。这就指明了只有调查研究才能产生马克思主义世界观的道理，也明确提出了马克思主义理论必须同中国实际情况相结合的途径。他指出："我们的斗争需要马克思主义"，"我们需要'本本'，但是一定要纠正脱离实际情况的本本主义"。正是在这一时期的调查研究和深入思考中，以一切从实际出发、实事求是为精髓的毛泽东思想开始有了雏形和基础。

在长冈乡调查中，毛泽东又进一步阐述了马克思主义世界观的问题，他说："什么叫马克思主义？那时的中央领导者们（指1931年初至1934年底犯'左'倾教条主义错误的中央领导人），实在懂得很少，或者一窍不通，闹了多年的大笑话。但是这是难免的，人类总是要犯一些错误才能显出他们的正确。对客观必然

规律不认识而受它的支配，使自己成客观外界的奴隶，直至现在以及将来，乃至无穷，都在所难免。认识的盲目性和自由，总会是不断地交替和扩大其领域，永远是错误和正确并存。不然，发展也就会停止了，科学也就会不存在了。要知道，错误往往是正确的先导，盲目的必然性往往是自由的祖宗。人类同时是自然界和社会的奴隶，又是它们的主人。这是因为人类对客观物质世界、人类社会、人类本身（即人的身体）都是永远认识不完全的。如果说有一天认识完全了，社会全善全美了（如神学所说那样），那就会导致绝对的主观唯心论和形而上学，不是一个马克思主义者的世界观。"应该说，这些重要的认识和结论，毛泽东都是通过调查研究得来的。

## （二）调查研究"是决定政策的基础"，"是一切工作的基础"

世界观问题解决后，自然要涉及认识论和实践观问题的思考。毛泽东在早期调查中撰写《调查工作》一文时就指出："一切结论产生于调查情况的末尾，而不是在它的先头"，"调查就是解决问题"。这就是说，一切决策、论断、结论，都来自调查研究；一切问题的解决，都必须经过调查研究。在我们党发展的各个历史时期，凡遇重大历史关头，或党内同志对社会实践中产生的问题出现迷惘，或认识出现偏差、错误之时，毛泽东总是一再提醒、提倡全党同志去实践中搞调查研究。在谈到我们党的成功经验时，他曾经说过："抗日战争时期，解放战争时期，我们做调查研究比较认真一些，注意从实际出发，实事求是。通过调查研究，情况明了来下决心，决心就大，方法也就对。方法就是措施、办法，实现方针、政策要有一套方法。"为此，他在1961年

1月召开的工作会议上再次提倡全党要"大兴调查研究之风",并重新强调:"情况明,这是一切工作的基础,情况不明,一切无从着手。因此要摸清情况,要做调查研究。"[1]

毛泽东认为,调查的目的,是为了掌握实情、研究问题和做出决策。他批评一些领导干部之所以在决策上出现错误,根本原因在于放松了调查研究工作,"满足于看纸上的报告,听口头的汇报,下去的时候也是走马看花,不求甚解,并且在一段时间内,根据一些不符合实际的或者片面性的材料作出一些判断和决定"。他在谈到自己的实践经验时说:"我的经验历来如此,凡是忧愁没有办法的时候,就去调查研究,一经调查研究,办法就出来了,问题就解决了。""凡是没有办法的时候,就去调查研究。""调查研究就会有办法。"他明确指出:"要是不做调查研究工作,只凭想像和估计办事,我们的工作就没有基础。"[2]可以说,毛泽东提出论断和决定政策,都是以调查研究为前提的。

**(三)调查研究是克服主观主义、形式主义和官僚主义的前提,"是转变党的作风的基础一环"**

毛泽东早期做调查研究,其中一个主要的目的,是为了避免和克服党内存在的主观主义、形式主义和官僚主义。这些恶习,也是中国历史上长期封建社会的遗毒,它们有着深厚的社会土壤,因此很难轻易地退出历史舞台,而且不断地侵袭着党的肌体、影响着党的作风。毛泽东对此有着深刻的认识。在他提出的

---

[1]《毛泽东文集》第8卷,人民出版社1999年版,第234、235页。
[2]同上书,第261、233页。

各种克服上述坏习气的办法中，调查研究，就是一个基本的办法。后来在1941年8月，毛泽东亲自起草了《中共中央关于调查研究的决定》，分析了我们党成立以来始终被困扰的一些坏习气，他说："二十年来，我党对于中国历史、中国社会与国际情况的研究，虽然是逐渐进步的，逐渐增加其知识的，但仍然是非常不足；粗枝大叶、不求甚解、自以为是、主观主义、形式主义的作风，仍然在党内严重地存在着。"他认为抗战以后，我党在克服这些不良作风方面有所进步了，但"主观主义与形式主义作风并未彻底消灭"。毛泽东在点明了主观主义与形式主义对党的危害后严肃地提出："党内许多同志，还不了解没有调查就没有发言权这一真理。还不了解系统的周密的社会调查，是决定政策的基础。还不知道领导机关的基本任务，就在于了解情况与掌握政策，而情况如不了解，则政策势必错误。"[1]他特别强调了实事求是、理论联系实际的基本要求。

为了在全党树立好的风气，毛泽东在延安时期"向全党提出系统地周密地研究周围环境的任务"，并在《改造我们的学习》一文中提出："要使同志们懂得，没有调查就没有发言权，夸夸其谈地乱说一顿和一二三四的现象罗列，都是无用的。""在全党推行调查研究的计划，是转变党的作风的基础一环。"[2]

无论在革命战争年代，还是新中国成立后的建设时期，毛泽东都特别重视通过调查研究来克服党内存在的不良习气，改变党的作风。他专门对各级领导干部提出要求："各级党委，不许不

---

[1]《毛泽东文集》第2卷，人民出版社1993年版，第360—361页。
[2]《毛泽东选集》第3卷，人民出版社1991年版，第802页。

作调查研究工作。绝对禁止党委少数人不作调查，不同群众商量，关在房子里，作出害死人的主观主义的所谓政策。"[1]

从毛泽东早期调查研究的经历、报告以及他一生对调查研究的高度重视和深入思考可以看出，调查研究问题，是马克思主义世界观和方法论中的一个带有根本性的问题。因为只有从调查研究中，才能得到对客观事物的一个清醒的认识，对所面临的矛盾和问题的一个明晰的分析思路，才能找到解决问题、化解矛盾的有效方法，制定出指导党和国家工作的科学政策；只有善于做深入细致的调查研究工作，我们的一切工作才有根据、有基础；只有脚踏实地去做调查研究工作，才能确立和转变一个先进政党的优良作风，形成实事求是的思想作风和工作作风；只有在调查研究中老老实实地做人民群众中的学生，才能真正成为引领人民群众沿着正确方向前进的先生。

## 四、新中国成立后，多次号召全党大兴调查研究之风

新中国成立后，在探索中国社会主义建设道路的整个过程中，一些未知领域更多，面对的困难更大，毛泽东仍不断号召全党大兴调查之风。

中国共产党从局部执政走向全国执政，面对的是一个全新的局面和更为复杂的世界，党内大多数同志情况不熟悉、能力不足和水平不够的危机加大。如何适应新形势、解决新问题？就在新中国成立的当月，针对当时的绥远省有关干部在开展工作和搞生

---

[1]《毛泽东文集》第8卷，人民出版社1999年版，第272页。

产建设过程中出现不了解情况、不懂业务和工作方法简单粗暴等问题，毛泽东严肃地批评说："我们有许多同志，对新情况、新事物不作调查研究，自己又不懂得，不懂货就不识货，这怎么能办好事情呢？"他明确提出，我们的干部要"注意研究情况""懂得新的工作方法"。并进一步提醒党内干部说：现在共产党成了全国性的大党，我们有责任搞好各个方面的工作，否则会引起不满，会被人骂，甚至会被推翻。

在建设新中国的过程中，如何使我们的干部了解新情况、懂得社会主义建设规律，做到"懂货""识货"，这是毛泽东思考最多的一个问题。到了1956年，为了摸清新中国成立以来各个方面所发生的新变化和出现的新问题，并为即将召开的党的八大做准备，毛泽东等中央主要领导同志进行了一次比较全面、系统、深入的调查研究。

毛泽东的调查研究活动历时两个多月，从1956年2月14日至4月11日，他先后听了34个经济部门的工作汇报。随后又连续六天参观机械工业展览。从4月18日起，他又用了六天时间，听取国家计委关于第二个五年计划的汇报。为进一步了解各地方的工业、运输、财贸等方面的情况，毛泽东和中共中央还要求各省、自治区、市党委从十个方面准备经济工作的汇报材料，并提出：汇报材料中"应当有形象的材料，有批评，有议论，有主张。不要枯燥无味，千篇一律"；"内容好，写得有骨有肉，生动活泼，不妨长一点，否则宜短，几千字也可以"。就是在这次集中调查研究的基础上，1956年4月25日、5月2日，毛泽东先后在中央政治局扩大会议和最高国务会议上做了《论十大关系》的讲话，阐述了两个多月来中央进行调查研究的一些认识成果。毛泽东后来在谈到《论十大关系》中的重要思想是怎么形成的时，曾这样说过："那个十大关系怎么出来的呢？我在北京经过一个半月，每天谈一个部，找了34个部的同志谈话，逐步形成了那个十条。如果没有那些人谈话，那个十大关系怎么会形成呢？不可能形成。"这次调查，也是毛泽东在新中国成立后对经济工作进行的一次规模最大、时间最长的系统调查，成为我们党全面探索适合中国情况的社会主义建设道路的重要开端。

从新中国成立，到20世纪60年代初期，经过十年的建设，毛泽东在总结新中国成立以来的建设经验和"大跃进"的教训时，不断提出全党要大兴调查研究之风，并对官僚主义和主观主义的现象做了自我批评，他说："我们党是有实事求是传统的，就是把马列主义的普遍真理同中国的实际相结合。但是建国以来，特别是最近几年，我们对实际情况不大摸底了，大概是官做大了。我这个人就是官做大了，我从前在江西那样的调查研究，现在就做得很少了。"[1]

自开展"大跃进"和人民公社化运动后，高指标和"共产风"盛行，主观上的工作失误和客观上的严重自然灾害，导致进入60年代我国国民经济出现了前所未有的严重困难。在严峻的形势面前，毛泽东等中央领导人很快就意识到，"不明了情况是很危险的"，原来的许多认识并不符合客观实际。当务之急是正确认识客观实际并对国民经济进行调整。怎样才能做到"情况明，决心大，方法对"呢？毛泽东认为，首要的甚至唯一的方法，是全党同志特别是党的领导干部下去搞调查研究。他说："我的经验历

---

[1]《毛泽东文集》第8卷，人民出版社1999年版，第237页。

来如此，凡是忧愁没有办法的时候，就去调查研究，一经调查研究，办法就出来了，问题就解决了。"为此，他三次号召全党大兴调查研究之风。

第一次是1960年年底至1961年年初，在中央召开的工作会议上，毛泽东向全党发出号召说："请同志们回去后大兴调查研究之风，一切从实际出发，没有把握就不要下决心。"

第二次是在随后召开的党的八届九中全会上，毛泽东提出希望1961年"成为一个调查年，大兴调查研究之风"。

第三次是1961年3月，在广州召开的中央工作会议上，毛泽东批评一些干部："大家做官了，不做调查研究了。"他重新印发《调查工作》一文，号召领导干部要"作系统的亲身出马的调查"，"做领导工作的人要依靠自己亲身的调查研究去解决问题。书面报告也可以看，但是这跟自己亲身的调查是不相同的"。

就在三次提倡全党大兴调查研究之风期间，毛泽东特别强调指出："现在我们中央搞的文件，如果没有具体措施也是不可能实现的。要有正确的措施，就要做调查研究工作。""一切从实际出发，不调查没有发言权，必须成为全党干部的思想和行动的首要准则。"

在毛泽东的号召下，20世纪60年代初，中央领导同志带头深入基层搞调查，留下了许多调查研究的精彩篇章，这对于摸清经济社会各方面实情，做出实事求是的正确调整，克服严重困难，起到了非常重要的作用。由毛泽东发起的这次全党大规模的调查研究活动，对转变党的作风、恢复实事求是的思想路线，有直接的推动作用；也为我们党认识社会主义建设规律、做出科学决策、提高执政能力和领导水平，留下了宝贵的经验与启示。

考察毛泽东的调查研究实践和他提出的调查研究理论，不仅对总结中国共产党的历史经验有重要帮助，而且对今天我们建设中国特色社会主义事业和实现中华民族伟大复兴，都有着极为重要的现实意义。

# 缔 造

## 毛泽东为人民军队确定了根本原则

要想深入了解毛泽东，最有意思和最有故事的视角，就是军事领域：毛泽东是怎样成为"伟大的战略家"的？他是怎样成为"中国人民解放军的主要缔造者"的？要说清这个问题，就必须了解毛泽东为这支人民军队确定的一系列政治原则、军事原则。

毛泽东曾经说过这样一段话："如果我们的军队没有共产党领导，如果没有共产党领导的革命的军事工作与革命的政治工作，那是不能设想的。没有共产党的领导，就不可能有彻底拥护人民利益的军事工作与政治工作，而如果没有这种军事工作与政治工作的军队，就不可能是彻底拥护人民利益的军队。"

要说清毛泽东成为"中国人民解放军的主要缔造者"这个问题，首先就要搞清楚他为这支军队确定的根本原则，搞清楚以他为代表的中国共产党人领导这支人民军队取得胜利的根本原因。

"我们的原则是党指挥枪，而决不容许枪指挥党。"这是革命战争年代毛泽东写入文章、后来常被人提及的一句名言。这句话，文字上从1938年11月6日毛泽东写的《战争和战略问题》中可以找到。但这句名言所体现的人民军队建军总原则和核心意思，却由来已久，是从血的教训中得出来的结论。

追根溯源，还得从大革命时期中国共产党直接领导和掌握的第一支正规武装说起。

## 一、共产党的绝对领导，是人民军队的最本质属性

作为中国人民解放军的主要缔造者和领导人，毛泽东对人民军队领导权的思考，始于这支军队建立之前。创立一支由共产党领导的人民军队，是毛泽东、周恩来、朱德等人从大革命时期就开始求索的问题。

### （一）大革命初期，毛泽东认识到绝对领导地位的重要性

大革命时期，在建党同时要建军的问题上，国民党方面的认识曾早于共产党人。当时孙中山借鉴俄共"以党领军"的治军模式，在改组国民党时要求部队全体官兵宣誓加入党组织。但是，恰恰是在这个问题上，共产党与国民党有着根本理念的不同。毛泽东对这一问题有过明确表述。他认为，共产党的军队，是"在无产阶级领导下的""人民大众的军队"，强调的是共产党的领导权和领导力，而不是单纯的党员人数。他后来在回顾人民军队的创建历程时说，"我们的军队，不像国民党的军队那样人人都要入党，我们也讲过党军，但这是指的党的领导，不是要求军队里所有的人都是党员"。毛泽东特别强调的是，共产党领导的军队"属于人民大众"，"这个军队是在无产阶级领导下的"，"是在共产党领导下的人民大众的反帝反封建的军队"；"在军队里，少数共产党员应该跟多数的党外人士合作"；"对领导权要弄清其性质"，"它体现于政策、工作、行动，要在实际上实行领导，不

要天天叫喊领导"。[1]然而，最早在新生的中国共产党领导层内部，对武装力量的认识并不是非常一致和清晰的。直到北伐战争时期叶挺独立团的出现，才把这个问题突出地摆在共产党领导层面前。

### （二）北伐战争时期，共产党造就了军队铁一般的力量

当年的叶挺独立团，诞生于国民党的军队序列中，隶属于国民革命军第四军。然而不同的是，团长由刚从苏联学习回国的共产党员叶挺担任，该团的一些营长、连长和各级领导，是周恩来从黄埔军校调来的共产党员，而且从团到连都建立了共产党的组织。也就是说，这支队伍的核心领导力量，是共产党的骨干分子。叶挺独立团，事实上成为中国共产党直接领导和掌握的第一支正规军队。这支部队在北伐战争中一路担任开路先锋，为北伐军扫清了沿途的各种障碍，一直登上武昌城，创造了北伐战争史上最为辉煌的战绩，为国民革命军第四军赢得了"铁军"的称号。

同样是北伐军，为什么叶挺的队伍能够所向披靡，建立卓越功勋？铁军到底"铁"在哪里？关键在于它是共产党人直接领导的军队，起骨干和带头作用的、冲在最前面的大多是共产党员。它一改中国旧式军队的习气，有着严密的组织纪律、大无畏的革命精神以及视沿途群众为父母的作风。这种组织制度和作风，为共产党人领导的南昌起义、秋收起义、广州起义、湘南起义等打下了坚实的基础。这支铁一般刚强的军队，也就成为后来红军的榜样。朱德后来在分析叶挺独立团"为什么这样有力量"时，讲

---

[1]《毛泽东文集》第 3 卷，人民出版社 1996 年版，第 328 页。

了三个原因:"一、军队中有党的组织;二、有政治训练;三、有湖南、江西两省广大的农民和人民群众的支持。以后的工农红军之所以有力量,原因也在这里。"[1]

**(三)大革命失败后,中共领导层意识到建军的极端重要性**

当1927年蒋介石集团发动四一二、七一五等反革命事变屠杀共产党人,国共合作破裂的时候,中国共产党高层才在掌握军队和进行武装斗争的问题上有了比较清醒的认识。以周恩来为前委书记的共产党人领导发动南昌起义,就表明了中共中央在开展武装斗争问题上的坚定性。正如聂荣臻所说:"我们党在当时已经逐渐地认识到直接准备战争和组织军队的重要性。虽然这种认识还是很不够的,但是比起前一时期却有了显著的进步。"[2]

对党领导军队的重要性是在什么时候开始有了更加足够的认识的呢?那是1927年毛泽东领导秋收起义上井冈山以后的事。在毛泽东领导发动秋收起义以及艰辛撤退最终上井冈山的过程中,中国共产党人越来越切身体会到党组织制度和政治思想工作的重要性。在毛泽东的一首著名的词中,这支队伍的性质就充分反映出来:"军叫工农革命,旗号镰刀斧头。"(毛泽东《西江月·秋收起义》)旗号的标识即代表番号的属性:"镰刀斧头",工农的武装。一语道破,就是共产党领导的武装。后来朱德率领南昌起义退下来的队伍和毛泽东的队伍在井冈山会师,两支队伍

---

[1]《朱德选集》,人民出版社1983年版,第124页。
[2] 聂荣臻:《南昌起义的历史意义和经验教训》(1957年10月),《星火燎原》第1集,解放军出版社2009年版,第5页。

合在一起组成了中央红军的底子。这支队伍的番号怎么取？毫无疑问，军队的性质，决定它的名称；共产党的色彩，决定它的番号。这支队伍的番号，被定为：工农革命军第四军。6月，改称中国工农红军第四军（简称"红四军"）。之所以把起义后合编的第一支红军武装叫"红四军"，取的就是叶挺"铁军"的威名。朱德任军长，毛泽东任党代表，从此开始了"朱毛红军"的历史。

从毛泽东、周恩来、朱德等人领导创建这支人民军队的过程就可以看出，它一开始就明确标明了自己的属性：由中国共产党领导。这支军队一经成立，就确定了它必须完全在中国共产党的领导之下。毛泽东当年在给中共中央的报告中总结"井冈山的斗争"时，就专门讲到这支军队的特点，他特别强调指出："党的组织，现分连支部、营委、团委、军委四级。连有支部，班有小组。红军所以艰难奋战而不溃散，'支部建在连上'是一个重要原因。"[1]毛泽东还在这里特别说明"连有支部，班有小组"的领导体制"完全抓住了士兵"，比叶挺独立团时期进了一大步。他的总结清楚地表明：党的组织和党的领导体制，决定了这支人民军队的凝聚力和生命力。

## 二、"党指挥枪"与"枪指挥党"经历了实践的较量

在白色恐怖的旧中国建立一支新式军队，党对军队要实现绝对领导，党要牢牢掌握枪杆子，绝不是件容易的事情！这其中经历了严酷战争的洗礼和指导思想上的反复较量。

---

[1]《毛泽东选集》第1卷，人民出版社1991年版，第65—66页。

## （一）"司令部对外"还是"党组织对外"的争论

自井冈山等地开辟农村革命根据地以后，随着革命力量的不断扩大，党领导的红军队伍中各种非无产阶级的思想也逐渐蔓延开来。在红军中有人试图以军事机关代替党的组织，提出：在组织上以军事工作机关为主导，不以党的组织对外，而是"司令部对外"。这实际上也就是要把军队的组织原则变成"枪指挥党"。毛泽东发现这种苗头以后，果断地指出：这是一种"单纯军事观点"，"这种思想如果发展下去，便有走到脱离群众、以军队控制政权、离开无产阶级领导的危险，如像国民党军队所走的军阀主义的道路一样"。为此，毛泽东在起草中共红四军第九次代表大会的决议时指出："红军第四军的共产党内存在着各种非无产阶级的思想，这对于执行党的正确路线，妨碍极大。"他特别强调："若不彻底纠正，则中国伟大革命斗争给予红军第四军的任务，是必然担负不起来的。"[1]

## （二）"个人领导"还是"党的领导"的较量

实现党对军队的领导，在刚刚从旧军队改造过来的人民军队中，也经过了一个艰难的较量过程。1929年6月，毛泽东在给红四军第一纵队司令员林彪的信中，清醒地指出：红四军自成立以来就存在着"两个思想系统的斗争"，斗争的实质问题中第一点就是"个人领导与党的领导"的问题。为此毛泽东明确提出，在红四军要"绝对建立起""党的领导权"。他指出："个人领导与党的领导，这是四军党的主要问题。"毛泽东分析了红四军的大

---

[1]《毛泽东选集》第1卷，人民出版社1991年版，第86、85页。

部分是"从旧式军队脱胎出来""从失败环境中拖出来"这两点情况后,点明了党的领导权不能建立起来的两个原因:"一切思想、习惯、制度何以这样地难改,而党的领导与个人的领导何以总是抗分,常在一种斗争状况之中。红军既是从旧式军队变来的,便带来了一切旧思想、旧习惯、旧制度的拥护者和一些反对这种思想、习惯、制度的人作斗争,这是党的领导权在四军里至今还不能绝对建立起来的第一个原因。"他进一步分析说:"四军的大部分是从失败环境之下拖出来的(这是一九二七年),结集又是失败之前的党的组织,既是非常薄弱,在失败中就是完全失了领导。那时候的得救,可以说十分原因中有九分是靠了个人的领导才得救的,因此造成了个人庞大的领导权。这是党的领导权在四军里不能绝对建立起来的第二个原因。"[1]

正因为"党的领导与个人的领导"关系问题上已经形成的旧思想、旧习惯、旧制度"这样地难改","总是抗分",所以毛泽东与朱德、陈毅等人商量后,决定在红四军召开第九次党代表大会,从根本上解决这一"主要问题"。这就是古田会议召开的根本原因。1929年12月,毛泽东在古田会议上批评说:"红军党的组织问题现在到了非常之严重的时期,特别是党员的质量之差和组织之松懈,影响到红军的领导与政策之执行非常之大。"因此,毛泽东明确提出:"每连建设一个支部,每班建设一个小组,这是红军中党的组织的重要原则之一。"他还特别提醒说,绝不能出现这种现象:"党与军事分离,有成为党不能领导军事

---

[1]《毛泽东文集》第1卷,人民出版社1993年版,第64—65页。

的危险。"[1]

自古田会议以后，根据毛泽东的建军思想，红四军中党的绝对领导问题基本得到解决，从而也奠定了中国共产党领导的人民军队的根本原则。后来毛泽东在主持编辑《毛泽东选集》时，还特别强调了古田会议决议所起的奠基作用："这个决议使红军肃清旧式军队的影响，完全建立在马克思列宁主义的基础上。这个决议不但在红军第四军实行了，后来各部分红军都先后不等地照此做了，这样就使整个中国红军完全成为真正的人民军队。中国人民军队中的党的工作和政治工作，以后有广大的发展和创造，现在的面貌和过去大不相同了，但是基本的路线还是继承了这个决议的路线。"[2]

## （三）"我们的原则是党指挥枪，而决不容许枪指挥党"

当然，在指导思想上确定了党对军队绝对领导的原则后，并不等于在实践中就不会出问题了。党能不能绝对领导军队、是不是要保证绝对领导军队的问题，到国共第二次合作形成时，又被人重新提了出来。抗日战争初期，党内一些人曾经认识不到中国共产党的独立性，也曾有人弱化党对军队的领导权。在中共中央内部，出现了"在统一战线中，是无产阶级领导资产阶级呢，还是资产阶级领导无产阶级？是国民党吸引共产党呢，还是共产党吸引国民党"等尖锐而严重的认识问题，得到共产国际支持的王明等人更是明确主张"一切经过统一战线""一切服从统一战线"，

---

[1]《中共中央文件选集》第 5 册，中共中央党校出版社 1989 年版，第 805 页。
[2]《毛泽东文集》第 1 卷，人民出版社 1993 年版，第 85 页。

放弃中共在统一战线中的领导权。毛泽东为此特别提醒全党同志：在各抗日根据地，都要坚持两大原则，一是"共产党绝对领导"人民军队的原则，一是"统一战线中的独立自主"这个原则。[1] 正是在这样的背景下，毛泽东于1938年10月在中共六届六中全会上特别阐述了中国共产党在民族战争中的地位问题，提醒全党同志，要明确地知道并认真地负起中国共产党领导抗日战争的重大历史责任，强调"坚持统一战线和坚持党的独立性"，要求在坚持抗日民族统一战线的方针下既要团结又要斗争。毛泽东批评了统一战线问题上的迁就主义错误。

毛泽东还进一步在如何处理中共与国民党的关系、如何处理党和军队的关系两大问题上，对党内同志和人民军队给出了明确的解答。他说："共产党员不争个人的兵权（决不能争，再也不要学张国焘），但要争党的兵权，要争人民的兵权。现在是民族抗战，还要争民族的兵权。在兵权问题上患幼稚病，必定得不到一点东西。劳动人民几千年来上了反动统治阶级的欺骗和恐吓的老当，很不容易觉悟到自己掌握枪杆子的重要性。日本帝国主义的压迫和全民抗战，把劳动人民推上了战争的舞台，共产党员应该成为这个战争的最自觉的领导者。每个共产党员都应懂得这个真理：'枪杆子里面出政权'。我们的原则是党指挥枪，而决不容许枪指挥党。"[2] "党指挥枪"的口号，就是这样呼之即出的，也成为"党对军队绝对领导"的代名词。

---

[1]《毛泽东选集》第2卷，人民出版社1991年版，第393页。
[2] 同上书，第546—547页。

## 三、"党指挥枪"是人民军队不变的军魂

在领导中国民族独立和人民解放的整个历史过程中,中国共产党牢牢掌握的这支人民军队,恰恰代表了最广大人民群众的利益和历史前进的方向。经过艰苦卓绝的斗争锤炼,这支军队在自身建设中首先把党的建设放在首位,并始终遵循"党指挥枪"这条首要原则。尤其是经过抗日战争和解放战争后,这条原则,为我们党领导人民军队取得一个又一个的伟大胜利奠定了重要的基础。

### (一)党对军队"完全的绝对的无条件的"领导

关于共产党对人民军队的绝对领导,经过了长期思考和实践较量以后,到了抗日战争后期和解放战争时期,毛泽东考虑得更深。1944年4月,他专门授意中共中央军委总政治部副主任谭政起草了《关于军队政治工作问题》的报告。对这篇报告的成因和作用,叶剑英曾经说过,是"毛主席主持写成的","是继古田会议决议之后,我军政治工作的又一历史性文献"。[1] 后来通过文件形式下发各部队。它在军队政治工作和党的建设上,提出了有许多深刻的思想。比如,报告提出,人民军队与其他旧军队的原则区别在于,通过革命的政治工作,教育群众、教育军队,使军队内部趋于一致,使革命军队与革命人民、革命政府趋于一致,使革命军队完全服从革命政党的政治领导,以达到团结自己、战胜敌人、解放民族、解放人民的目的。又如,政治教育应该培养

---

[1] 叶剑英:《政治工作是我军的生命线》(1978年5月29),见《叶剑英选集》,人民出版社1996年版。

两种态度,对敌人,要采取一往无前、杀敌致果的革命精神;对待俘虏,应该转变为说服态度,从思想教育上、物质待遇上、政治态度上争取他们。前一种态度可以叫作革命的霸道,后一种态度可以叫作革命的王道。对同志、士兵,对人民、朋友,亦应采取尊重、说服式的"王道"。再如,报告进一步明确了毛泽东的一贯思想:"我们的军队,必须完全的绝对的无条件的放在共产党及其领导机关的政治指导之下,不能闹独立性","共产党领导的革命的政治工作是革命军队的生命线"。[1]

这里面的许多思想,都是毛泽东本人的。这份报告稿送到毛泽东手里后,毛泽东做了详细的修改,并另外加写了三千多字,其中特别加写了这样几句话:"如果我们的军队没有共产党领导,如果没有共产党领导的革命的军事工作与革命的政治工作,那是不能设想的。没有共产党的领导,就不可能有彻底拥护人民利益的军事工作与政治工作,而如果没有这种军事工作与政治工作的军队,就不可能是彻底拥护人民利益的军队。八路军新四军在抗日战争中之所以能够如此英勇坚持,艰苦奋斗,再接再厉,百折不回,其根本原因就在这里。"[2]

通过这种方式,毛泽东再次重申了"共产党的绝对领导"对军队建设和发展的极端重要性,并强调这是人民军队具有战斗力和生命力的"根本原因"。加上这几句话后,毛泽东还专门交代

---

[1]《中央宣传部总政治部关于学习谭政〈关于军队政治工作问题〉的通知》(1944年4月20日),见《中共中央文件选集》第14册,中共中央党校出版社1989年版,第194页。

[2]《毛泽东年谱(1893—1949)》(修订本)中卷,中央文献出版社2013年版,第506—507页。

谭政将报告送给当时在延安的周恩来和各抗日根据地的主要领导人看，目的是取得领导层的高度一致。这一时期，"党指挥枪"的原则，不仅是个实践层面的问题了，已经被提升到了理论层面，并成为我们党和军队值得总结和永远坚持的优良传统，得到党内、军内的完全认可。

## （二）军委必须在党中央的核心领导之下进行工作

经过艰苦的教育和实践的锤炼，从革命战争岁月中走过来的人民军队的官兵们，都深深地懂得：我们的原则是党指挥枪，决不允许枪指挥党。不管你本事有多大，领导的队伍人数有多少，都不能与组织对抗，更不能与党中央对抗、闹对立，要用无产阶级的党性和铁的纪律严格要求自己，自觉地维护党的团结和党中央的权威。

"党指挥枪"这条原则，在新中国成立后，毛泽东等老一辈革命家在党和军队发展的不同时期都始终强调，不断提请党内、军内同志注意，尤其是提醒军队高层将帅，要时刻牢记，不能居功自傲。

1954年1月，中共中央召开全国军事系统党的高级干部会议。这时毛泽东正在杭州主持起草新中国第一部宪法。中央决定由朱德为全国军事系统党的高级干部会议做闭幕词。朱德的闭幕词稿事先传给毛泽东看过几遍，其中有一部分讲到党和军队的关系。随同毛泽东在杭州起草宪法的人建议加上几句话，毛泽东欣然同意，特意嘱咐朱德和彭德怀，加上以下几句话：

> 必须使全军了解：我们的武装部队是在党的领导之下建设和发展起来的，是在党的领导之下战胜了敌人的。没有党

的领导,就没有我们的革命武装部队。我们军委是在党中央的领导之下进行工作。

我们武装部队的高级干部应当时刻记住毛泽东同志的指示:"我们的原则是党指挥枪,而决不容许枪指挥党。"就是说,我们的武装部队和武装部队的一切干部,要忠诚地服从党的领导,在党中央的领导之下紧紧地团结起来。[1]

这种对全军的特别提醒,正是在人民军队中重申我们的"核心意识":领导我们事业的核心力量,是中国共产党。也就是在这一年召开的第一届全国人大第一次会议上,毛泽东在开幕词中讲了一句著名的话:"领导我们事业的核心力量是中国共产党。"[2] 这句话一出,立即得到全体人大代表的热烈鼓掌。为什么?就是因为中国共产党及其核心地位得到了人民的真心拥护。这次人大的一项重要议程,是通过毛泽东主持起草的新中国第一部宪法。以这部宪法为基点,在新中国的历次宪法中,都从根本大法的高度明确规定了中国共产党的核心领导地位。这种领导地位,是历史和人民的正确选择。中国共产党的领导,也是中国特色社会主义最本质的特征。

## (三)党对军队的绝对领导是人民军队的优良传统、总原则、立军之本和建军之魂

我们党和军队有许多优良传统,其中重要的一条,就是党对

---

[1]《建国以来毛泽东文稿》第4册,中央文献出版社1990年版,第443—444页。
[2]《毛泽东文集》第6卷,人民出版社1999年版,第350页。

军队的绝对领导。这一点，我们党、国家和军队领导人在不同历史时期不断重申和深化。

1958年1月，毛泽东在起草《工作方法六十条》时，特意加写了这样的内容："军队必须放在党委的领导和监督之下，现在基本上也正是这样做的，这是我军的优良传统。"1962年8月1日，在中国人民解放军迎来建军35周年的时候，朱德曾感慨万千，赋诗一首，其中就写下了特别突出的两句："建军总原则，党的领导尊。非军指挥党，惟党指挥军。"

进入"文化大革命"时期，国内各方面的正常秩序，包括党和军队的关系，曾一度被林彪、"四人帮"一伙搞乱。1971年九一三事件后，在总结军队内部出现的问题过程中，毛泽东和一些老帅深刻地意识到：自1959年林彪主管军队工作起，特别是在他主管的后期，军队被搞乱了，乱就乱在偏离了党中央的意志，拉起了山头，搞起了派性。这年10月以后，根据毛泽东的指示，叶剑英主持召开中央军委扩大会议，在讨论整顿军队问题时，叶剑英反复强调：军队必须坚持党指挥枪的原则，军队的领导权必须掌握在可靠的人手里，决不能让那些野心家、阴谋家得逞。[1]

1975年年初，邓小平在主管军队整顿工作时，毛泽东又特意交代他："军队要整顿""优良传统要恢复"。针对林彪等人"把军队搞得相当乱，现在好多优良传统丢掉了"的情况，邓小平发表了《军队要整顿》的讲话，句句切中要害。他特别强调："我们这个军队有好传统。从井冈山起，毛泽东同志就为我军建立

---

[1] 参见《叶剑英与九一三事件后军队的两次整顿》，载1992年第2期《中共党史研究》。

了非常好的制度，树立了非常好的作风。我们这个军队是党指挥枪，不是枪指挥党。""军队的整顿，一个是要提高党性，消除派性；一个是要加强纪律性。""不消除派性，安定团结不起来，军队战斗力也一定会削弱。每个干部都要把党性放在第一位。"[1]

拨乱反正以后，在邓小平的主持下，毛泽东关于人民军队的建设思想和军事战略，被写入了《关于建国以来党的若干历史问题的决议》中，其中就特别提到了毛泽东确定的建军总原则："他规定了全心全意为人民服务是人民军队的唯一宗旨，规定了是党指挥枪而不是枪指挥党的原则。"

在改革开放新时期，我们党和军队的建设面临新的历史条件和新的伟大斗争，面对国内外一些人鼓吹的"军队非党化""军队非政治化""军队国家化"等言论，邓小平、江泽民、胡锦涛等党和国家领导人不断提请军队的同志特别是高中级干部："对此必须高度警惕，始终保持政治上的清醒和坚定"；"党要管军队，军队任何时候都要听党中央的话，选人也要选听党的话的人，军队不能打自己的旗帜"；"加强军队建设，最根本的是要坚持党对军队的绝对领导"。"听党指挥，是党和人民对人民军队的最高政治要求，是人民解放军不可动摇的根本原则。人民军队必须具有凝聚军心的神圣军魂。人民解放军铸就的军魂，就是坚持党的绝对领导。"[2]

总之，"我们的原则是党指挥枪，而决不容许枪指挥党"。毛

---

[1]《邓小平文选》第2卷，人民出版社1993年版，第1—2页。
[2]《江泽民文选》第1卷，人民出版社2006年版，第489页；《胡锦涛文选》第2卷，人民出版社2016年版，第598页。

泽东的这句名言，早已植根于人民解放军不变的军魂和传统之中。党的十八大以来，以习近平同志为核心的党中央对进一步加强党对军队的绝对领导有着深刻的认识和高度的重视，不断提醒党内、军内同志对党指挥枪的极端重要性要有足够的认识。

重温2012年11月16日习近平在中央军委扩大会议上的一段话，我们能够更加清晰地认识、体会和把握新形势下党和军队的关系：

> 必须毫不动摇坚持党对军队的绝对领导。我军是执行党的政治任务的武装集团，保证党对军队的绝对领导，关系我军性质和宗旨、关系社会主义前途命运、关系党和国家长治久安，是我军的立军之本和建军之魂。[1]

习近平在2012年12月召开的一次中央军委扩大会议上，还进一步明确地提醒人们：

> 党对军队实施绝对领导有一系列根本原则和制度，无论战争形态怎么演变、军队建设内外环境怎么变化、军队组织形态怎么调整，都必须始终不渝坚持。这个最根本的问题守不住，军队就会变质，就不可能有战斗力！

这就是我们党和军队在根本原则上的一脉相承。毛泽东为人

---

[1] 习近平：《把国防和军队建设不断推向前进》（2012年11月16日），载《习近平谈治国理政》，外文出版社2018年第2版，第215—216页。

民军队确定的"党指挥枪"这条根本总原则，是任何时候都不会改变的。

## 四、毛泽东提出的军事原则、军事名言是一个独特的话语体系

除了"我们的原则是党指挥枪，而决不容许枪指挥党"这样的根本原则外，毛泽东在长期的革命战争和军事斗争实践中，还创造性地提出了系列军事原则、军事话语。毛泽东创建的一系列经典的军事话语，字字堪称箴言，句句铿锵实用。

比如，上面讲到的"我们的原则是党指挥枪，而决不容许枪指挥党"——这句名言，在当时讲的是司令部与党委的关系、个人领导与党的领导的关系，后来发展成为建军的总原则。在共产党领导的新型人民军队里，建军的核心原则就是党指挥枪，决不容许枪指挥党。党指挥枪，是人民军队区别于一切旧军队的根本。

比如，"加强纪律性，革命无不胜"——这句名言讲的是纪律建设对于党和军队的极端重要性。在人民军队的发展壮大过程中，铁的纪律要求、严格的规矩要求，始终是挺在前面的。在中国革命即将取得胜利的时候，毛泽东还特别提出通过建立报告制度，来促进党和军队的纪律建设，要求各地党政军一把手每两个月向中央和中央主席做一次综合报告，侧重讲政策性、策略性的各类问题、各种倾向及其解决办法。蒋介石当年在总结国民党失败的原因时，曾经深有感触地说过：国民党失败，主要是因为内乱，而共产党及其领导的军队的优点，一是组织严密，二是纪律严厉。

比如，"先打弱的，后打强的，你打你的，我打我的"——这句名言讲的是军事战略指导的根本方略，是毛泽东创新的战争指导艺术的最高境界。毛泽东用兵，善于发现敌人的弱点，掌握战争的主动权，变被动应战为完全主动作战。他特别强调要有计划地造成敌人的错觉，出其不意地发动攻击，夺取主动权。在毛泽东那里，战争指挥已经演化成一门高超的军事艺术。

比如，"兵民是胜利之本"——这句名言讲的是要取得战争胜利，必须动员全体中国人民，让所有兵和民都发挥自觉能动性。人民战争是我们的根本优势，是我们克敌制胜的法宝。没有政治上的动员，没有全体军民的主动参与，就不可能取得胜利。毛泽东坚信，人民是历史的创造者，真正的力量属于人民。真正的铜墙铁壁是群众，是千百万真心实意地拥护革命的群众。这是什么力量也打不破的。

比如，"在战略上要藐视敌人，在战术上要重视敌人""一切反动派都是纸老虎"——这两句名言讲的是我们的战略眼光和战术准备。毛泽东认为，从人类历史发展的趋势看，反动势力必然日趋没落、进步力量必定逐渐上升并最终取代反动势力，新旧交替、进步取代没落，是不可抗拒的历史潮流。他特别强调："从长远的观点看问题，真正强大的力量不是属于反动派，而是属于人民。"[1]因此我军在战略上要取"以一当十"之气势，而在战术上要懂"以十当一"之道理。

比如，"没有一个人民的军队，便没有人民的一切""全心全意为人民服务是人民军队的唯一宗旨"——这两句名言，讲的是

---

[1]《毛泽东选集》第4卷，人民出版社1991年版，第1195页。

人民军队不是为着少数人或狭隘集团的私利存在的，是为着广大人民群众的利益，为着全民族的利益而存在、而战斗的。毛泽东讲清了我们这支军队与其他军队的根本区别，就在于它的力量来自于人民，一切从实际出发、密切联系群众，是其独特优势，也是战胜一切敌人的根本法宝。毛泽东告诫党员干部，任何时候，都要牢记："要全心全意为人民服务，不要半心半意或者三分之二的心三分之二的意为人民服务。"[1]……

翻开人民军队创建和发展的历史，毛泽东的军事名言、军事论断，比比皆是。这些说理深刻又通俗易懂的名言、论断，不是凭空臆想出来的，而是毛泽东和他的战友们从艰难困苦中探索出来的，是从血的教训中得出来的智慧和方法。

这些军事名言，包括了人民军队的根本宗旨、根本原则、根本遵循以及军事战略战术等方面，伴随着中国共产党领导下的人民军队从弱小走向强大，从单一兵种向多军兵种合成部队转变，并不断走向正规化、现代化。这些军事名言，也成就了革命军人的智慧果敢和血肉精神。其中的许多名言，已经凝结为人民军队的优良传统和不变军魂，至今仍在传承。

仅从这些军事名言的视角看，在当今中国和世界，只要不带敌意和主观偏见，只要尊重客观的历史过程，那么对毛泽东的评价，就会得出客观公正和令人信服的结论。

周恩来这样评述毛泽东的："毛主席创建人民军队方面的成就，他在军事上的战略战术，在政治上的《新民主主义论》《论联合政府》，在经济上的一些文章，在文化上的《在延安文艺座

---

[1]《毛泽东文集》第7卷，人民出版社1999年版，第285页。

谈会上的讲话》，在哲学上的创造，他的马克思主义的思想体系等等，多得很。毛主席的成就不仅广，而且专，而且精。"周恩来以自己的亲身体会告诉人们："毛泽东是在中国的土壤中生长出来的巨大人物。"[1]

朱德这样评述毛泽东的："中国人民解放军之所以能够从无到有、从小到大，成为现在装备精良、一往无前的军队，是和毛主席及党中央的直接领导，特别是和毛泽东军事思想的指导息息相关，密切不可分的。人民解放军的产生、发展、壮大及其全部斗争历史，也就是光辉的毛泽东军事科学思想生动的体现。""我们的军队所以组织得好、教育得好、指挥得好，并取得胜利，就是依靠了毛泽东军事思想的指导，一步一步地、一次一次地在战争中积累了丰富的经验，又从而加以锻炼、加以提高所得来的。"[2]

邓小平曾这样评述毛泽东："要打仗，军事方针是什么？就是毛主席的十条军事原则。……凡是打得好的仗都是依靠了这十条，不依靠这十条，仗就一定不会打好。"[3]新中国成立后，他还特别提出："继承毛泽东军事思想，研究现代条件下人民战争，发展我国军事科学。"[4]

江泽民在建军70周年的时候，对毛泽东的军事贡献做了这样的评述："毛泽东同志是我军的主要缔造者。他在领导中国革命斗争的过程中，提出了建设新型人民军队的一整套方针和原

---

[1]《周恩来选集》上卷，人民出版社1980年版，第342、331页。
[2]《朱德军事文选》，解放军出版社1997年版，第549页。
[3]《邓小平军事文集》第2卷，军事科学出版社2004年版，第79—80页。
[4]邓小平为中国人民解放军军事科学院建院20周年的题词（1978年3月15日）。

则。他开辟了以农村包围城市,最后夺取全国政权的武装斗争道路。他阐明了以人民军队为骨干,依靠人民、武装人民进行人民战争的思想。他制定了在敌强我弱的情况下,革命军队以劣势装备战胜优势装备之敌的一系列战略战术。新中国成立以后,他又及时提出加强国防建设,实现国防现代化的指导方针。毛泽东同志善于从马克思主义认识论的高度总结和概括中国革命战争的丰富经验,形成了光辉的军事辩证法思想。毛泽东军事思想,是毛泽东思想的重要组成部分,是我们党对马克思主义军事理论的创造性发展。"[1]

胡锦涛在建军80周年的时候,总结人民军队建军治军的历史经验时说:"人民解放军培育和形成了优良革命传统。人民解放军的优良革命传统,集中起来就是听党指挥、服务人民、英勇善战。""听党指挥、服务人民、英勇善战,体现了人民解放军的性质、宗旨、本色,凝聚着党和人民对军队的重托和期望,是我们总结人民解放军八十年建军治军经验的基本结论。"这里面讲的,都是毛泽东为人民军队奠定的基础。因此胡锦涛特别强调:"毛泽东军事思想,指引我们党正确解决了在半殖民地半封建的旧中国进行新民主主义革命的历史条件下建设无产阶级新型人民军队,实行人民战争,走以农村包围城市、最后夺取全国胜利的道路,以及取得全国政权后建立现代国防的重大课题。"[2]

党的十八大以来,以习近平同志为核心的党中央在带领人民为实现中华民族伟大复兴中国梦而奋斗的历史进程中,在治党、

---

[1]《人民日报》1997年8月1日。
[2]《人民日报》2007年8月1日。

治国、治军的伟大实践中，高度重视继承和发扬毛泽东思想及其军事思想。在纪念毛泽东同志诞辰 120 周年的时候，习近平特别肯定了毛泽东作为"中国共产党、中国人民解放军、中华人民共和国的主要缔造者"的历史功勋，他专门提到："毛泽东同志创造性地解决了缔造一个在党的绝对领导下的人民武装力量的一系列重大问题，建成一支具有一往无前精神、能压倒一切敌人而决不被敌人所屈服的新型人民军队。"[1]

历史经过长久沉淀，才显露出厚重；思想经过岁月风尘，才砥砺出力量。梳理探究毛泽东这些经典实用的军事名言，可以从一个侧面反映毛泽东思想的博大精深和毛泽东语言的独特魅力。这些军事名言，在当时引领了人民军队的精神世界和前进方向，在后来（可以肯定地说也包括未来），仍然雄踞在人民军队的发展理念中，构成中国军队话语体系的基石。

可以说，毛泽东的军事名言，是军事理论和军事实践的凝结，是人民军队实战管用的武器，是我们党、军队、国家的宝贵财富，是我们民族精神家园中的瑰宝，同时，毛泽东的军事名言，也是中国共产党的伟大创新理论的重要组成部分。

---

[1]《人民日报》2013 年 12 月 27 日。

# 打 仗

## "毛泽东兵法"有自己的独特意境

再一步谈到毛泽东与人民军队的关系,还有必要解读"伟大的军事家"或"军事统帅"这个称谓后面的丰富内涵。

现实生活中,经常会有人发出这样一些趣问。

一是毛泽东在创建和领导人民军队发展壮大过程中,提出的一些军事语言、创立的一套话语体系,为什么仍然那么管用,而且始终那么实用,雄踞中国军队话语体系的主体内容?——回答这个问题,必须看清毛泽东提出这一套军事话语时,是从中国实际、从人民军队指战员的斗争经验和军事斗争需要出发的!

二是"毛泽东兵法"与"孙子兵法"到底是个什么关系?一段时间以来,社会上持续不断地出现学习和运用《孙子兵法》的热浪,也经常谈到孙子兵法与毛泽东兵法在一定意义上的契合性!——这个问题更有意思。早在遵义会议的时候,就有党内教条主义者批评毛泽东,说他打仗主要是靠《孙子兵法》和《三国演义》,其实,在这之前毛泽东根本没有看过《孙子兵法》。1962年1月12日,毛泽东在会见日本社会党顾问铃木茂三郎率领的访华代表团时,说过这样一段话:"遵义会议时,凯丰说我打仗的方法不高明,是照着两本书去打的,一本是《三国演义》,另一本是《孙子兵法》。其实,打仗的事,怎么照书本去打?那时,这两本书，我只看过一本——《三国演义》。另一本《孙子兵法》，当时我并没有看过。那个同志硬说我看过。我问他《孙子兵法》共有几篇？第一篇的题目叫什么？他答不上来。其实他也没有看过。从那以后，倒是逼使我翻了翻《孙子兵法》。"当然，这些情况也说明，中国古代用兵智慧的结晶《孙子兵法》，与"毛泽东兵法"有着许多相通之处。

三是在人民军队的军营和军队现代化建设过程中，为什么随处可见毛泽东的经典军事话语？——这个问题恰恰反映了现实和历史相通的双重境界！从军事话语或兵法视角研究毛泽东军事思想的当代价值，会给我们意想不到的别样启发。

"毛泽东兵法"这个概念，是人民军队的总司令朱德提出来的，他称为"毛泽东同志的新兵法"。

在谈毛泽东兵法前，让我们先回答一下毛泽东提出的问题："《孙子兵法》共有几篇？第一篇的题目叫什么？"

《孙子兵法》共十三篇。第一篇：始计，第二篇：作战，第三篇：谋攻，第四篇：军形，第五篇：兵势，第六篇：虚实，第七篇：军争，第八篇：九变，第九篇：行军，第十篇：地形，第十一篇：九地，第十二篇：火攻，第十三篇：用间。这里面，有些是谋略，有些是伎俩，更主要的是一些战术上的取胜之道、用兵之法。当然，贯穿了中国古代兵法家、军事家的丰富辩证法思想，凝聚了古代兵家的深刻智慧。

而毛泽东则是战略战术的大家。借用"兵法"这个概念来观察"毛泽东兵法"，我们可以看出，毛泽东兵法，既包含在丰富的战争理论著述中，如《中国革命战争的战略问题》《抗日游击战争的战略问题》《论持久战》《战争和战略问题》等影响深远的军事理论著作,又包含在变化多样的战略战术体系中,他从长期的各种战争实践中,提出过许许多多军事原则和斗争策略,并且充分地运用在宏大的战争实践中,上演了无数有声有色、威武雄壮的中国现代战争的活剧。这些都是古代战争所不能比拟的。

有意思的是,毛泽东本人原本并不是军事行家!相反,反对战争,不要战争,是毛泽东一贯的思想取向。这可以从毛泽东的个人志向中反映出来。终其一生,他都希望做一名教员,从事教书育人的工作。1936年,美国记者斯诺来到延安。在接受采访时,毛泽东第一次公开讲述了自己的人生经历。他说,在长沙求学期间,自己开始认真地考虑前途问题,结果决定"最适合于教书"。走上政治的道路,是不得已而为之。新中国成立后,在与外国客人的谈话中,他又多次讲到,"我是一个知识分子,当一个小学教员""没有想到打仗""我历来是当教员的,现在还是当教员",后来,"中国受帝国主义、封建主义和官僚资本主义的压迫,开始还有军阀的压迫",不得已走上革命道路,"这不以我们这些人的意志为转移"。

从"指点江山,激扬文字"的一介意气书生,到伟大的无产阶级革命家、战略家、理论家,毛泽东经历了长期革命斗争艰难困苦的考验。特别是"从不会打仗到学会了打仗",由"打过败仗"到逐渐学会打胜仗、打大胜仗,直到成为举世公认的伟大的军事统帅、伟大的军事家,毛泽东同样经历了长期革命战争和对敌斗争的复杂考验。在不同历史阶段的斗争和战争考验中,毛泽东善于从实际出发,根据主客观条件和情势的发展变化,不断思考并总结出一系列行之有效的军事原则或打仗章法,也可以称作毛泽东关于如何打仗的"兵法"。这些"兵法",既反映了毛泽东在军事领域对马克思主义唯物辩证法的独到运用,也反映出毛泽东在领导军事斗争的实践中超越前人用兵之法的独特创造。

毛泽东的军事思想、战略战术、军事原则中充满了马克思主义唯物辩证法和中华民族伟大军事家的独特意境。

## 一、毛泽东"兵法"的出发点

自秋收起义以及带领部队上井冈山起,毛泽东就一边探索中国革命的独特道路,一边不断总结人民军队如何打仗的独特方法,特别是总结如何打胜仗的方法。正如恩格斯所说,无产阶级的作战方法有别于资产阶级,"无产阶级的解放在军事上同样也将有它自己的表现,并将创造出自己特殊的、新的作战方法"。[1] 毛泽东所总结和指挥人民军队运用的作战方法,就是一个伟大的无产阶级军事家在中国革命战争实践中所创造出来的"特殊的、新的作战方法"。

梳理毛泽东"兵法",蕴含着深刻的哲学思想,尤其是其中丰富的唯物辩证法思想。这些"兵法"的思想内核,突出地反映了以下几个根本出发点。

一是从实际出发把握战争规律。用兵打仗,首先必须从实际出发找到战争规律。要想把握战争规律,就得掌握一套科学的方法。毛泽东对此曾做过高度的哲学概括:"什么方法呢?那就是熟识敌我双方各方面的情况,找出其行动的规律,并且应用这些

---

[1]《马克思恩格斯全集》第 7 卷,人民出版社 2006 年版,第 562 页。

规律于自己的行动。"他还说："指挥员的正确的部署来源于正确的决心，正确的决心来源于正确的判断，正确的判断来源于周到的和必要的侦察，和对于各种侦察材料的联贯起来的思索。"[1]从客观实际尤其是敌我双方的实际情况出发，找出战争的客观规律，这就是毛泽东最根本的出发点和最重要的方法。

对毛泽东这种从实际出发寻找战争规律的方法，朱德曾经精练地概括为"几条用兵通则"，他说："我们用兵的主张，可概括为：有什么枪打什么仗，对什么敌人打什么仗，在什么时间地点打什么时间地点的仗。第一句话是根据部队武器装备，第二句话是根据敌情，第三句话是根据时间地形各种条件，这就是实事求是的唯物主义的用兵新法。"他还特别强调："这是我们进行人民战争所创造出来的新兵法，也即是毛泽东同志的新兵法。"[2]这一概括，准确地抓住了毛泽东"兵法"的实质和核心———一切从实际出发、实事求是。当然，战争的规律也是发展变化的，不同的战争在时间、地域和性质上的差别，决定着不同的战争指导规律。因此，毛泽东还不断提醒人们，认识战争的客观规律，还要随时把握战争过程中事物辩证运动的规律，既要揭示客观事物呈现出来的规律，又要关注客观事物不断发展变化的规律性，具体地分析具体情况。

对战争规律的探索，是一个长期而艰难的过程，不可能一蹴而就，必须始终坚持从实际出发，不断总结经验，既要善于总结打胜仗的经验，也要善于总结打败仗的经验，这样才有可能真正

---

[1]《毛泽东选集》第1卷，人民出版社1991年版，第178—179页。
[2]《朱德选集》，人民出版社1983年版，第168页。

摸清贯穿整个战争内部的规律性,也才能够比较有把握地去指导战争。在取得中国革命胜利,刚刚建立新中国的时候,毛泽东曾经感慨地说过:找到中国革命胜利道路的过程,就是主观与客观相一致的过程,二十年了,才找到主观与客观相一致这个中国革命胜利的道路。[1]毛泽东始终强调,军事家要掌握战争的规律性,不能跨越物质条件许可的范围,军事家活动的舞台必须建筑在客观物质条件的上面,只有凭着这个舞台,才可能导演出许多有声有色威武雄壮的活剧。

二是从全局出发寻找灵活机动。战争,是一种最讲究全局和整体的人类综合行为。毛泽东认为,"只要有战争,就有战争的全局","懂得了全局性的东西,就更会使用局部性的东西,因为局部性的东西是隶属于全局性的东西的"。因此他强调,要研究带全局性的战争指导规律,就要学会运用辩证法,尤其是要学会把握影响全局的一些关节点,并从中寻找灵活机动。毛泽东以自己的亲身体会指出:"战争的胜败的主要和首先的问题,是对于全局和各阶段的关照得好或关照得不好。""如果全局和各阶段的关照有了重要的缺点或错误,那个战争是一定要失败的。"他用"一着不慎,满盘皆输"来比喻这个问题的重要性,要求战役指挥员和战术指导员要特别注意下好"对全局有决定意义的一着,而不是那种带局部性的即对全局无决定意义的一着"。他特别注意对事关全局的重要关节的准确把握,明确指出:"没有全局在胸,是不会真的投下一着好棋子的。"[2]

---

[1]《人民日报》1981年7月3日。
[2]《毛泽东选集》第1卷,人民出版社1991年版,第175、221页。

毛泽东之所以能够运用灵活机动的战略战术，掌握战争主动权，就在于他善于从客观实际和全局出发寻找关节点。从战争的全局或整体出发，就能找到决胜的关键点，也就能找到并运用好灵活机动的战略战术。正如他所说的："灵活，是聪明的指挥员，基于客观情况，'审时度势'（这个势，包括敌势、我势、地势等项）而采取及时的和恰当的处置方法的一种才能，即是所谓'运用之妙'。"[1]他在各个历史时期所指挥的那些精彩战争案例，就是基于对全局胸有成竹的了解和对关节点准确的把握。

从战争全局出发，毛泽东提出过一系列灵活机动的军事原则，比如："打得赢就打，打不赢就走""你打你的，我打我的""敌进我退，敌驻我扰，敌疲我打，敌退我追""大步进退，诱敌深入，集中兵力，各个击破""在战略上要藐视敌人，在战术上要重视敌人""战略是'以一当十'，战术是'以十当一'"等等，充满了马克思主义的辩证法。又比如，他提出的"进攻时反对冒险主义，防御时反对保守主义，转移时反对逃跑主义"等军事原则，充满了战略战术上的全局视野和辩证统一。再比如，他提出的"只有积极防御才是真防御""消极防御实际上是假防御"等军事原则，把进攻与防御放在一个大的战争整体上去思考，创造性地继承和发展了马克思主义关于进攻和防御相互依存和渗透的观点，充分阐发了积极防御的辩证思想。不仅如此，毛泽东还提出过有关防御中的进攻、持久中的速决、内线中的外线等军事原则，都是从战争全局上去考虑问题的，充分融入了攻与防的辩证法。

在上述军事原则中，最为突出的是毛泽东关于游击战争战

---

[1]《毛泽东选集》第 2 卷，人民出版社 1991 年版，第 494 页。

略战术的军事原则,既体现了他对马克思主义军事思想的高超运用,又反映了他在实践探索基础上对军事辩证法的独到创新。一些国外人士称毛泽东为"现代游击战争之父",这是当之无愧的。[1]刘伯承元帅曾经以军事家的亲身体会做过这样的评述:"毛泽东的军事思想是马克思主义的,是辩证法的,是经过实践检验的客观真理,是最先进的军事科学。"[2]

三是从人民出发获得取胜之道。毛泽东的战争观,是马克思主义战争观与中国革命战争实践相结合的结晶,这种结合的支点,就是"人民战争"这个基础,这是它与一切旧军事学说的根本区别。毛泽东关于人民战争的理论,既是马克思主义唯物史观在战争领域的体现,又是马克思主义群众观点和群众路线在人民革命战争中的具体运用和发展。因此,在这种战争观的指导下,毛泽东提出的战争原则和取胜之道,都是基于人民利益、发挥人民作用以及推崇人民至上为出发点来考虑的。

毛泽东始终认为,人民群众是社会历史的创造者,也是推动社会发展和历史进步的根本动力,因此,紧紧依靠人民群众,也是人民军队取得战争胜利的根本保证。他提出:"战争的伟力之最深厚的根源,存在于民众之中","军队须和民众打成一片,使军队在民众眼睛中看成是自己的军队,这个军队便无敌于天下"。[3]从人民因素与战争胜利的关系角度,毛泽东曾经把唯物史观的精髓概括成一句经典的话:"人民,只有人民,才是创造

---

[1] 刘华清:《中国共产党及其领导的抗日军民是全民族抗战的中流砥柱》,载《人民日报》1995年8月1日。
[2] 《刘伯承指挥艺术》,解放军出版社1984年版,第92页。
[3] 《毛泽东选集》第2卷,人民出版社1991年版,第511—512页。

世界历史的动力……战争教育了人民，人民将赢得战争，赢得和平，又赢得进步。"[1]即便在和平建设时期，他同样认为："过去打仗，靠的是人民；现在建设，靠的还是人民。一切成就都来自人民自己的努力。"[2]可见，毛泽东人民战争思想的基点，就是群众观点和群众路线。

毛泽东从人民视角出发也提出了一系列重要的军事原则，如："兵民是胜利之本""人民群众是真正的铜墙铁壁""官兵一致，军民一致，瓦解敌军""军民团结如一人，试看天下谁能敌""武器是战争的重要的因素，但不是决定的因素，决定的因素是人不是物"等，这些军事原则，科学地阐明了人民群众在战争中的伟大作用，深刻地揭示了我党我军的力量来源，清晰地点明了我军是人民的军队，与人民血肉相连，拥有人民的支持是我们取胜的优势和根本保证。这些原则，强调的是战争胜败最终由人民群众来决定，谁拥有人民群众的支持，谁就取得了战争胜利的坚实基础。

总之，毛泽东的用兵之法，是从实践中探索出来的，是从挫折甚至失败的教训中总结出来的，是从人民群众的智慧和力量中汲取出来的。它涵盖了马克思主义军事唯物论和军事辩证法的诸多范畴，包含了战争的一般规律与特殊规律、客观的物质基础与自觉的能动性、保存自己与消灭敌人等方面的深刻道理，既体现了毛泽东遵从唯物主义原则的求实思维，也反映了毛泽东善于提

---

[1]《毛泽东选集》第3卷，人民出版社1991年版，第1031页。
[2] 熊向晖：《毛泽东主席与"小国弱国人民会议"》，载《缅怀毛泽东》(上)，中央文献出版社1993年版。

升指挥艺术的辩证思维。

## 二、毛泽东"兵法"的独特意境——十大军事原则

在毛泽东总结的军事原则或"兵法"中,最集中和最具特色的,应该是1947年在转战陕北期间提出的"十大军事原则"。这年12月25日,毛泽东在米脂县杨家沟主持召开中共中央扩大会议,并做了《目前形势和我们的任务》的报告。毛泽东分析并判定,人民解放战争形势已经发生了根本性变化,"达到了一个转折点",也就是中国人民解放军已经打退了美国支持下的蒋介石集团数百万反动军队的进攻,使自己由防御转入了进攻,"这是一个历史的转折点""这是一个伟大的事变"。毛泽东断言,中国革命"必然地走向全国的胜利"。[1]

十大军事原则,就是在这次讲话中集中表述出来的,是毛泽东为"走向全国的胜利"的人民解放军提供的军事指导原则。深入分析这十大军事原则,有其独特的意境。

### (一)十大军事原则的实践效用

毛泽东替中国人民解放军总结和提炼军事原则,目的是用于实战,是为了管用、实用,能打胜仗。"十大军事原则"如果用十句话全部讲出来,可能不容易记住。但人民解放军的将士们为什么能熟记于心?只要搞清每一条的出发点和核心内涵,就会一下子明白:条条管用、句句实用。

---

[1]《毛泽东选集》第4卷,人民出版社1991年版,第1244页。

第一条讲先打哪个目标,"先打分散和孤立之敌,后打集中和强大之敌"。

第二条讲先攻取哪里,"先取小城市、中等城市和广大乡村,后取大城市"。

第三条讲作战目的,"以歼灭敌人有生力量为主要目标,不以保守或夺取城市和地方为主要目标"。

第四条讲如何使用兵力,"每战集中绝对优势兵力四面包围敌人,力求全歼,不使漏网","在每一个局部上,在每一个具体战役上,我们都是绝对的优势"。

第五条讲取胜的把握,"不打无准备之仗,不打无把握之仗"。

第六条讲战斗作风,"发扬勇敢战斗、不怕牺牲、不怕疲劳和连续作战的作风"。

第七条讲运用好两种战术,"力求在运动中歼灭敌人","同时,注重阵地攻击战术"。

第八条讲攻城时机,"在攻城问题上,一切敌人守备薄弱的据点和城市,坚决夺取之。一切敌人有中等程度的守备、而环境又许可加以夺取的据点和城市,相机夺取之。一切敌人守备强固的据点和城市,则等候条件成熟时然后夺取之"。

第九条讲人力物力从哪里来,"以俘获敌人的全部武器和大部人员,补充自己。我军人力物力的来源,主要在前线"。

第十条讲如何休整,"善于利用两个战役之间的间隙,休息和整训部队。休整的时间,一般地不要过长,尽可能不使敌人获得喘息的时间"。

作为军事统帅的毛泽东,在总结出这十条军事原则后,自信地说:"以上这些,就是人民解放军打败蒋介石的主要方法。"[1]作为军事统帅的邓小平,在运用了这十条后,深有体会地说过:"打得好的仗都是依靠了这十条,不依靠这十条,仗就一定不会打好。"[2]

十大军事原则为什么管用、实用,在实战中见效?因为它不是"纸上谈兵",而是我们党和军队在长期的实践中总结出来的"兵法"。正如毛泽东所说:"十大军事原则,也不是新的,仅仅把它概括出来是新的"[3],"是根据十年内战、抗日战争、解放战争前期的经验,在解放战争进入反攻时期提出来的","是人民解放军在和国内外敌人长期作战的锻炼中产生出来"的。[4]

从不会打仗到学会打仗,实践和对手,是毛泽东的老师。后来毛泽东在总结自己打仗的人生经历时说过这样的话:"过去我们都不会打仗,也没有准备上山打游击。我是搞工人、农民运动的,职业是小学教员。但是敌人要抓我们,杀我们,我们被迫上山打仗。不过如何打还是不会,从来没有学过。我们向蒋介石学,向敌人学,打了十年。后来日本人打进来,我们又跟日本人学打仗。我这一辈子就是在打仗中过的,一共打了二十二年。从没有打仗的决心到有了打仗的决心,从不会打仗到学会了打仗。"毛泽东还说:"我们的许多领导人,如刘少奇、周恩来、邓小平和其他许多元帅、将军,起初都不会打仗,是在战争中学习起来

---

[1]《毛泽东选集》第4卷,人民出版社1991年版,第1247—1248页。
[2]《邓小平军事文集》第2卷,军事科学出版社2004年版,第79—80页。
[3]《毛泽东文集》第4卷,人民出版社1996年版,第334页。
[4]《毛泽东选集》第4卷,人民出版社1991年版,第1261、1248页。

的。"[1]正是在长期的革命战争实践中,毛泽东等老一辈革命家带领人民军队的官兵们从实际斗争中学习打仗,由不会打仗到学会了打仗。经过了长期学习打仗的实践后由毛泽东总结出来的这十大军事原则,成为人民解放军打胜仗的法宝,成为打败敌人的主要方法。因此,毛泽东提出十大军事原则,首先考虑的是实战经验,也是从实用性、实践效果上去定位的。

## (二)十大军事原则的理论来源"是马克思列宁主义普遍真理同中国革命战争实践相结合的产物"

从管用、实用、能打胜仗角度考虑问题并不是实用主义和经验主义。毛泽东所总结的十大军事原则,有着清晰的理论来源和科学的思想基础。正如他后来明确指出的:十大军事原则是马克思主义的,"是马克思列宁主义普遍真理同中国革命战争实践相结合的产物"。[2]

有了马克思主义的理论渊源和思想基础,实用性就与理论性紧密结合起来,也就避免了经验主义和实用主义的简单归纳,从而升华为理论层面的指导原则。毛泽东曾经分析过,仅从方法上看,十大军事原则的内容蒋介石本人也懂,"蒋介石匪帮和美国帝国主义的在华军事人员,熟知我们的这些军事方法。蒋介石曾多次集训他的将校,将我们的军事书籍和从战争中获得的文件发给他们研究,企图寻找对付的方法。美国军事人员曾向蒋介石建

---

[1]《建国以来毛泽东军事文稿》(下卷),军事科学出版社2009年版,第199、201页。
[2] 毛泽东:《在军委扩大会议小组长座谈会上的讲话要点》(1958年6月23日),载《建国以来毛泽东军事文稿》中卷,军事科学出版社2009年版。

议这样那样的消灭人民解放军的战略战术；并替蒋介石训练军队，接济军事装备"。这就是说，蒋介石不仅也用这些方法集训自己的队伍，而且还从美国军事人员那里得到五花八门的战略战术，但是，"所有这些努力，都不能挽救蒋介石匪帮的失败"。到底是什么原因？问题出在哪里？毛泽东一语道破其中道理："这是因为我们的战略战术是建立在人民战争这个基础上的，任何反人民的军队都不能利用我们的战略战术。在人民战争的基础上，在军队和人民团结一致、指挥员和战斗员团结一致以及瓦解敌军等项原则的基础上，人民解放军建立了自己的强有力的革命的政治工作，这是我们战胜敌人的重大因素。"[1]这就是说，共产党领导下的人民军队提出和掌握的方法，其理论基础是与其他军队有根本区别的。毛泽东在这里点明了其中的真谛：我们在根本理论指导上，根据的是马克思主义的唯物史观、人民战争理论、革命的政治工作。这些根本的理论准则，恰恰是蒋介石集团不具备的，也根本不可能具备或掌握的。因此，毛泽东对十大军事原则的定位中，特别强调它的马克思主义理论基础，强调它与马克思主义理论的渊源关系。这一点在《历史决议》中做了充分的肯定："他在解放战争中总结出著名的十大军事原则。这些是毛泽东同志对马克思列宁主义的军事理论的极为杰出的贡献。"

### （三）十大军事原则的群众基础

毛泽东在人民解放战争出现转折的历史关头概括出"十大军事原则"，除了具备长期革命战争的实践经验和深厚的理论基础

---

[1]《毛泽东选集》第 4 卷，人民出版社 1991 年版，第 1248 页。

外，还有最根本的一条，就是广泛的人民群众基础。这个时期的蒋介石和国民党，完全违背了人民意愿，背离了历史发展的潮流和方向；与此形成鲜明对比的是，毛泽东和中共中央及其领导下的人民解放军，代表着最广大人民群众的根本利益，得到人民群众的拥护、爱戴和支持，人民战争也得到最广泛的人民群众参与。

这一点，只要简单梳理一下解放战争的历史进程便可得知。

自1946年夏天起，国民党再次撕破国共合作的协议，打破人民期待已久的在抗战胜利后建立和平民主国家的梦想，又一次欲置中国共产党及其领导下的人民军队于死地。蒋介石命令国民党军队对共产党领导的解放区发动全面进攻。可事与愿违，到1947年2月，仅半年多打下来的结果看，国民党军不但没有占到什么便宜，反而被人民解放军歼灭了71万多人；国民党方面不仅给人民解放军"送来"了大量的武器装备，而且也"送来"了大量的兵源，俘虏兵纷纷自愿加入人民解放军。毛泽东在总结"十大军事原则"时讲的"以俘获敌人的全部武器和大部人员，补充自己。我军人力物力的来源，主要在前线"这些内容，恰恰是蒋介石主观上不愿意看到却客观上配合的！

屡战屡败的蒋介石，不得不改变策略，集中主要兵力，重点进攻陕甘宁边区和山东解放区。延安，就是他进攻的重中之重。1947年3月，蒋介石纠集34个旅25万兵力，仅负责袭击延安的胡宗南部就有15个旅14万人，他们从南、北、西三个方向，以空中、地面、伞兵等方式，气势汹汹压向延安！为更好消灭敌人，毛泽东和中共中央决定：主动放弃延安，实行机动灵活的战略转移。但同时决定，与陕北人民共同战斗，"党中央和人民解放军总部必须继续留在陕甘宁边区"；同时"以刘少奇同志为书记，组织中央工作委员会，前往晋西北或其他适当地点进行中央委托之工作"。毛泽东在起草这份决定时还专门强调留在陕北的群众基础："此区地形险要，群众条件好，回旋地区大，安全方面完全有保障。"[1]撤离延安转战陕北之前的毛泽东，讲了这样一番富有哲理的话："敌人要来了，我们准备给他打扫房子。我军打仗，不在一城一地的得失，而在于消灭敌人的有生力量。存人失地，人地皆存；存地失人，人地皆失。敌人进延安是握着拳头的，他到了延安，就要把指头伸开，这样就便于我们一个一个地切掉它。"[2]这里面所包含的辩证法，正是十大军事原则中的精髓。

毛泽东和中共中央在人民群众的掩护下转战陕北不到半年时间，蒋介石的重点进攻也遇到重大失败。到1947年9月，号称有400万的国民党军队，被人民解放军消灭掉了三分之一。过去有人说，"国民党打不垮共产党，共产党也打不垮国民党"，"谁也消灭不了谁"。而到了这个时候，中共中央明确地提出了"打倒蒋介石"的口号。随同毛泽东一道指挥人民解放战争的周恩来这时明确指出："去年一年的自卫战争，就证明了这个道理——蒋必败，我必胜！"周恩来特别分析了共产党领导的人民军队为什么会取得胜利的三条主要原因，其中前两条都是讲我党我军与人民的关系："第一：人民拥护我们作战，相信我们是为他们做事的。""第二：我们的军队，是为人民的，是人民的子弟兵。他从诞生的时候起，就是为人民谋利的。他有坚强的骨干，坚持执

---

[1]《毛泽东选集》第4卷，人民出版社1991年版，第1221页。
[2]《毛泽东年谱（1893—1949）》下卷，人民出版社、中央文献出版社1993年版，第176页。

行三大纪律八项注意，同人民有密切的联系，经过艰苦奋斗流血牺牲的锻炼，官兵一致，善于战斗。我们的军队有光荣传统，是战无不胜的。""第三：党中央和毛泽东同志领导得好。"[1]周恩来的这三条讲得非常清楚，都是国民党完全不具备的。周恩来分析的国民党军的弱点中，最根本的弱点就是"人民反对"。周恩来的分析，是在1947年9月下旬与毛泽东、任弼时率领中共中央机关转战陕北到达佳县神泉堡时做出的。不久他们又转战来到陕北米脂县的杨家沟。12月25日，毛泽东就是在这里提出了"十大军事原则"。因为这个时候，天时地利人和，打败国民党反动派的主客观条件都成熟了。

杨家沟会议以后，毛泽东的"十大军事原则"迅速传达给了人民解放军的各位将领，并在战场上立竿见影。正如周恩来所说："三五年消灭蒋介石，夺取全国胜利，我们要有这个信心。我们到外线去要打大仗，要掌握毛主席的十条军事原则，我们一定能在蒋管区取得胜利。"[2]

下面，以刘邓大军挺进大别山为例。

## （四）十大军事原则的经典案例

挺进大别山建立巩固的根据地，是解放战争期间毛泽东和中央军委突破内线作战、打到外线去，进而实施战略进攻的重大战略决策。我们梳理、研究这一战略决策及其成功实践，不得不提及在这个过程中发挥重大影响的毛泽东十大军事原则。

---

[1]《周恩来选集》上卷，人民出版社1980年版，第276—277页。
[2]《周恩来军事文选》第3卷，人民出版社1997年版，第304页。

刘邓大军自1946年8月挺进大别山，到1947年年底基本站住脚，并准备进一步实施战略展开，只用了短短的四个月时间。正是在这个时候，毛泽东于12月25日在陕北米脂县杨家沟主持召开了中共中央扩大会议，并在会上做了一个名为《目前形势和我们的任务》的报告。引人关注的是，毛泽东在报告中分析并判定，人民解放战争形势已经发生了根本性变化，"达到了一个转折点"；也就是中国人民解放军已经打退了美国支持下的蒋介石集团数百万反动军队的进攻，使自己由防御转入了进攻，"这是一个历史的转折点""这是一个伟大的事变"。毛泽东断言，中国革命"必然地走向全国的胜利"。[1]

同样引人关注的是，在这次会议的报告中，毛泽东为"必然地走向全国的胜利"的中国人民解放军总结并提出了"十大军事原则"，这是毛泽东所有军事原则或"毛泽东新兵法"中最为集中和最具特色的十条。

毛泽东提出的"十大军事原则"，很快就传达到远在大别山的刘邓大军的军营中。因为毛泽东、中共中央军委与刘伯承、邓小平等人之间有着随时随地的紧密的电报沟通。

1948年3月6日，正在进一步谋划外线进攻、准备打一场更大的人民战争的刘邓大军，在安徽临泉韦寨召开了晋冀鲁豫野战军直属部队干部会议。会上，邓小平针对一些干部战士心中还存在的一些"对于反攻后的形势抱着怀疑态度"的情况，引导大家，不能"只凭着自己的直觉，从一个角落一个局部看问题"，要从战略全局上看问题，要深入学习毛泽东《目前形势和我们的

---

[1]《毛泽东选集》第4卷，人民出版社1991年版，第1244页。

任务》这篇重要报告。他逐一引用毛泽东报告里的一些观点，替大家做了分析，说："从去年八月到今年二月，反攻已经七个月了。这七个月的胜利比第一年的胜利是小了还是大了？照毛主席去年十二月二十五日报告中的说法，这七个月的胜利，意义非常重大，是超过去年同样七个月胜利的。"邓小平还从"战略意义"和"胜利战果"等方面做了梳理，告诉大家如何在大别山建立根据地。最后，他信心十足地告诉大家："要打仗，军事方针是什么？就是毛主席的十条军事原则。那是过去十年土地革命斗争、八年抗日战争和一年半爱国自卫战争经验的基本总结，也是今后革命战争的指导方向。凡是打得好的仗都是依靠了这十条，不依靠这十条，仗就一定不会打好。"[1]

邓小平在这里讲得非常清楚，战略上，要学习理解毛泽东和中央军委的战略意图；战术上，要学习运用好毛泽东提出的十大军事原则。

一个多月后的4月17日，刘伯承也在野战军召开的另一次干部会议上，一边分析大别山斗争与全局斗争的关系，重点是引导大家学好毛泽东《目前形势和我们的任务》这篇报告的思想，尤其是学习理解报告中所反映的毛泽东军事战略，用好毛泽东军事原则。刘伯承指出："我们要学习毛主席的战略，这是人民的战略，在政治上军事上是完整的一套，是马克思主义的中国化。毛主席的思想，我们要好好学习。"刘伯承耐心地引导大家分析研究我们党和军队走过来的历史，并肯定地说："把自己的历史好好想一想：有枪的和没有枪的打，没枪的胜；枪好的和枪坏的

---

[1]《邓小平军事文集》第2卷，军事科学出版社2004年版，第79—80页。

打,枪坏的胜;枪多的和枪少的打,枪少的胜;有飞机大炮和没飞机大炮的打,没飞机大炮的胜。这是什么道理?这就是毛主席说的人心向背的问题。"刘伯承进一步摆出蒋介石军事战略的缺陷,同时向大家解释毛泽东军事战略的特点,说明毛泽东的军事战略是"人民的战略""是从人民的本质上发挥一切力量的战略",并由此引出毛泽东十大军事原则。刘伯承特别强调:"我们学习毛主席的战略,就是那十条原则。怎样攻坚,怎样打法,我们的钳形怎样搞法,抓住重要学。"在这次讲话中,刘伯承根据自己的亲身经历和体会,发自内心地特别提出了他对以毛泽东为核心的中共中央的认识:"现在这是历史的时代,百年的中国没有如今天这样好的领导——毛主席为首的中央这样英明的领导,不早生,不迟生,正生在伟大的时代。"正因为有了这样一个伟大的时代、英明的领导和伟大的党,所以他真诚地表示:"在这时候,我们要忠实于党,忠实于人民。"[1]

在大别山期间及以后的解放战争历史进程中,邓小平、刘伯承多次在各种会议上反复强调干部战士要认真学习领会毛泽东军事战略,学习灵活运用毛泽东十大军事原则。刘伯承在要求刘邓大军把学习运用毛泽东十大军事原则与领会自己实战经验教训相结合的时候,还特别提醒大家要掌握"毛泽东军事原则的特质"。他认为:"由于我军富有特殊的机动力,善于在耗散敌人之中,集中绝对优势兵力捕捉敌人弱点而不断围歼之,所以能够源源不绝地俘获敌人的武器兵员以补充自己和强化自己。这就是毛泽东

---

[1] 刘伯承:《关于大别山斗争与全局问题》(1948年4月17日),见《刘伯承军事文选》,战士出版社1982年版。

军事原则所独有的特质,而应为我们把握以战胜蒋介石的。"[1]

挺进大别山建立起根据地的刘邓大军,正是深刻地领会了毛泽东和中央军委的战略意图,灵活地运用了毛泽东提出的一系列军事指导原则,特别是"十大军事原则",才出色地完成了毛泽东和中央军委预先提出的战略任务。正如邓小平所说:"在大别山建立了继续向前跃进的战略基地,在大别山和中原地区背住了蒋介石在南线全部兵力一百六十多个旅中大约九十多个旅左右的兵力,减轻了其他地区的负担,使其他部队得到休整提高的机会。"[2]

刘邓大军如此,中共领导的其他各路大军亦然!依照毛泽东提出的这"十大军事原则",人民解放军各部以摧枯拉朽之势横扫千军,一路凯歌,国民党蒋介石集团此后再也没有还手之力。比预计的时间早,新中国很快建立。

毛泽东说过:"军事家活动的舞台建筑在客观物质条件的上面,然而军事家凭着这个舞台,却可以导演出许多有声有色威武雄壮的活剧来。"[3]人民解放战争,就是毛泽东导演的又一场"有声有色威武雄壮的活剧"。而参与演出这场活剧的,除了中国共产党及其领导下的人民军队外,大量的还是"群众演员",是中国最广大的人民群众。因此,群众基础,是毛泽东"兵法"尤其是十大军事原则之所以管用和具有独特魅力的根源。

---

[1] 刘伯承:《〈论苏军合围钳形攻势〉编译后言》(1948年7月7日),见《刘伯承军事文选》,战士出版社1982年版。
[2]《邓小平军事文集》第2卷,军事科学出版社2004年版,第79页。
[3]《毛泽东选集》第1卷,人民出版社1991年版,第182页。

## 三、毛泽东"兵法"的动态表达

事物是发展变化的,军情态势和军事斗争也是变化无常的,人的认识不可能一成不变,指导战争的军事原则更不可能一成不变,必须随着历史条件和客观环境的变化而发展变化。对这一点,毛泽东非常清醒。他历来反对僵化保守和教条主义的态度。因此,毛泽东对十大军事原则的认识和表达,并不是静态的,而是动态的。对十大军事原则,他有着动态的定位:随着历史条件的变化发展,十大军事原则也要加以补充、发展或修正。尽管"凡是打得好的仗都是依靠了这十条",但并不是说要永远固守这十条,更不是说这十条可以一成不变。

毛泽东提出"十大军事原则"的时候,新战争形态(主要是核战争)的威胁已经存在,他已经注意到了这一点,当时就说过:蒋介石反动集团之所以敢于冒险发动全国规模的反人民的国内战争,"主要地依靠他们认为是'异常强大'的、'举世无敌'的、手里拿着原子弹的美国帝国主义"。尽管这样,原子弹的威胁,并没有把中国共产党及其领导的人民军队吓着。毛泽东还坚定地说过:十大军事原则是"完全适合我们目前的情况的"。[1]

随着时代的不断变化和军队的发展要求,毛泽东和人民解放军的将领们在不断地审视,并根据情况的变化不断地思考。特别是新中国成立后,中国共产党及其领导的人民军队面临的国内国际形势发生了根本性的变化,我们党由局部执政变成全国执政,人民军队肩负的历史重任也更加艰巨和复杂。战争甚至核战争的

---

[1]《毛泽东选集》第4卷,人民出版社1991年版,第1258、1248页。

威胁，依然存在。在新的历史环境和现代战争条件下，十大军事原则是否还适用？怎么用？这些，是人民解放军将士们不断思考的重大问题。有两位元帅的思考比较有代表性。

一是熟谙军事教学工作的叶剑英元帅。新中国成立初期，为适应现代战争的需要，由叶剑英主持，中央军委在北京连续举办全军在职高级指挥员战役法集训活动，特别针对的，就是核战争的威胁。参加集训的高级指挥员的学习内容，除了理论学习和相关专业学习外，还特别安排了"见学工程兵化学兵与模仿原子炸弹爆炸示范表演"等内容。1955年6月，叶剑英在第二次全军在职高级指挥员战役法集训结业式上做了一个总结报告，里面从理论上讲了他有关现代战役法的几点思考。值得注意的是，他几乎逐条结合毛泽东的十大军事原则、结合大家集训期间讨论的情况，做了详细的总结讲评。

讲到如何认识"原子武器的威力问题"时，叶剑英说：原子武器是有很大威力的突击兵器，它具有冲击波、光辐射、穿透辐射及放射性沾染四种性能，对生物力量有很大的杀伤力，对技术兵器和工程物体有很大的破坏力，小型原子炸弹能使半径一千六百米内的人员受到伤害，一个营的兵力失掉战斗力，半径七百米以内的技术兵器受到严重的损坏。但是，叶剑英提醒大家："光靠原子武器，并不能决定战争胜负，原子武器的产生和使用，不但不能代替其他兵种、兵器的作用，恰恰相反，原子武器要有其他兵种兵器积极的密切的配合，才能发挥其作用。"

讲到"合围与歼灭敌人重兵集团及第二梯队的使用问题"时，叶剑英回应了在大家学习过程中的争论，其中涉及："合围与歼灭被围之敌，是一个过程或是两个过程？""合围与歼灭敌人是否可以使用原子武器？""合围与歼灭敌人时主力应指向何方？"叶剑英要求大家随时研究、关注新课题和新情况，并肯定地回答："我军实施战役的基本样式，乃是合围与歼灭敌人的进攻战役。毛主席说：'每战集中绝对优势兵力，四面包围敌人，力求全歼，不使漏网。'在使用原子武器的条件下，在所有各种类型的战役中，都应该遵守合围并歼灭敌人这一原则。"

讲到"提高战役速度问题"时，叶剑英特别提醒大家，现代进攻战役，速度要求非常之快，对这一点不要有任何怀疑，提高战役速度是现代战役的重要条件。但是我们要了解，提高战役速度必须有一定的物质基础。当然，指挥高速度的进攻战役，仍然要遵循毛主席的十大军事原则，"要提高进攻速度必须加强政治工作，发扬勇敢战斗，不怕牺牲、不怕疲劳与连续作战的作风（毛主席十大军事原则第六条）。不使敌人获得喘息的时间"。[1]叶剑英在这些讲评中，贯穿了一个核心意思：人民军队既要遵循过去的成功经验，也要研究现代新战法，毛泽东提出的军事原则仍然具有现实针对性。

另一位是统率过中国人民志愿军并亲临抗美援朝前线指挥的彭德怀元帅。1956年9月18日，彭德怀元帅在中共八大上就军事工作发言，结合朝鲜战争的实践经验，谈到毛泽东"十大军事原则"的现实指导作用。他特别强调："我军在长期革命战争中形成起来的建军原则和战争指导原则，中国人民志愿军在朝鲜作战的经验，在今后还是极有用的。"他还进一步提出：一方面要

---

[1] 叶剑英：《现代战役法的几个理论问题》（1955年6月15日），载《叶剑英军事文选》，解放军出版社1997年版。

深入实际,发现和亲自体会群众所创造的新事物和它的意义;另一方面也要把苏联和国际上一切先进军事经验学到手,并把这些经验与我军的历史经验和现代化建设中的实践经验结合起来,"逐步形成适合我国实际情况的现代军事科学"。[1]

将帅们的思考和体会,与毛泽东的思路是一致的。

1958年六七月间,经毛泽东提议,中共中央军委在北京召开扩大会议,其中一个主要议题,就是反对军事工作中存在的教条主义。会议期间,毛泽东多次召集参加扩大会议的主席团成员和各组组长到自己住处,议论一些重大问题。在新形势下尤其是新的战争形态下如何看待和运用十大军事原则,就是毛泽东思考的一个重要问题。人民解放军的高级将领们能不能适应新形势的发展变化,会不会陷入教条主义或新的本本主义?毛泽东对此不是没有担心的。他提醒大家:"人民解放军有没有教条主义呢?我在成都会议上说过,搬是搬了一些,但建军的基本原则坚持下来了。教条主义究竟有多少,这次军委会议要实事求是地加以分析研究,不要夸大,也不要缩小,要坚持真理,修正错误。"毛泽东还专门讲到,十大军事原则也要根据今后战争的实际情况加以补充和发展。言下之意,也不能当作教条。他对大家表明了自己的态度:"运用十大原则,取得了解放战争、抗美援朝战争的胜利(当然还有其他原因)。十大原则目前还可以用,今后有许多地方还可以用。但马克思列宁主义不是停止的,是向前发展的,十大原则也要根据今后战争的实际情况,加以补充和发展,有的可能要修

---

[1] 彭德怀:《为中国人民解放军的现代化而斗争》(1956年9月18日),载《彭德怀军事文选》,中央文献出版社1988年版。

正。"[1]这期间,他还提醒参加会议的解放军高级将领们:要研究苏联、美国、日本等国的情况,要研究敌、友、我三方面的情况,学习国外的先进经验,"要用发展的观点去学",最重要的是"一定要和自己的独创相结合,马列主义的普遍真理与中国革命的实践相结合。不能吃现成饭,吃现成饭是要打败仗的"。[2]

总之,对毛泽东军事思想或毛泽东的兵法的研究和关注,是常说常新的话题,具有极强的现实意义。正如习近平总书记所说:毛泽东同志创造性地"建成一支具有一往无前精神、能压倒一切敌人而决不被敌人所屈服的新型人民军队"。

---

[1] 毛泽东:《在军委扩大会议小组长座谈会上的讲话要点》(1958年6月23日),载《建国以来毛泽东军事文稿》中卷,军事科学出版社2009年版。
[2]《毛泽东年谱(1949—1976)》第3卷,中央文献出版社2013年版,第379—380页。

# 示 范

## 毛泽东为什么反复强调"领导干部应该起示范作用"

谈起中国共产党人的引领作用,我们经常首先用"以毛泽东同志为代表的中国共产党人"作为引语。这恰恰说明,在中国共产党的发展史上,毛泽东对中国共产党人的引领、先导和示范作用。毛泽东,就是中国共产党人的一个标杆!他自己就特别强调过:"共产党员的先锋作用和模范作用是十分重要的。"

中国共产党自成立起,就提倡党员特别是干部要做表率,起模范带头作用、示范引领作用。因为一个共产党员尤其是党的领导干部,如果不在世界观、人生观、政治思想、组织纪律、工作作风、个人修养等方面严格要求自己,不起模范带头作用,不为群众做示范,就难以承担历史使命。

在不同历史时期和历史阶段上,中国共产党在带领人民不断完成又不断承担历史使命的过程中,始终特别强调共产党员尤其是党的领导干部的先锋模范作用和示范带头作用问题,特别要求党的干部尤其是领导干部要时时处处给广大党员和人民群众做出示范、做出表率。正如习近平所说:"正人必先正己,正己才能正人。中央怎么做,上层怎么做,领导干部怎么做,全党都在看。"

"共产党员的先锋作用和模范作用是十分重要的","共产党员无论何时何地都不应该以个人利益放在第一位,而应以个人利益服从于民族的和人民群众的利益";[1]"领导者自己要起模范作用","领导干部应该起示范作用"。[2]

这些要求,是毛泽东在中国共产党及其领导的人民军队历史上反复强调过的重要问题。

这个问题的重要性,早在建党初期就显现出来的。一个个共产党人,在引领中华民族走向复兴的道路上,任何时候都要以身作则、示范在前、冲锋在前……

全民族抗日战争时期,这个问题显得更为突出。

全面抗战爆发后,在民族危亡的历史关头,肩负着引领中华民族完成独立解放历史重任的中国共产党,其全体党员尤其是领导干部,能不能发挥表率作用、模范带头作用,对于我们党能不能完成伟大的历史使命,至关重要!

在中华民族历史转折的重大关头,毛泽东、周恩来等中共领导人提出或强调过许许多多重要的思想观点和战略部署,而其中对共产党员尤其党的领导干部的表率作用、模范带头作用和示范作用的要求,特别突出。

## 一、为什么要突出讲"先锋""模范""示范"作用

对日本侵华以后中华民族的危机和中国共产党人所肩负的历

---

[1]《毛泽东选集》第 2 卷,人民出版社 1991 年版,第 522 页。
[2]《周恩来年谱(1898—1949)》(修订本),中央文献出版社 1998 年版,第 565 页。

史重任,以毛泽东为代表的中国共产党人一开始就有着清醒的认识。自1937年日本发动卢沟桥事变后,日本侵略者由侵占中国东北到大举侵华,吞并整个中国的野心和胃口越来越大。仅仅几个月时间,上海、太原、南京等大城市相继失陷。在日本帝国主义的铁蹄下,中国人民面临的危机逐步扩大,"东北危机""平津危机""华北危机""全中国危机"……一次次国破家亡的刺痛!正如我们的国歌里所诉:"中华民族到了最危险的时候,每个人被迫着发出最后的吼声。"

而恰恰是在这样的国家危亡、全民族危机的情形下,国民党阵营对来犯之日本侵略者的态度却令国人心寒:先是采取不抵抗政策,助长日军的长驱直入;专注于"攘外必先安内",做令亲者痛、仇者快的事;军事上节节溃退,"部分军人发生颓丧失望的心理";民众动员方面"包而不办","前线得不到民众的响应,后方得不到民众的援助,民众武装不能组织"……对此,周恩来一针见血地指出:"这是给日本造顺民,给自己造反对者。不怕战争失利,最怕战争失去了人心!失掉民众,这是万劫不复的。"由于国民党的这些态度和做法,加重了中华民族的危机,导致了周恩来所列举的四种后果:"汉奸政权的活跃""投降主义的生长""特殊化思想(许多人企图在日本侵略者特殊化策略之下苟安)的增长""失败主义情绪的发生"。

在这样的民族危难时刻,在国民党政府妥协退让以及一些亲日派一味求和甚至投降的时候,需要有人、有组织坚定地站出来引领民族方向、振兴民族精神。这就是中国共产党人当时所扮演的历史角色、所要起的历史作用。对中国共产党人应该怎么做,周恩来早在抗战初期的1937年11月就明确提出,中国共产党人的任务是："我们要为消灭这一切现象与克服这一切危机而奋斗，而战斗到底。要如此，就必须坚持抗战到底。只有全民众起来抗战，抗战才能持久；只有坚持抗战，才能得到国际友邦的赞助，才能拒绝任何不利于我们的调停，才能最后战胜敌人。"周恩来还从华北抗战的角度明确提出，必须坚持持久抗战。他说："坚持反对投降主义、失败主义及特殊化的倾向，是争取持久战的先决条件。只有反对这些汉奸，才能团结全华北人民，全华北军队，影响全中国，乃至全世界，坚持华北持久战争，而取得最后胜利。"[1]

1938年5月，毛泽东发表著名的《论持久战》，全面阐述了中国的前途和战略方针，驳斥了社会上广泛存在的"亡国论"和"速胜论"，提出了"中国人民的大联合"的主张，号召建立"中国抗日统一战线"和"国际抗日统一战线"。毛泽东还将游击战提升到战略高度，并科学地预测了抗日战争将经过战略防御、战略相持和战略反攻三个阶段，最后中国人民通过持久抗战必定取得最后胜利。

在《论持久战》中，毛泽东还清楚地告诉世人，中国共产党领导的军队是什么样子的："实行官兵一致、军民一致。"毛泽东在这篇论著中多次强调了"官兵一致"和"军民一致"的原则，并特别指出，没有这两个原则的军队"不适宜于执行彻底战胜日寇的任务"。其实，毛泽东在这里就是要告诉人们：中国共产党的干部以及共产党军队中的"官"是什么样子的；共产党的干部与群众之间，共产党的军队与老百姓之间，是什么样的关系！这

---

[1]《周恩来选集》上卷，人民出版社1980年版，第81—87页。

样的党,这样的"官",这样的军队,就是一种示范!

同年10月,毛泽东在中国共产党扩大的六届六中全会上做报告,详细阐述了《中国共产党在民族战争中的地位》,其中再次强调,要战胜日本帝国主义、建设新中国,中国共产党必须认清自己。在这篇论著中,毛泽东提出了一个值得深思的问题:"就是中国共产党在民族战争中处于何种地位的问题,这就是共产党员应该怎样认识自己、加强自己、团结自己,才能领导这次战争达到胜利而不致失败的问题。"毛泽东专门拿出一节来阐述"共产党在民族战争中的模范作用"。他明确提出:"共产党员不能不自觉地担负起团结全国人民克服各种不良现象的重大的责任。在这里,共产党员的先锋作用和模范作用是十分重要的。"毛泽东还概括了这种"先锋的模范的作用"表现的各个方面,包括英勇作战、执行命令、遵守纪律、团结统一、"言必信,行必果"、不傲慢、协同工作、实事求是、远见卓识等。毛泽东还特别概括了共产党的干部在政府工作中的先锋作用和模范作用表现在哪些方面,他说:"在政府工作中,应该是十分廉洁、不用私人、多做工作、少取报酬的模范。"他进一步强调:"共产党员无论何时何地都不应该以个人利益放在第一位,而应以个人利益服从于民族的和人民群众的利益。因此,自私自利,消极怠工,贪污腐化,风头主义等等,是最可鄙的;而大公无私,积极努力,克己奉公,埋头苦干的精神,才是可尊敬的。"[1]

在要求共产党员和党的干部以先锋模范作用来承接党的历史重任方面,周恩来与毛泽东有着高度的共识。早在日本侵占东北

---

[1]《毛泽东选集》第2卷,人民出版社1991年版,第521—522页。

和图谋华北的时候，周恩来就明确提出，共产党员和党的干部"应当以身作则"，"在战斗中成为绝对的模范作用"。[1]全面抗战爆发后，周恩来进一步强调了党的干部"以身作则的模范作用"的问题，他说："必须在思想上政治上行动上能够做全体官兵的模范，忠实于革命主义，以百折不挠的意志，艰苦耐劳的作风，去影响全体官兵；以谦逊和睦的态度，耐心说服的精神，去团结全体官兵。"还特别提出："一切高傲的出风头的空谈的恶习，以至贪污腐化的生活，必须克服与排除。"[2]抗战期间，周恩来根据党内整风的要求，还制订了《我的修养要则》并多次阐述了《怎样做一个好的领导者》等问题，无论是全党整风环境下还是在南方局整风的各种会议上，他都强调过党的领导干部模范带头作用的问题，多次谈及党员和党的领导干部"要成为生活、工作与学习的模范"。[3]

历史文献中记载了历史的事实和历史的逻辑，它清楚地告诉我们：中国共产党及其领导的人民军队在抗日战争中所发挥的中流砥柱作用，是国际国内时局变化的需要，是战争复杂形势发展的需要，是中华民族伟大斗争的需要，是人民大众的期盼，是历史使然。人民群众期待中国共产党肩负这样的历史责任，而要完成这样的历史使命，干部问题、领导者问题，尤为重要。这就是毛泽东、周恩来等人为什么要思考和提出由什么样的人来领导这支队伍，树立什么样的榜样的原因。

---

[1]《周恩来军事文选》第1卷，人民出版社1997年版，第265、266页。
[2]《周恩来选集》上卷，人民出版社1980年版，第97页。
[3]《周恩来年谱（1898—1949）》（修订本），中央文献出版社1998年版，第560页。

## 二、为领导干部确立的一些"表率"标准

中国共产党要担负起中华民族解放的伟大历史重任,并不是一件简单的事情;党的领导干部有没有承受这一历史重任的本领,也不是与生俱来的。为培养和锤炼这样的能力,中国共产党付出了惨痛的代价和巨大的牺牲,但依然坚忍不拔地不断学习、不断探索、不断总结经验,尤其是记取失败教训,逐步发展壮大,逐渐形成了一个成熟的党的领导集体,也逐渐成为一个成熟的政党。到了抗日战争时期,一方面要与日本侵略者殊死搏杀,另一方面还要应对国民党反动派的反共逆流。在艰苦卓绝的斗争中,党的自身建设,尤其是干部队伍建设的问题,就显得格外重要和突出。因此,毛泽东在延安整风运动期间特别强调:"在担负主要领导责任的观点上说,如果我们党有一百个至二百个系统地而不是零碎地、实际地而不是空洞地学会了马克思列宁主义的同志,就会大大地提高我们党的战斗力量,并加速我们战胜日本帝国主义的工作。"但是,这样的"担负主要领导责任"的党员和领导干部,需要具备什么样的基本素质,在哪些方面起示范作用呢?当然,毛泽东所提出的"系统地而不是零碎地、实际地而不是空洞地学会了马克思列宁主义"这是最基本的要求。除了这类基本的要求外,还有毛泽东在上述《中国共产党在民族战争中的地位》中所列举的那些具体的方面。这里不再赘述。

对这个问题,周恩来也有着自己的深刻思考。全民族抗日战争期间,周恩来根据他的工作特点,根据自己经常往来于国际国内各类人士之间、敌人与朋友不同阵营之间的经验,提出了一些有关党的领导干部"模范""示范"和"表率"作用的具体标准和要求。

这些标准和要求，主要体现在1943年3月发表的《我的修养要则》[1]、同年4月发表的《怎样做一个好的领导者》[2]等文献中。综合来看，周恩来重点讲到了以下几个方面：

（一）要有确定的马列主义的世界观和革命的人生观。

（二）要有学习精神，加强学习，加强自身修养。

（三）要有坚持原则精神，思想认识上要有原则，要有底线，要敢于与自己的、他人的一切不正确的思想意识做原则上坚决的斗争。

（四）要有高度的纪律性，要讲政治，抓紧思想政治的领导，不断提高自己的思想水平，加强自己的政治锻炼，尤其是注意抓大事、提高政治警觉性。

（五）要敢于直接解决问题，尤其在特殊情况下要直接给予示范。

（六）要学会理论联系实际，并经过最实际的调查研究，使实际材料与党的原理原则联系起来。

（七）要有坚韧的奋斗精神，善于动员组织的力量和群众的力量，为克服工作中一切困难而斗争。

（八）要相信群众力量，任何时候都要认清领导与群众的关系，学会接近和联系群众，与群众交朋友，与他们打成一片，永远不与群众隔离；要向群众学习，面向群众，汲取群众经验，倾听群众意见，并帮助他们；必须把领导者与群众两方面的经验综合起来。

---

[1]《周恩来选集》（上卷），人民出版社1980年版，第125页。
[2] 同上书，第128—132页。

（九）要学会团结人，要照顾全局，照顾多数，以及和同盟者一道干。"要做领导者，必须团结他所不喜欢和不愿接近的同志。"[1]

（十）要慎重地挑选干部。挑选干部的标准，政治标准与工作能力，二者是缺一不可的，而政治上可以信任是先决问题。

（十一）要反对一切实际工作中的机会主义（如马虎主义，空谈家，妄自尊大者，官僚主义，形式主义，文牍主义，事务主义等）以及蜕化或腐化思想等。

（十二）要敢于承认和改正错误，领导威信不是从掩饰错误中而是从改正错误中提高起来的，不是从自吹自擂中而是从埋头苦干中培养起来的。改正错误后只会增强而不会减弱工作信心。只有那种要虚荣爱面子的人才会怕揭发错误。

这仅仅是笔者对周恩来在抗日战争期间一些讲话和文章涉及的有关领导干部先锋模范、示范带头等作用论述的简单概括。内容涉及世界观、人生观，政治思想、组织纪律、思想认识，群众观点和群众路线，工作态度、工作方法和奋斗精神，个人修养包括思想作风、思想境界、生活作风、眼界胸怀以及对待自己的缺点错误等问题上的一些基本的要求。周恩来认为，一个共产党尤其是党的领导干部，如果不在这些方面严格要求自己，不起模范带头作用，不为群众做示范，就难以承担历史使命。

自中国共产党成立之日起，就确定了自己是一个先锋模范的政治组织，这点毫无疑问。但是，真正成为这样的组织，却是要经过一个艰苦锤炼的过程的。应该说，中国共产党的领导干部的

---

[1]《周恩来选集》（上卷），人民出版社1980年版，第287页。

示范作用和模范带头作用，经过土地革命战争时期的血与火的洗礼后，到了抗日战争时期全面树立起来，尤其是通过延安整风后，进一步在思想上和组织上真正确立起来，真正成为中华民族先锋队的组织者和领导者。正如邓小平在延安整风期间所说的：我们党加强整风工作，是从三个方面着手的：一是把整风作为领导干部"今后中心工作任务之一"，"整风就是我们党的思想革命，是党的百年大计，就是建立无产阶级思想，消灭小资产阶级思想。过去是轻重倒置，光整下级，自己不能以身作则"；二是"我们过去没有拿整风的精神布置整风"，"今后领导机关的负责干部在领导整风中要起示范作用"；三是"整风要注意思想领导，针对学习对象打通思想"，"如果是一个为共产主义事业奋斗到底的人，就一定要整风，改造思想"。[1]延安整风特别强调整顿领导干部的作风，特别强调领导干部的先锋模范作用和示范带头作用。

在伟大的抗日战争即将取得胜利的时候，毛泽东特别从总结经济工作经验的角度，提到过如何发挥示范作用及其所产生的强大作用，他说："如果不是采取强迫命令、欲速不达的方针，而是采取耐心说服、典型示范的方针，那末，几年之内，就可能使大多数农民都组织在农业生产的和手工业生产的互助团体里面。这种生产团体，一经成为习惯，不但生产量大增，各种创造都出来了，政治也会进步，文化也会提高，卫生也会讲究，流氓也会改造，风俗也会改变；不要很久，生产工具也会有所改良。"[2]

---

[1]《邓小平军事文集》第1卷，军事科学出版社、中央文献出版社2004年版，第362页。

[2]《毛泽东选集》第3卷，人民出版社1991年版，第1017页。

总结中国共产党取得革命和战争的伟大胜利，经验有千条万条，其中重要的一条，就是这种模范作用、表率作用和示范作用。没有这些作用，就难以团结一切可以团结的人组成最广泛的统一战线，就难以渡过各种各样的艰难险阻，也就难以取得抗日战争以及后来解放战争的伟大胜利。

## 三、表率和示范作用，在任何时期、任何情况下都是党对领导干部的基本要求

中华民族的先贤对领导者的先锋模范和示范带头作用早有清醒认识，至今留下了"其身正，不令而行；其身不正，虽令不从""上梁不正下梁歪"等千古名言，讲的就是榜样力量的惊人影响。这些至理名言，也成为中国共产党发展壮大的基本理念和各个历史时期对领导干部的基本要求。

自抗日战争特别是延安整风后，在不同历史时期和历史阶段上，中国共产党在带领人民不断完成又不断承担历史使命的过程中，始终特别强调领导干部的先锋模范作用和示范带头作用，特别要求党的干部尤其是领导干部要时时处处给广大党员和人民群众做出示范、做出表率。

就在新中国刚刚成立的时候，毛泽东、周恩来等中共领导人对共产党的领导者以模范作用来团结最广大的人民群众的问题更多重视。周恩来说过："我们今天是新中国的主人，不能讲起来是无产阶级领导的人民大众的政权，人民民主的国家，可是做起来却是一小圈圈人，不像个领导者，反倒像个孤立主义者，做的跟说的不一样。"他认为，对各种各样的人，甚至曾经是反对

过我们的人，"我们在精神上要有这样的气概，把他们都改造过来，领导起来"，"对于反动营垒中可能分化出来的人物，要争取他们，教育他们，帮助他们"。"这样一想，我们就看得广了，不会把自己划在一个小圈子里边了。用这样的精神去做事情，才能团结更多的人和我们一道走，同时反过来，我们还跟他们学习。""团结最广大的人们一道斗争，这样才算有勇气，这种人叫做有大勇。"[1]

周恩来是这样总结概括毛泽东的工作作风和工作出发点的："根本着眼点就是把无产阶级的马克思主义思想运用到中国，争取最广大的人民大众团结在无产阶级周围来取得革命的胜利，而不是把自己缩小到最小的圈子里来空谈革命。""就需要集合一切可能集合的力量，而不是只靠先锋队办事。无产阶级是先锋队，但不能仅靠先锋队。""把更广大的农民团结在一起，把百分之九十以上的人民团结在一起。""一定要结合中国的实际，做许多艰苦的具体工作，不屈不挠地前进，长期地奋斗，努力争取大多数的人民，争取大多数的青年群众跟着我们走，而不是靠着我们这个小队伍。"[2]他在谈到如何巩固新生的人民政权的时候，特别指出：要想使人民民主政权得到巩固，"党要成为警钟，并为人民示范"。[3]

老一辈革命家和那一代共产党人所树立起来的这种模范和示范作用，引领了新中国的一代风尚，也为中国共产党承接新的历

---

[1]《周恩来选集》上卷，人民出版社1980年版，第328页。
[2]同上书，第338—340页。
[3]《周恩来军事文选》第4卷，人民出版社1997年版，第183页。

史重任打下了良好的基础。

进入改革开放时期后，中国共产党面临着国内国际前所未有的各种复杂局面以及改革开放和社会主义市场经济的各种考验，在新的历史条件下，中国共产党承担着更为艰巨的全面推进中国特色社会主义事业的历史重任。要实现全面建成小康社会的宏伟目标，最终实现中华民族伟大复兴，中国共产党就必须始终沿着正确的方向前进，始终成为中国特色社会主义事业的领导核心，始终凝聚起全党、全国各族人民的意志和力量。因此，全面从严治党始终是摆在党的领导集体面前的一个重大课题。为此，党中央对党的先锋队作用，对党的领导干部的模范带头作用、示范作用，特别地看重。

早在改革开放之初，邓小平在重申坚持"四项基本原则"问题时就强调："为了促进社会风气的进步，首先必须搞好党风，特别是要求党的各级领导同志以身作则。党是整个社会的表率，党的各级领导同志又是全党的表率。"[1]

党的十五大以后，江泽民多次专门讲过高中级干部要意识到肩负的重大历史责任问题，特别强调领导干部在党风建设中的重要性，他说：党内要真正形成良好的风气，"高中级干部的带头示范作用至关重要"，"领导干部特别是高级干部在群众中树立什么形象，有重要的导向作用"。他还指出："全党同志特别是领导干部，一定要树立和保持共产党人的高尚情操和革命气节，追求积极向上的生活情趣，养成共产党人的高风亮节。党员、干部的

---

[1]《邓小平文选》第2卷，人民出版社1993年版，第177页。

道德情操和人格力量对全社会有着重要示范作用。"[1]

胡锦涛对各级领导机关和领导干部的以身作则作用,也有过数次论述,尤其强调:"要求下级做到的自己首先做到,要求下级不能做的自己首先不做,起好带头和示范作用。"[2]党的十六大以后,他进一步提出:要"使广大党员和党员领导干部在推动党和人民事业发展中充分发挥先锋模范作用和示范带头作用。"[3]"做到一个党员一面旗帜、一名干部一支标杆,形成良好的带动和示范效应。"[4]

党的十八大以来,中国共产党承担起引领中国人民全面建成小康社会和实现中华民族伟大复兴中国梦的历史重任,为此,习近平对领导干部的典型和示范作用进一步做了极为广泛和深刻的阐述,特别强调"领导带头、以上率下"的效应。习近平指出:"正人必先正己,正己才能正人。中央怎么做,上层怎么做,领导干部怎么做,全党都在看。首先从中央做起,各级主要领导亲自抓、作表率。"他要求各级领导班子成员特别是主要负责同志在群众路线教育实践活动中,"以向我看齐的姿态听意见、摆问题、管自身、抓督查,发挥示范作用"。[5]2015年年初,他又对县委书记们提出了在树立良好作风方面起"示范作用"的要求,说:"在县一级这个层面,县委书记对一方党风政风具有示范作

---

[1] 江泽民:《论党的建设》,中央文献出版社2001年版,第278、282、534页。
[2]《人民日报》2001年12月30日。
[3]《十六大以来重要文献选编》(下),中央文献出版社2008年版,第174页。
[4]《胡锦涛文选》第三卷,人民出版社2016年版,第295页。
[5] 习近平:《在党的群众路线教育实践活动总结大会上的讲话》(2014年10月8日),《人民日报》2014年10月9日版。

用。老百姓看党,最集中的是看县委一班人特别是县委书记。县委书记作风不好,党在当地群众心目中的形象就会大打折扣。"[1]这样的论述和规定,还有很多,不一一赘述。

历史和现实充分说明,充分发挥领导干部的先锋模范作用和示范带头作用,是中国共产党取得一个又一个胜利的一个重要保证,是加强自身修养、搞好队伍建设和带领群众前进的重要法宝。

自从以毛泽东为代表的中国共产党人起,在中国共产党领导中华民族走向伟大复兴的道路上,人民群众只要看到毛泽东、邓小平、江泽民、胡锦涛、习近平等中共领导人,就看到了共产党人的最高标杆;只要看到一个个活生生的共产党人,就看到了中华民族优秀分子和先锋模范人物的形象……过去如此,今天依然如此,今后肯定如此!

---

[1] 习近平:《做焦裕禄式的县委书记》,中央文献出版社2015年版,第8页。

# 传　统

## 毛泽东等人把勤俭节约、艰苦奋斗的优良传统变成政治优势

谈到毛泽东，不得不讲讲毛泽东等老一辈领导人倡导和确立起来的一种独特的作风，那就是中国共产党人厉行节约、反对浪费，勤俭节约、艰苦奋斗的优良传统和作风。这个党及其领导人都极其看重这种作风，这本是中华民族的优良传统，但在毛泽东等人的倡导和践行下，成为中国共产党的政治优势。

毛泽东说过："我们民族历来有一种艰苦奋斗的作风，我们要把它发扬起来。"他还说，共产党人所具有的坚定正确的政治方向，"是与艰苦奋斗的工作作风不能脱离的，没有坚定正确的政治方向，就不能激发艰苦奋斗的工作作风；没有艰苦奋斗的工作作风，也就不能执行坚定正确的政治方向"。[1]

自中国共产党成立那一天起，就面临着艰苦卓绝的革命斗争环境，无数共产党人抛头颅、洒热血，义无反顾地把自己的一切献给党和人民的事业，他们无私奉献，不求回报和索取。条件越艰苦，越需要他们提倡节约、反对浪费，越需要养成一种良好的作风；而条件越改善，仍需要他们坚持提倡并继续发扬这种良好作风，以迎接更大的挑战和更艰巨的任务。

---

[1]《毛泽东著作专题摘编》（下），中央文献出版社2003年版，第2133页。

传统　毛泽东等人把勤俭节约、艰苦奋斗的优良传统变成政治优势

勤俭节约、艰苦奋斗，反映的是中国共产党的作风，也反映的是这个党的群众路线。

勤俭节约、艰苦奋斗的政治优势和优良作风，贯穿在中国共产党的整个生存和发展的历程中。这个党，就是靠这种优势和作风一路走过来的。

## 一、要"养成"一种"万分必要"的"工作作风"
### ——勤俭节约、艰苦奋斗

早在中央苏区时期的1932年，《中华苏维埃共和国中央执行委员会训令第十四号》中说："政府中一切可以节省的开支，如客饭，办公费，灯油杂费，都须尽量减少，尤其纸张信套，更可以节省使用。这一切节省，虽在各部分为数甚少，但积少成多，并可以养成苏区中更加刻苦更加节省的苏维埃工作作风——这是万分必要的。"[1]

这是我们见到的最早有关厉行节约、反对浪费的训令、规定。这是毛泽东对中央苏区的政府机关工作人员提出的严格要求，也是毛泽东向全党及其领导的队伍提出的一种"养成"，一种"万分必要"的"工作作风"。

在毛泽东提倡和号召下，我们党在土地革命战争时期形成了这样一种"万分必要"的工作作风。

到延安时期，毛泽东同志进一步将这种作风提到对党的建

---

[1]《毛泽东著作专题摘编》（下），中央文献出版社2003年版，第2139页。

设带有根本性意义的高度。他指出:"共产党也有他的作风,就是:艰苦奋斗!这是每一个共产党员,每一个革命家的作风。"[1]也就是说,勤俭节约、艰苦奋斗的作风,既是共产党的根本作风,也是每一个共产党员和革命家的根本品格。党有党风,家有家风,人有人格。如果失去这种作风,就会失去根本。

什么是好党,什么是好党员,用什么标准来衡量?我们的领导人说得很清楚:就看他有没有艰苦奋斗精神,是不是与人民群众一道艰苦奋斗。

1940年7月1日,刘少奇为纪念中国共产党成立19周年写了一篇文章,题目就叫《做一个好的党员,建设一个好的党》。文中提出了这样一个衡量好党员、坏党员的标准:"在我们中间,那些埋头苦干的党员,那些艰苦工作,不怕困难,不怕危险的党员,那些一心一意为了党与人类解放而坚决奋斗的党员,那些吃苦在前,享受在后的党员,是我们的好党员。虽然在某些个人享受上,他们暂时吃一点亏,然而他们是,或者最后是,为我们大家及群众所信任,所尊敬的。也就是说,他们是最值得的。相反,那些不愿埋头苦干,好出风头,怕困难,怕危险,不忠心为党为人类的利益奋斗的人,那些要求享受在前,吃苦在后的人,都不是好党员。虽然他们在某些个人享受上或者暂时讨了一点便宜,然而他们是,或者最后是,为我们大家及群众所不信任所反对的。也就是说,他们最不值得。"[2]

这种革命战争年代确定的好党员坏党员标准,到新中国成立

---

[1]《毛泽东著作专题摘编》(下),中央文献出版社2003年版,第2132—2133页。
[2]《人民日报》,1980年3月12日。

后，同样如此。

1959年9月15日，刘少奇在党的八大上做政治报告时，又谈到了"一个好党员、一个好领导者的重要标志"，他说："为了巩固我们党同人民群众的亲密联系，必须继续加强我们在各方面群众中的工作，尤其是必须在全体干部和党员中反复地进行全心全意为人民服务的教育。一个好党员、一个好领导者的重要标志，在于他熟悉人民的生活状况和劳动状况，关心人民的痛痒，懂得人民的心；他坚持艰苦朴素的作风，同人民同甘苦共患难，能够接受人民的批评监督，不在人民面前摆任何架子；他有事找群众商量，群众有话也愿意同他说。只要我们的党是由这样的党员组成的，我们就永远有无穷无尽的、不可征服的力量。"[1]

正是坚守了与人民群众一道勤俭节约、艰苦奋斗的根本作风，我们党才带领人民取得了新民主主义革命的胜利。

在夺取全国胜利和筹建新中国的过程中，毛泽东特别提醒全党："务必使同志们继续地保持谦虚、谨慎、不骄、不躁的作风，务必使同志们继续保持艰苦奋斗的作风。"[2]

周恩来也从政府工作角度，提醒各级机关的工作人员："中华人民共和国的一切国家机关，必须厉行廉洁的、朴素的、为人民服务的革命工作作风，严惩贪污，禁止浪费，反对脱离人民群众的官僚主义作风。"

在毛泽东等人的提倡下，勤俭节约、艰苦奋斗成为中国共产党的政治优势，成为这个党始终坚守的优良作风，也成为这个党

---

[1]《刘少奇选集》下卷，人民出版社1985年版，第275页。
[2]《建国以来周恩来文稿》第1册，中央文献出版社2008年版，第360页。

及其领导的国家建设的一个根本。

到了改革开放新时期，党和国家领导都极为强调这个根本性的问题。

邓小平特别提出："我们的国家越发展，越要抓艰苦创业。"[1]

江泽民说过：社会主义市场经济越发展，党员尤其是各级领导干部越要弘扬艰苦奋斗的精神，越要反对贪图享乐、骄奢淫逸的思想，坚持"吃苦在前，享受在后"。

胡锦涛提出：要牢记毛泽东同志提出的"两个务必"，提倡厉行节约、反对浪费，大兴艰苦奋斗之风，只有这样才能凝聚全面建设小康社会的强大精神力量。

越是在改革开放和市场经济的环境下，越要传承我们党和民族的优良传统和作风，越要加强社会主义道德风尚建设。这一点关系到党和人民事业的兴衰成败。

党的十八大以后，习近平同志再次重申发扬勤俭节约、艰苦奋斗作风的重要性。他指出："抓改进工作作风，各项工作都很重要，但最根本的是要坚持和发扬艰苦奋斗精神。"他还从更高的层面提出："能不能坚守艰苦奋斗精神，是关系党和人民事业兴衰成败的大事。"为此，习近平进一步提倡在全党和全社会"大力宣传节约光荣、浪费可耻的思想观念，努力使厉行节约、反对浪费在全社会蔚然成风"。

---

[1]《厉行节约　反对浪费——重要论述摘编》，中央文献出版社 2013 年版，第 39 页。本章以下引文，除单独作注以外，均出自《厉行节约　反对浪费——重要论述摘编》一书，第 3—56 页，不再作注。

## 二、勤俭节约、艰苦奋斗是我们党保持同人民群众密切联系的重要法宝

群众路线，是中国共产党的生命线和根本工作路线，它贯穿于党的一切工作中。它是在革命战争年代产生的，凝结着党的集体智慧，但它的主要创立者，是毛泽东。

毛泽东根据马克思列宁主义的历史观和群众观，结合中国革命的实际，提出了一整套党的群众路线理论。

党的群众路线，是在红军时期孕育产生的。它对我们党及其领导下的队伍之所以具有特别的重要性，是与中国革命长期处于艰苦卓绝的环境有关系。在强大敌人包围的严酷斗争中，红军要生存、要打仗，就必须赢得群众的支持，重视做群众工作，注意工作的方式方法。没有群众观点和群众路线，党和红军就无法生存。

这一点，毛泽东自井冈山斗争时期就不断地强调，特别是在政权建设上，毛泽东提出要以"民主集中主义的制度"，来发动群众力量，"普遍地真实地应用于群众组织"。

在中央苏区时期，毛泽东还专门给全国工农兵代表大会做了《关心群众生活，注意工作方法》的结论性报告，明确提出：关心群众生活的问题，是我们党的中心任务，"我们对于广大群众的切身利益问题，群众的生活问题，就一点也不能疏忽，一点也不能看轻。因为革命战争是群众的战争，只有动员群众才能进行战争，只有依靠群众才能进行战争"。他提出，要让群众觉得："共产党真正好，什么事情都替我们想到了。"他反复强调："一切群众的实际生活问题，都是我们应当注意的问题。假如我们对

这些问题注意了，解决了，满足了群众的需要，我们就真正成了群众生活的组织者，群众就会真正围绕在我们的周围，热烈地拥护我们。""要得到群众的拥护吗？要群众拿出他们的全力放到战线上去吗？那末，就得和群众在一起，就得去发动群众的积极性，就得关心群众的痛痒，就得真心实意地为群众谋利益，解决群众的生产和生活的问题，盐的问题，米的问题，房子的问题，衣的问题，生小孩子的问题，解决群众的一切问题。我们是这样做了么，广大群众就必定拥护我们。"[1]毛泽东这里提出的，就是中国共产党的生命线和根本的工作路线问题。

后来，红军被迫长征。一路上，也是靠群众路线走下来的。直到新中国成立后，毛泽东还多次讲"朱老总过草地"的故事。他说："要勤俭建国，反对铺张浪费，提倡艰苦朴素、同甘共苦。同志们提出，厂长、校长可以住棚子，我看这个法子好，特别是在困难的时候。我们长征路上过草地，根本没有房子，就那么睡，朱总司令走了四十天草地，也是那么睡，都过来了。我们的部队，没有粮食，就吃树皮、树叶。同人民有福共享、有祸同当，这是我们过去干过的，为什么现在不能干呢？只要我们这样干了，就不会脱离群众。"[2]

群众路线讲的是党与群众的关系问题。它的含义，概括地讲，就是：一切为了群众，一切依靠群众，从群众中来，到群众中去，把党的正确主张变为群众的自觉行动。这一点，后来写入了党章。这里，"一切为了群众，一切依靠群众"，是讲党应该具

---

[1]《毛泽东选集》第1卷，人民出版社1991年版，第136、138—139页。
[2]《毛泽东著作专题摘编》（下），中央文献出版社2003年版，第2135页。

有的群众观点，这是关系党的性质、宗旨的根本问题；"从群众中来，到群众中去"，是讲党的基本领导方式和工作方法，回答的是党的正确领导意见是从哪里来的。

当然，群众路线的问题是做了规定，但是，群众中也有各种各样的人，甚至会有一些"刺头"。面对这些情况该怎么办？我们来看看毛泽东如何对待一些"带刺"的群众的激烈言行。

1941年6月3日下午，陕甘宁边区政府正在召开县长联席会议，讨论征粮问题。外面正下着雷阵雨，突然一声响雷击中了会场礼堂的一根柱子，坐在旁边的延川县代县长李彩云不幸触电身亡，拴在礼堂边的一头驴也被雷击而死。驴的主人借此发泄说，老天爷不睁眼，咋不打死毛泽东？保卫部门就把这个农民抓起来进行追查。毛泽东知道后，坚决加以制止并要求立即放人。人放了以后，毛泽东在想：一个农民为什么会说出这样的话？我们工作中到底存在什么问题？

原来，陕甘宁边区作为中共中央所在地，虽然只有140多万人口，却驻扎着大量的党政军学人员，再加上地瘠民贫，自然灾害频发，粮食很是紧张。最初，边区粮食主要来源于两个方面：一是征粮，主要对象是地主和富农，中农负担很轻，贫农全无负担；二是购粮，由边区政府拨款对外采购。但是，1940年以后，由于外援断绝，边区政府已没有足够的财力购粮。这使农民的公粮负担迅速由1939年的5万担增至1940年的9万担。1941年，又准备增加到20万担。广大群众深感负担过重，出现了不满情绪。

弄清事情的原委后，毛泽东经过认真思考，并经中央边区政府同意，不但减少了当年公粮征收任务，而且由此意识到，要切实减轻农民负担，党政军学人员必须自己动手，生产自救。这次意外的"雷击"事件，使他从党群关系和党的安危的高度，深刻认识到进行生产自救的重要性和紧迫性，成为大生产运动的一个重要诱因。

后来，毛泽东在党的七大的口头政治报告中还专门谈到"雷击"事件的教训："1941年边区要老百姓出20万担公粮，还要运输公盐，负担很重，他们哇哇地叫。那年边区政府开会时打雷，垮塌一声，把李县长打死了，有人就说，哎呀，雷公为什么没有把毛泽东打死呢？我调查了一番，其原因只有一个，就是征公粮太多，有些老百姓不高兴。那时确实征公粮太多。要不要反省一下研究研究政策呢？要！从1921年共产党产生，到1942年陕甘宁边区开高干会，我们还没有学会搞经济工作。没有学会，要学一下吧！不然雷公要打死人。"[1]

这件事，三十多年后，到改革开放初期，邓小平还专门提到。

1977年7月21日，邓小平在十届三中全会上的讲话中也谈及"雷击"事件："对群众的议论，毛泽东同志是非常注意的。同志们总记得，在延安的时候，生产运动是怎么搞起来的。为什么提倡生产运动呢？原因之一就是当时征粮征多了，群众有怨言。我们好多共产党员听了心里非常不舒服。毛泽东同志的看法不同，他说，讲得有道理，群众的呼声嘛！……他善于从群众这样的议论当中，发现问题，提出解决问题的方针和政策。"[2]

---

[1]《毛泽东文集》第3卷，人民出版社1996年版，第338页。
[2]《邓小平文选》第2卷，人民出版社2009年版，第46页。

毛泽东从群众的激烈言行中，看到的是群众的心声，群众的利益，他意识到，如果脱离群众甚至做出损害群众利益的事情，共产党一定会失去生存的前提。

越是艰难时期，毛泽东越提醒全党同志：走了群众路线，有了群众的支持，"任何强大的敌人是奈何我们不得的"。

当年蒋介石派胡宗南进攻延安的时候，曾经有这样一个故事。

胡宗南大军迫近延安。毛泽东和中共中央命令，一定要保证群众的安危；而这个时候的陕北群众，却在想着毛泽东的衣食冷暖。

一位农民给毛泽东送来一担粮食，说这些粮食够毛主席吃一年的，这样，毛主席"就不必参加生产劳动了"。他先在毛泽东的窑洞里住了一晚，毛泽东送给他一包糖；他又在朱德的窑洞里住了一晚，朱德送给他一些自己种的西红柿。

毛泽东还收到一个农民的来信。这封信后来被外国记者看到，译成英文。我们看到的是由英文再翻译成中文的信，文字读起来像在唠家常，但内容却真实、朴实。写信的人是距延安不远的朱宁村的一个农民：

亲爱的毛主席：

我们开始了崭新的生活。我们清算了十一家地主和恶霸，夺回了所有我们祖先开垦的大好土地——肥沃平坦的河边土地——现在这些地又是我们自己的土地了。我们算清并夺回了地主夺走的血汗钱。我们买了牛，买了驴，还有取暖用的燃料。我们炕上都有了枕头。农历除夕那天，几乎家家都有人去赶集，买羊肉包饺子，买红纸写春联，买布娃娃送给孩子。我们还都买了您的画像！当我们想起往年春节藏在山洞里，爬进地道躲债的时候，再想到今年有肉馅饺子吃，我们打心眼里感到幸福。春节之后，我们一定按照您的教导，搞好生产。我们听说卖国贼蒋介石将要进攻您居住的地方——延安，他的企图决不能得逞。我们即使掉脑袋，也要和他拼到底。[1]

在被迫撤离延安之前，毛泽东专门向群众做了解释，说明我们为什么要暂时放弃延安。他充满信心地说："有人民群众的支持，我们还会回来的。"

有人民群众的支持，这就是毛泽东的自信！

事实证明，离开延安不久，中国共产党及其领导的队伍，就一步步走向胜利。

说到共产党胜利的秘诀，毛泽东曾经多次诚恳地解释过。

他在给佳县县委题词中这样写道：站在最大多数劳动人民一面。

他还对国民党高级将领郑洞国这样说过："拜人民为师，这就灵了。"

这就是我们取胜的法宝。有了最广大的群众，这就决定了人心向背。

---

[1] 中共中央党史研究室第一编研部编：《毛泽东军事箴言》，辽宁人民出版社2019年版，第524页。

## 三、勤俭节约、艰苦奋斗是执政兴国的根本保证

在我们党的理念中，人民是我们的衣食父母，群众是我们的力量源泉，离开了人民群众，我们就不能生存。正是站在大地母亲的胸膛上，站在人民群众的肩膀上，以毛泽东为代表的中国共产党人领导人民建立了新中国。

新中国成立后，毛泽东更是在群众路线问题上有很多好的思想和实践探索。

毛泽东提出的一系列有关党与群众关系的思想，至今仍然是我们党遵循的根本内容。比如：党群关系好比鱼水关系，如果党群关系搞不好，社会主义制度就不可能建成，建成了也不可能巩固的思想；关于兼顾各方面利益，调动一切积极因素，把我国建设成为一个强大的社会主义国家的思想；关于正确处理人民内部矛盾的思想；关于需要建立一定的制度来保证群众路线的贯彻实施，提倡坚持民主集中制的原则和领导方法的思想；关于党要接受监督，注意扩大党和国家的民主生活的思想；关于坚决反对各种形式的官僚主义，干部要以普通劳动者的姿态出现，扫除"摆架子、摆资格、不平等待人、看不起人"这种低级趣味的"官气"的思想；等等。

在毛泽东的提倡下，新中国成立后，我们也建立起了一些保证群众路线贯彻实施的制度。毛泽东指出，破坏这种制度，我们党就会出问题，就会出现群众性事件。

毛泽东就亲自处理过一些群众"闹事"事件。

一个是河南修机场发生群众和政府对抗的事，他说："早几年（这里指的是 1953 年——引者注），在河南省一个地方要修

飞机场，事先不给农民安排好，没有说清道理，就强迫人家搬家。那个庄的农民说，你拿根长棍子去拨树上雀儿的巢，把它搞下来，雀儿也要叫几声。邓小平你也有一个巢，我把你的巢搞烂了，你要不要叫几声？于是乎那个地方的群众布置了三道防线：第一道是小孩子，第二道是妇女，第三道是男的青壮年。到那里去测量的人都被赶走了，结果农民还是胜利了。后来，向农民好好说清楚，给他们作了安排，他们的家还是搬了，飞机场还是修了。这样的事情不少。现在，有这样一些人，好象得了天下，就高枕无忧，可以横行霸道了。这样的人，群众反对他，打石头，打锄头，我看是该当，我最欢迎。而且有些时候，只有打才能解决问题。共产党是要得到教训的。学生上街，工人上街，凡是有那样的事情，同志们要看作好事。"[1]

另一个成都学生到北京请愿的事，毛泽东说："成都有一百多学生要到北京请愿，一个列车上的学生在四川省广元车站就被阻止了，另外一个列车上的学生到了洛阳，没有能到北京来。我的意见，周总理的意见，是应当放到北京来，到有关部门去拜访。……这样，有利于解决国家、厂长同群众的矛盾。无非是矛盾。世界充满着矛盾。民主革命解决了同帝国主义、封建主义、官僚资本主义这一套矛盾。现在，在所有制方面同民族资本主义和小生产的矛盾也基本上解决了，别的方面的矛盾又突出出来了，新的矛盾又发生了。县委以上的干部有几十万，国家的命运就掌握在他们手里。如果不搞好，脱离群众，不是艰苦奋斗，那么，工人、农民、学生就有理由不赞成他们。我们一定要警惕，

---

[1]《毛泽东著作专题摘编》(下)，中央文献出版社2003年版，第2155页。

不要滋长官僚主义作风，不要形成一个脱离人民的贵族阶层。谁犯了官僚主义，不去解决群众的问题，骂群众，压群众，总是不改，群众就有理由把他革掉。我说革掉很好，应当革掉。"[1]

三年后的1959年12月，毛泽东在讲到农民与土地的关系时，又跟身边的人举了六年以前发生的河南修机场的这个案例。讲了这个例子的同时，毛泽东给大家讲了一番道理：

> 中国的土地私有，历史上就深入人心，农民一寸土地也是得来不易。农民的小私有观念很厉害，认为侵犯别人的私有土地，是一种很不好的事情，甚至在土地改革中，还有一些农民说拿人家的祖业是没有良心。因此，在土地改革后，我们必须把绝大部分土地分给农民，满足他们对土地的要求。只有在他们完全自愿的条件下，才把极少一部分土地建立国营农场。我们最后要实行土地国有，但是首先实行耕者有其田，然后经过合作化到人民公社化，由人民公社的基本队有转变到基本社有，再由社有转变为国有。
>
> 随着这种所有制的改变，农民对土地的私有观念也必然会发生变化。问题在于我们的政策是不是正确。只要政策对了，中国的农民是好讲话的，他们并不是那么保守的。当然，如果政策错了，就一定要受到农民的抵抗。
>
> 人民一旦出现抵抗情绪，就很容易产生与党和政府机关的对抗甚至冲突。[2]

---

[1]《毛泽东著作专题摘编》(下)，中央文献出版社2003年版，第2155页。
[2]《毛泽东读苏联〈政治经济学(教科书)〉谈话记录选载(二)》，载《党的文献》1992年第4期。

从 1956 年下半年起，一些地方接连出现不安定的苗头。据不完全统计，从 1956 年 9 月到 1957 年 3 月的半年时间内，全国发生数十起罢工、请愿事件。当时，一些党员和干部认为："好人不闹事，闹事无好人"，"凡是与政府闹事的就是敌我矛盾"。正是基于这样的认识，他们对群众的闹事，一是"怕"，二是"简单处理"，即采取压制和压服的办法，动辄批判斗争、开除，甚至动用武力。例如，兰州一所技校，外省籍学生要求发给寒假回家路费，学校不同意，三百多名学生闹了起来，学校领导采取强硬办法，抓了六十多人，认为他们是"反革命"。[1]

这件事反映到毛泽东那里，1957 年 1 月 27 日，毛泽东在省市自治区党委书记会议上谈到这件事，他说："现在我们有些同志，对待人民内部问题动不动就想'武力解决'，这是非常危险的，必须坚决纠正的。"[2] 一个月后，毛泽东在最高国务会议第十一次（扩大）会议上做《关于正确处理人民内部矛盾的问题》的报告，指出："闹事的直接的原因，是有一些物质上的要求没有得到满足……但是发生闹事的更重要的因素，还是领导上的官僚主义。这种官僚主义的错误，有一些是要由上级机关负责，不能全怪下面。"[3]

怎样才能保证我们始终与人民群众站在一起，保持血肉联系呢？毛泽东提出，需要建立一定的制度来保证。这样才能避免脱离群众，才能减少我们工作中的脱离客观实际情况的主观主义和

---

[1]《毛泽东年谱（1949—1976）》第 4 卷，中央文献出版社 2013 年版，第 253—254 页。
[2]《毛泽东文集》第 7 卷，人民出版社 1999 年版，第 186 页。
[3] 同上书，第 204 页。

片面性。

为贯彻实施群众路线，毛泽东建立了哪些制度，做出了哪些规定呢？采取了哪些措施呢？有人做了一些统计，新中国成立后，大概说起来，毛泽东提倡建立过以下几种制度。

第一种制度：下厂下乡，调查研究。

下厂下乡搞调研，就是为了不脱离群众，特别是了解中国的工厂、了解中国的农村，不脱离最基本的依靠力量——工人和农民。

1957年3月19日，毛泽东在南京、上海党员干部会上讲话，强调："为工农服务，与群众打成一片，不是两片。"提出：我们干部要经常下厂下乡，争取百分之七十下厂下乡。

在1958年1月写的《工作方法六十条》中，毛泽东提出：中央和省、直属市、自治区两级党委的委员，除了生病的和年老的以外，一年一定要有四个月的时间轮流离开办公室，到下面去做调查研究，开会，到处跑。应当采取走马看花、下马看花两种方法。哪怕到一个地方谈三四小时就走，也好。

20世纪60年代毛泽东在与一位省委书记的通信中甚至说："各级党委，不许不作调查研究工作。绝对禁止党委少数人不作调查，不同群众商量，关在房子里，作出害死人的主观主义的所谓政策。"

在毛泽东的倡导下，干部下乡下厂，与群众"三同"（同吃、同住、同劳动）成为一时风尚。

第二种制度：下基层蹲点。

下基层蹲点，就是为了扎下去、沉下去一段时间，使我们的工作有根基，从基层找经验、找智慧、找办法。

毛泽东指出："社会主义建设，从我们全党来说，知识都非常不够。我们应当在今后一段时间内，积累经验，努力学习，在实践中间逐步地加深对它的认识，弄清楚它的规律。一定要下一番苦功，要切切实实地去调查它，研究它。要下去蹲点，到生产大队、生产队、到工厂、到商店，去蹲点。"他批评：调查研究，"至今还没有形成风气。有一些省委书记，到现在还没有下去蹲过点。如果省委书记不去，怎么能叫地委书记、县委书记下去蹲点呢。这个现象不好，必须改变过来"。

60年代有一次，他对中南局第一书记、广东省委第一书记陶铸到花县一个生产队蹲点两个半月的做法，非常欣赏。他在看陶铸的调查报告时做了批示，并对许多干部没有下去蹲点和蹲点中存在的问题提出了批评。毛泽东写道："不是视而不见，听而不闻，而是各级干部除少数人以外，在这次下去蹲点以前，根本没有下去认真蹲过点，没有作出过马克思主义的阶级分析。他们有些人不出办公室，谈不到视听见闻。有些人下去了，甚至蹲点了，却是蹲在基层干部、富裕中农、富农地主那里。这些人是有视听见闻的，可是只视听见闻了剥削阶级一方面；而对被剥削阶级一方面，即广大的贫下中农，则根本没有什么视听见闻。"

第三种制度：干部参加劳动。

要求干部参加劳动，就是为了防止干部脱离实际、脱离生产，不了解活生生的社会现实；防止干部养成"官老爷"作风，只会纸上谈兵，同时也锻炼干部的体魄。

1957年4月27日，毛泽东起草了给各省、部党委的指示信，信中说：我们提倡县、区、乡三级党政主要干部，凡能劳动的，每年抽一部分时间下田参加生产，从事一小部分体力劳动。县以上各级党政军主要干部（不是一般干部），凡能劳动的，也要这样做，每年以一部分时间，分别下田、下工厂、下矿山、下工地或者到其他场所，和工人农民一道从事可能胜任的一小部分体力劳动（哪怕是很少一点）。这样一来，党和群众就打成一片了，主观主义、官僚主义、老爷作风，就可以大为减少，面目一新。

1957年5月10日，中共中央发出各级领导人员参加体力劳动的指示。这个指示发表在5月15日《人民日报》上。

1960年3月22日，毛泽东把鞍钢经验称为"鞍钢宪法"，概括为"两参一改三结合"（"两参"：就是干部参加劳动，工人参加管理），强调干部参加集体生产劳动的重要性。

1961年3月22日，中共中央发出《农村人民公社工作条例（草案）》，对人民公社各级干部参加劳动的问题做出具体明确规定。第43条规定：生产大队和生产队的干部，一律不脱离生产。他们的补贴工分，合计起来一般地不能超过全大队工分总数的百分之二。第44条规定：人民公社各级干部，都必须同社员一起参加劳动。公社一级的干部，最少的全年不能少于六十天；大队的干部要固定在一个生产队参加劳动，实行定工劳动、定额补贴。每一个生产大队和生产队的干部，都要以一个普通社员的身份参加劳动，同社员一样评工记分。

在毛泽东的倡导下，从五六十年代起，各级干部坚持参加劳动，在社会上形成风气。

第四种制度：党内整风。

整顿党的作风，提倡党内好的风气、克服不良风气，这是我们党历史上的成功经验，也逐步形成一种制度性安排。

新中国成立不久，毛泽东就提出要借用延安整风的办法，开展党内整风。在1951年2月的中央政治局会议上，毛泽东就指出:"整风。一年一次,冬季进行,时间要短,任务是检查工作,总结工作经验,发扬成绩,纠正缺点错误,借以教育干部。"[1]

1957年3月18日,毛泽东在济南党员干部会上说:"整风是用批评和自我批评解决党内矛盾的一种方法,也是解决党同人民之间的矛盾的一种方法。这次整风,就是整顿三风,整顿官僚主义、宗派主义和主观主义。要经过整风把我们党艰苦奋斗的传统好好发扬起来。"[2] 3月20日,他又在南京党员干部会上讲话指出:"最好一年有这么一回,开这么几天的批评会。"[3]

1958年1月,毛泽东写《工作方法六十条(草案)》。其中第24条是:"一定要把整风坚持到底。全党要鼓起干劲,打掉官风,实事求是,同人民打成一片,尽可能地纠正一切工作上、作风上、制度上的缺点和错误。"[4]

在我们党的发展史上,通过整风形式开展的各种教育运动,有效地端正了党的作风、纯洁了党的组织、提高了党员的素质、加强了党的建设。

第五种制度:重视人民来信来访。

接受、接待人民来信来访,是我们党密切联系群众、倾听群众呼声、解决群众难题的一个重要制度。

早在1951年5月,毛泽东就指出:"必须重视人民的通信,要给人民来信以恰当的处理,满足群众的正当要求,要把这件事看成是共产党和人民政府加强和人民联系的一种方法,不要采取

---

[1]《毛泽东文集》第6卷,人民出版社1999年版,第147页。
[2]《毛泽东文集》第7卷,人民出版社1999年版,第284页。
[3] 同上书,第286页。
[4] 同上书,第354页。

掉以轻心置之不理的官僚主义的态度。如果人民来信很多,本人处理困难,应设立适当人数的专门机构或专门的人,处理这些信件。"[1]

毛泽东本人重视对群众来信的处理。他说"此是一件大事,值得注意"。

第六种制度:规定干部不许搞特殊化。

毛泽东历来反对干部特殊化,曾做出若干规定,在党内形成制度。

比如,毛泽东在《人民公社六十条》中规定:"人民公社各级干部,都要树立为人民服务的思想,把自己看作是人民的勤务员,同群众同甘共苦。不许利用职权,使自己和自己的亲属享受特殊待遇,多记工分,多吃多占。不许另设小灶。反对特殊化。"(第48条)"人民公社各级工作人员的任免和奖惩,都必须按照规定的手续办事,不许任用私人,徇私舞弊。"(第50条)

干部子女教育,容易发生特殊化。毛泽东针对当时存在的问题指出:"干部子弟学校,第一步应划一待遇,不得再分等级;第二步,废除这种贵族学校,与人民子弟合一。"

60年代中央开会,会上喝茶,个人要付茶钱。在茶杯下压两角钱,成为一种习惯。

上述这些情况说明,群众路线历来是我们党的生命线和传家宝;同样,勤俭节约、艰苦奋斗也是我们党的传家宝。我们党是靠这两个法宝起家的,也是靠这两个法宝取得革命、建设和改革各方面的成就的。群众路线与勤俭节约、艰苦奋斗有着密不可分

---

[1]《毛泽东文集》第6卷,人民出版社1999年版,第164页。

的关系，它们都是我们党安身立命的思想路线和工作作风。

一旦偏离了群众路线，我们党将失去方向和前提。所以在党和国家发展的各个历史时期，党的领导人都特别强调群众路线的重要性。而保持勤俭节约、艰苦奋斗的作风，就是我们党同人民群众密切联系的一个重要通道，是党的群众路线的具体体现。没有勤俭节约、艰苦奋斗，就必然会滋生贪图享乐和奢靡之风，就不会有党的群众路线，而丢掉了群众路线，我们的党就失去了生存和发展的根本。

## 四、贪污和浪费是"极大的犯罪"，毛泽东形象地比喻："每天都要洗脸"

我们党在提倡厉行节约的同时，对贪污和浪费历来高度警惕，从不姑息和宽容。早在中央苏区时期，毛泽东就明确指出："应该使一切政府工作人员明白，贪污和浪费是极大的犯罪。"到了延安时期，面对一些干部中出现的贪污、浪费、赌博等现象，毛泽东提出："如再有这类现象发生，必须严申纪律，轻者批评，重者处罚，决不可对他们纵容，反而美其名曰'宽大政策'。"他要求全党，在整顿三风中，"必须毫不犹豫地执行"这种不宽容政策；对那些在思想和作风"起了霉"的干部，"要在太阳底下晒一晒才能恢复健康"。这一时期，刘少奇也提出过这样的要求："为了整个革命的利益，我们不应该姑息那些官僚主义者及贪污浪费者。""为革命的胜利、我们的光明前途与新中国的创造而节省一切可以节省的物质资财。对民力、对物质资财的不爱惜，无异于对党对革命不负责任，无异于犯罪。"犯罪的说法，既讲的是党纪，也讲的是国法。

新中国成立后，党内和社会上曾经出现过一种错误想法，认为"建设经验不够，工作经验不够，浪费一点不可避免"。针对这种想法，陈云表示："我们的建设经验和工作经验不够是确实的，浪费也难于完全避免。但是，如果主管工作的本人有了这种想法，那末浪费就一定不可避免。"他认为，问题的关键在于对待浪费采取什么样的态度。他提出："我们对于浪费的态度，首先不能采取原谅宽容的态度，必须采取批评教育、纠正以至制裁的态度。"因为"任何一项小的浪费，如果不加纠正，推算到全国，一年、五年、十年、二十年，那就没有一项不是巨大的浪费"。

对新中国出现的任何贪污浪费现象，哪怕是一点点小的浪费，党和国家领导人都表明了绝不宽容的严肃态度。狠抓党风和社会风气，刹住奢侈浪费之风，这是我们党和国家领导人历来的共识。

典型例子就是新中国成立初期在毛泽东的亲自指挥下处理的刘青山、张子善案件。他们两个人都是老革命，都为党和人民立过大功，都在敌人的监狱里经受过严刑拷打的考验，但是在我们党成为执政党之后的短短几年里就变了质。正像毛泽东当初指出的那样，其根本问题，一个是骄傲自满，一个是贪图享乐。刘青山曾经说：老子革命那么多年，该享受一下了。果断处理这两起大案，起了极为重要的警醒作用，建立了良好的党风和社会风气。

当然，反贪污腐化和奢侈浪费的斗争，从来就不是一蹴而就的。这种长期性和复杂性是由中国的历史和社会发展现实决定的。毛泽东深刻地指出，中国是一个社会主义的大国，但又是一个经济落后的穷国。一大一穷是摆在我们面前的两大矛盾。再加上长期封建社会的影响下,一些消极腐化现象不仅不会轻易退出历史舞台,而且还有可能在新的历史条件下以形形色色的变种沉渣泛起。怎么解决这个复杂矛盾?毛泽东提出:要使我国富强起来,需要长期坚持艰苦奋斗,"执行厉行节约、反对浪费这样一个勤俭建国的方针"。

面对新中国成立后出现的一系列这方面的新问题,毛泽东特别提出:"勤俭办工厂,勤俭办商店,勤俭办一切国营事业和合作事业,勤俭办一切其他事业,什么事情都应当执行勤俭的原则。这就是节约的原则,节约是社会主义经济的基本原则之一。"

在领导社会主义建设过程中,毛泽东不断提醒人们,只有通过勤俭节约和艰苦奋斗才能实现社会主义,过上幸福美好的生活。他指出:"社会主义制度的建立给我们开辟了一条到达理想境界的道路,而理想境界的实现还要靠我们的辛勤劳动。有些青年人以为到了社会主义社会就应当什么都好了,就可以不费气力享受现成的幸福生活了,这是一种不实际的想法。"不通过勤俭节约、艰苦奋斗,既不可能实现国家富强,也不可能实现人民幸福。

他语重心长地说过:"中国人要有志气。我们应当教育全国城市、乡村的每一个人,要有远大的目标,有志气。大吃、大喝,统统吃光、喝光,算不算一种志气呢?这不算什么志气。要勤俭持家。"

随着社会主义建设成就的不断取得,随着社会生活的复杂变化,奢侈和浪费也慢慢演变成人们生活中的一大顽疾,消除这种不良风气需要我们拿出极大的毅力、勇气和信心,持之以恒。毛泽东在论述正确处理人民内部矛盾问题时曾指出,同这种顽固的缺点错误做斗争，就必须随时拿起批判的武器，"好比洗脸。人不是每天都要洗脸吗？"。毛泽东的这种比喻，周恩来也用过，他提醒领导干部在这方面要"时常敲警钟，要互相警惕"，如不天天"洗脸"，就会"满脸灰尘"。

我们党的历任领导集体，都是以"天天洗脸"的要求，坚持不懈地号召人们开展反对贪污腐化和奢侈浪费斗争的。比如1957年，朱德就针对社会上有人认为"我们是生活在新社会，应该享福"的观点，专门写了一篇《勤俭持家》的文章，他尖锐地指出："这是一种最危险的现象。"他多次强调："从俭入奢易，从奢入俭难。勤俭建国家，永久是真言。"[1]

经过以毛泽东为代表的老一辈共产党人的艰苦努力，勤俭节约、艰苦奋斗，成为我们党长期坚持、不可动摇的方针，在全党、全国、全民族形成了一种风气。正如刘少奇所说："一种风气，一种民族风格，会流传几百年。"[2]

---

[1] 朱德：《勤俭持家》，载《北京日报》1958年1月1日。
[2] 《刘少奇传（1898—1969）》（下），中央文献出版社2008年版，第896页。

# 风　气

## "团结、紧张、严肃、活泼"这八个字不只是校训

从某种意义上说，自延安时期开始，外国人读懂中国共产党领导下的中国，是从"团结、紧张、严肃、活泼"这八个字开始的。这八个字，是毛泽东总结的。

有外国记者曾说过："不到延安，不懂中国。"

1937年10月，毛泽东为中国人民抗日军政大学制定了一份八个字的校训："团结、紧张、严肃、活泼。"自这八个字的校训在抗大确定以后，它所包括的深刻内涵和丰富内容，就成为人民军队的光荣传统和优良作风，也成为共产党人政治生活和工作状态的一种追求。

为什么中国共产党人如此崇尚这样一种生活和工作状态？毛泽东给出的这八个字，为何有如此深厚和长久的魅力？

在毛泽东为中国人民抗日军政大学制定"坚定正确的政治方向，艰苦朴素的工作作风，灵活机动的战略战术"这三句话的教育方针之前，毛泽东还于1937年10月为抗大制定了八个字的校训："团结、紧张、严肃、活泼。"

这八个字的校训，从1938年开始，就赫然写在了抗大颁发的《组织条令》中。

自毛泽东提出以后,"团结、紧张、严肃、活泼"这八个字四个方面的要求,也很快成为抗大的校风。1939年6月1日,在抗大成立三周年纪念大会上,全体学生一致通过的《抗大誓约》中写道:我们坚决执行"团结、紧张、严肃、活泼的校风"。[1]

中国人民抗日军政大学根据毛泽东制定的校训所形成的这一校风,熏陶和提炼了抗日军政干部的优秀的品格风范,养成了他们良好的精神状态,由此也因他们的传播和感染,后来成为中国共产党领导的队伍的独特风气,特别是人民解放军的优良传统。

## 一、"不到延安,不懂中国"

就在毛泽东为抗大题写校训的1937年10月前后,延安军民之间那种团结而活泼的气氛,显得尤为突出,一改中国社会的旧面貌。

1938年夏天,一位在上海乃至全国摄影界知名的人士辗转来到延安后,感受极深。这位叫吴印咸的摄影家一走进延安,立刻看到一个与上海和中国其他地方完全不同的世界:一个充满生气和活力的新天地,人与人之间充满着真挚而平等,一股清新的社会风气扑面而来!吴印咸后来回忆道:

> 这里的人们个个显得十分愉快,质朴,人们之间的关系又是那么融洽。我看到毛泽东主席、朱德总司令等人身穿粗

---

[1] 中共中央文献研究室第一编研部编著:《毛泽东军事箴言》,辽宁人民出版社2019年版,第120页。本章所有引文除单独注以外,均出自该书,不再单独作注。

布制服出现在延安街头,和战士、老乡唠家常,谈笑风生。

我被深深地感动了。我觉得我已经到了另一个世界,这正是我梦寐以求的理想所在。

吴印咸感受到的这种社会气象,其他来延安的人,无论是国内的还是国际的,无论是友方的还是敌方的,也都深深地感受到了。

在中共中央及其领导下的人民军队总部驻扎延安期间,整个延安基本上是这样一种生动活泼的新面貌。

1944年7月28日,美军观察组成员谢伟思给美国军方和美国国务院发去了他到延安后所写的第一份报告,其中写道:"我们来到陕北后,发现这里是中国具有许多现代事物的地方……我们的全体成员有一个同样的感觉,好像我们进入了一个不同的国度和遇见了不同的人民。……有一种生机勃勃的气象和力量,一种和敌人交战的愿望,这在国民党的中国是难以见到的。"

《人民日报》曾经两次以《延安印象》为题,报道过抗战胜利前后外国记者眼中的"延安印象"。

一次报道讲的是1944年年初的事。当时中国共产党驻重庆办事处走来一群外国记者,他们集体采访了留守这里的负责人董必武。他们中间有《纽约时报》的记者阿特金森,《曼彻斯特导报》的特约记者、《基督教科学箴言报》驻重庆记者冈瑟·斯坦因,《时代》杂志的爱泼斯坦,合众社和《泰晤士报》的福尔曼等。董必武鼓励他们到延安去亲眼看一看。这篇报道稿写道:

与雾气浓重、天空阴郁的重庆相比,1944年集体采访延安的外国记者，在陕北欣喜地看到另外一种景象。这里气候干爽，阳光灿烂，处处充满生机，让他们感到舒畅。斯坦因后来在《红色中国的挑战》一书中这样描述他的延安印象：

延安像个农村，安逸而纯洁。与其说它是中共的军政中心，毋宁说它好像是中世纪一所学院的校园。

太阳在半荒芜的但是特别吸引人的大地上奏起一曲宁静而欢快、反映乡村和谐的乐章。

……………

几个月后，在重庆的美国新闻处工作的佩克，见到了回到重庆的中外记者考察团中的斯坦因一行人。佩克写道：

我和这批记者中的几个交谈过，我发现他们受到了深刻的震动。他们看到了共产党和国民党之间的差异是那样巨大和鲜明，以致没有任何方法能够防止一场内战的爆发，而在这场内战中，最有希望获胜的是共产党人。

这篇报道特别提到了延安作为中国共产党的"军政中心"，所表现出来的"和谐的乐章"，还有"不同的人对中共领导人有着各自的偏爱"，以及"共产党和国民党之间的差异是那样巨大和鲜明"。贝特兰在一篇报道中写了他采访一位青年对延安这种独特风格的感受：

为什么地域偏僻、交通不便、生活艰苦的延安会对要求抗日的人们产生这么大的吸引力呢？有一位青年这样说：卢沟桥事变时"我在上海，立刻我就去南京投效工作。但是在南京，什么也没有——只有老官吏、老官僚。屡屡总是叫我们在一个办事处里等一等，于是，明天再来。很多人是这样走掉了"。"我们中间的许多人，都觉得顶好只有向第八路军学习。延安的领袖们有伟大的政治经验，而且特别精于游击战术和民众运动。我们到西北来学习这些东西。"

还有一次报道，讲的是1946年期间一个美国记者对延安的印象。题目就是《三个美国记者的延安印象》。这三位记者分别是：美国远东问题专家、外交政策汇报与新共和杂志等期刊的特约撰稿人罗辛格，纽约先锋论坛报记者斯蒂尔，美国著名女记者史特朗。

罗辛格对延安的观感是："延安是中国进步的象征。"他在延安住了十天，回到北平对往访的记者说：

> 我坦白的讲，延安是中国千百个城市中的一个城市，因而它不可能完全脱离掉中国的现状，因之我不能毫无根据的把它誉之为人间的天堂；然而我必须肯定的说：延安是中国进步的象征，是中国光明的指针。
>
> 中共的领袖和南京的官员那是显然不同的，就以一件小小的事情来比拟吧，南京的官员们实际毫无事做，却像煞有介事的摆出忙劲头；但中共的领袖，和蔼可亲，能和你娓娓的长谈，为了弄清一个问题，我们能长谈一个下午，虽然这样也许会影响到他们晚间的睡眠，因为他们得把白天耽误的工作到晚上来做。
>
> 毛主席是我所见到的最令人钦佩的人物中的一个。他有一种非常卓绝的本领，当他和我对谈美国外交政策的时候，

他曾经提出了许多深奥广博的问题。但当我陆续地回答他的时候，他仅仅提出一下，或着重地概括一下，就把我打算询问他的美国对华政策问题，于不知不觉间回答了。

斯蒂尔是驻北平外国记者中比较有权威的一个，他对延安的观感是："不到延安，不懂中国。"当有人问到他在延安十日的感触，他说：

> 从总的讲来，不到延安实在不能深触到中国问题内脏；到了延安使我对中国问题的认识深化了。我觉得在延安访问中，有三件事使我感动而且深刻起来。第一件是我体味到共产党常常说的"为人民服务"，证诸在延安所亲见的各种具体事实，我认为这是货真价实的。第二件是中共需要和平，而且也的确为和平而努力；我看不到中共有发动或策划内战的打算与行动。第三件我觉得中共的党员，在思想是同情与拥护苏联的，然而在另一方面的确打破了我过去的一个认识，以为中共与苏联在实际上有什么具体的连系。他们实际上确无什么连系的。

他正赶上看到王震将军转战万里回到延安的场面，他写道：

> 这简直不像是发生于人民与军队之间的场面，而像亲族欢迎他荣归的子弟，于此我体味了"军民一家"这个言语的实际内容。

史特朗对延安的观感则是:"中国的命运,决于延安。"她说:

> 延安是好地方呀!但红军抵达陕北以前,那里是个破落的贫穷的僻地,现在中国共产党把那里的农村建设好了,人民正享受着和平安宁而富有劳动美德的正常生活。
>
> 延安的特点是质朴。我在延安的时候毛泽东先生送给我一本书,里面都是当地农民住舍所用的窗饰的图案画(按:即窗花——编者)。朱德将军送给我一方地毯,那是用土线织成的,也是当地农民手工业的成绩。这两样礼品的本质已经是质朴无华的;而配合那简素的图案,单纯的线条和深沉的色彩,就更显其朴实了。

最后,她下结论说:

> 解决远东命运的,解决中国命运的,不在于美国,不在于南京,而在延安!的确,延安的方向,是解决远东与中国问题的具体真实的方向。

这些亲身体会和感受,处处映照了毛泽东提出的"团结、紧张、严肃、活泼"的场景。

## 二、"谁破坏了纪律,谁就破坏了党的团结统一"

除了上面提到的"团结""活泼""和谐的乐章"等等,是共产党及其领导的军队与其他旧政党、旧军队面貌有着根本的不同外，还有一种根本的不同，就是共产党领导下的延安，也有其"紧张"与"严肃"的一面，这也与外界有着根本的不同。

在延安，党政军民所有人，都在极其艰难的环境中紧张地工作，在一丝不苟地为党和人民忘我地工作着。另外，还有一种特别的严肃态度和严肃的气氛，这种气氛尤其体现在纪律严明上。

就在毛泽东为抗大题写"团结、紧张、严肃、活泼"校训的前后，发生了一起既破坏了党的纪律又严重违反法律的事件。事件的主角，就是抗大的学员黄克功。

黄克功，少年时就加入红军，参加过井冈山的斗争和长征。身经百战，为党和军队做出过贡献，也算是有功的老革命。就在毛泽东为抗大制定校训之前，他进入抗大学习，还担任第六队队长。这期间他与陕北公学女学生刘茜谈恋爱，却因逼婚未遂于1937年9月开枪将刘茜杀害。

案发后，毛泽东在抗大教育长罗瑞卿写的报告上很快做出批示，同意抗大对黄克功的处理意见。毛泽东还于10月10日给陕甘宁边区高等法院院长雷经天写了一封长信。

雷经天同志：

你的及黄克功的信均收阅。黄克功过去斗争历史是光荣的，今天处以极刑，我及党中央的同志都是为之惋惜的。但他犯了不容赦免的大罪，以一个共产党员红军干部而有如此卑鄙的，残忍的，失掉党的立场的，失掉革命立场的，失掉人的立场的行为，如为赦免，便无以教育党，无以教育红军，无以教育革命者，并无以教育做一个普通的人。因此中央与军委便不得不根据他的罪恶行为，根据党与红军的纪律,处他以极刑。正因为黄克功不同于一个普通人,正因为他是一个多年的共产党员,是一个多年的红军,所以不能不这样办。共产党与红军,对于自己的党员与红军成员不能不执行比较一般平民更加严格的纪律。当此国家危急革命紧张之时,黄克功卑鄙无耻残忍自私至如此程度,他之处死,是他的自己行为决定的。一切共产党员,一切红军指战员,一切革命分子,都要以黄克功为前车之戒。请你在公审会上,当着黄克功及到会群众,除宣布法庭判决外,并宣布我这封信。对刘茜同志之家属,应给以安慰与抚恤。

毛泽东
一九三七年十月十日

毛泽东的这封信,在公审会上当着黄克功和到会群众宣读后,人们更加清楚,法律是严肃的、无情的;同时,"党与红军的纪律",也是严肃而严明的,无论任何人,都不能违反,"共产党与红军,对于自己的党员与红军成员不能不执行比较一般平民更加严格的纪律"。这,就是共产党和红军与其他政党和军队的另一个不同。

对于抗大的党员干部,对于我们党的各级干部,毛泽东和党中央历来要求十分严格,无论什么人,只要违反了党的纪律或犯了不容赦免的大罪,不管过去有多少斗争历史,一定严惩不贷。毛泽东多次强调过,我们这样一个肩负着民族解放事业的大党,其政治纪律必须是严肃的。他还多次说过,我们党进行复杂的斗争时,也必须是严肃的。

就在毛泽东为抗大制定校训前后,他不断地谈到对涉及"团结""紧张""严肃""活泼"等问题的一些思考和感受。

1936年12月，毛泽东在《中国革命战争的战略问题》中清晰地表达这样的一种工作状态："我们需要的是热烈而镇定的情绪，紧张而有秩序的工作。"

1937年8月，毛泽东在《矛盾论》中谈到"共产党内正确思想和错误思想的矛盾"，还特别提醒党内同志："党一方面必须对于错误思想进行严肃的斗争，另一方面又必须充分地给犯错误的同志留有自己觉悟的机会。在这样的情况下，过火的斗争，显然是不适当的。但如果犯错误的人坚持错误，并扩大下去，这种矛盾也就存在着发展为对抗性的东西的可能性。"

1937年9月7日，毛泽东在《反对自由主义》中特别强调："我们主张积极的思想斗争，因为它是达到党内和革命团体内的团结使之利于战斗的武器。"提倡"一切忠诚、坦白、正直的共产党员团结起来，反对一部分人的自由主义的倾向"。他反对"自由主义取消思想斗争，主张无原则的和平"。

1937年11月27日，他在给自己的表兄文运昌的信中，还特别表达了这样一种心情："日本帝国主义正在大举进攻，我们的工作是很紧张的，但我们都很快乐健康。"

1938年10月14日，在中共扩大的六届六中全会上，毛泽东在讲到"党的纪律"时，特别提到了严肃纪律和团结统一的重要性，"必须重申党的纪律"，"谁破坏了这些纪律，谁就破坏了党的统一"，"必须对党员进行有关党的纪律的教育，既使一般党员能遵守纪律，又使一般党员能监督党的领袖人物也一起遵守纪律"。讲到"团结和胜利"，毛泽东特别强调"中国共产党内部的团结，是团结全国人民争取抗日胜利和建设新中国的最基本的条件"。讲到扩大党内民主,他特别强调了"活泼""愉快"的因素,认为"扩大党内民主,应看作是巩固党和发展党的必要的步骤,是使党在伟大斗争中生动活跃,胜任愉快,生长新的力量,突破战争难关的一个重要的武器"。毛泽东在讲到"马克思主义必须和我国的具体特点相结合"的问题时,特别强调了"活泼"的元素,他认为,"离开中国特点来谈马克思主义,只是抽象的空洞的马克思主义",要使马克思主义在中国具体化,就必须废止洋八股,"空洞抽象的调头必须少唱,教条主义必须休息,而代之以新鲜活泼的、为中国老百姓所喜闻乐见的中国作风和中国气派"。

对党、对军队,对团结一致的军民,毛泽东有关"团结、紧张、严肃、活泼"局面的倡导,随处可见,也可以看出他始终寄托着既紧张、严肃,又团结、活泼的期许。

## 三、"团结、紧张、严肃、活泼"为何能成为优良作风

自"团结、紧张、严肃、活泼"八个字的校训在抗大确定以后,这八个字所包括的深刻内涵和丰富内容,就成了人民军队的光荣传统和优良作风,也成为共产党人政治生活和工作状态的一种追求。

陈毅曾经在对抗大工作所提的建议中明确表示:"我军传统作风之解释和叙述,军队铁的纪律的遵守,军队指战员间的革命的友爱,革命军人的自觉的学习和工作精神,这是创造优良校风的具体内容。"他还认为:"校风之创造,是造成良好的学习与修养的环境,更加熏陶和提炼干部的优秀的政治品质,更加提高和增加干部的实用的技术,使每一位干部踏足校门,即有新鲜的感

觉,而便利他从事学习与修养。"这就充分说明,毛泽东为抗大制定的"团结、紧张、严肃、活泼"的校训及其所倡导的校风是多么重要。

八个字的校风,之所以能够成为党和军队的优良传统,最根本的原因还在于既体现着马克思列宁主义的"新鲜活泼",又反映出人民群众的"喜闻乐见"。因此,在上面提到的1938年10月扩大的六届六中全会讲话中,毛泽东还提醒全党同志:

> 马克思列宁主义的伟大力量,就在于它是和各个国家具体的革命实践相联系的。对于中国共产党说来,就是要学会把马克思列宁主义的理论应用于中国的具体的环境。成为伟大中华民族的一部分而和这个民族血肉相联的共产党员,离开中国特点来谈马克思主义,只是抽象的空洞的马克思主义。因此,使马克思主义在中国具体化,使之在其每一表现中带着必须有的中国的特性,即是说,按照中国的特点去应用它,成为全党亟待了解并亟须解决的问题。

为形成具有中国化的马克思列宁主义的思想特点和文化风格,毛泽东在教育引导全党和全军干部方面,下了极大的功夫。他在扩大的六届六中全会上还提出这样的目标任务:

> 我们的任务,是领导一个几万万人口的大民族,进行空前的伟大的斗争。所以,普遍地深入地研究马克思列宁主义的理论的任务,对于我们,是一个亟待解决并须着重地致力才能解决的大问题。我希望从我们这次中央全会之

后，来一个全党的学习竞赛，看谁真正地学到了一点东西，看谁学的更多一点，更好一点。在担负主要领导责任的观点上说，如果我们党有一百个至二百个系统地而不是零碎地、实际地而不是空洞地学会了马克思列宁主义的同志，就会大大地提高我们党的战斗力量，并加速我们战胜日本帝国主义的工作。

在教育和锻炼我们党和军队这两支队伍的过程中，毛泽东既抓干部的理论学习，也特别注重抓良好风气和文化氛围的养成。

全民族抗日战争期间，毛泽东除了在延安亲自领导开办中国人民抗日军政大学外，还领导开办了陕北公学、青年干部训练班、鲁迅艺术学院、马列学院、中共中央党校、中国女子大学等。

对抗大的学员，毛泽东特别注意培养。他亲自担任抗大教育委员会主席，认为"这是共产党的大事，不是小事"，一定要抓紧抓好。毛泽东和中共中央还为学校选调了一批经历过战争考验、具有军事或政治工作经验的干部到校工作，如刘伯承、林彪、罗瑞卿、徐向前、张际春、滕代远、何长工、李井泉、彭绍辉、许光达、莫文骅、李志民、胡耀邦等。同时，又从大后方请了艾思奇、何思敬、任白戈等学者到抗大任教。

毛泽东亲自为抗大讲课，据他后来回忆："那时我可讲得多，三天一小讲，五天一大讲。"他的一些重要著作如《中国革命战争的战略问题》《矛盾论》《实践论》《论持久战》等，都被列为抗大的必读教材。

毛泽东讲课的内容十分广泛，包括政治、军事、哲学、历史等。为了"提高战略空气"，他讲得最多的，还是战略问题。他说：

"只有了解大局的人才能合理而恰当的安置小东西。即使当个排长也应该有全局的图画，也才有大的发展。"

在抗大的学员中，一部分是从部队中抽调的红军军政干部，一部分是从全国各地来到延安的知识青年。毛泽东对这些学员提出了很高的要求，在政治上要求大家努力学习马列主义，在军事上要求努力学习军事理论。这些学员到了抗大以后，战略思维能力迅速得到提高。

抗大三大队有一个学员在毕业后给毛泽东写来一封信，谈到自己的收获："过去未到这里以前，在外边（指非特区）看过很多的书报杂志，五花八门，懂得了不少，可是抓不住中心，摸不着方向。但是到了这里以后，就学到了中国社会性质是什么，知道了中国是半殖民地半封建的社会。"毛泽东看后欣慰地说：这个学员在抗大所学到的是"重要的中心的一点"。

每当抗大举行开学典礼或结业式时，毛泽东只要在延安或条件允许，都要到会讲话。对入学的学员鼓励他们在学校里要好好学习，对走出校门的学员要求他们向社会学习，善于"读无字之书"。

抗大、陕北公学、马列学院、中共中央党校、鲁迅艺术学院等延安的学校，培养了一大批政治坚定、思想丰富、能力过硬、作风优良的党和军队的干部，他们大多在各条战线上成为骨干力量，对争取抗战胜利，对以后的革命和建设事业，做出了重要贡献。

在抗大学习与工作过的李志民后来回忆说：

> 现在我们再回顾四十多年前这段历史，就更感到当年党

中央、毛泽东同志对待知识分子大胆信任、大胆使用的政策是完全正确的。如果当年不搞五湖四海，而搞"孤家寡人"的关门主义，把从国民党统治区来的知识青年，或是在政治历史上沾点"灰尘"的青年统统拒之门外，我们就组织不起来浩浩荡荡的革命大军，巩固不了抗日民族统一战线，要取得抗日战争的胜利是不可能的。

一曲抗大的校歌，反映了当时延安的情形："黄河之滨，集合着一群中华民族优秀的子孙，人类解放救国的责任，全靠我们自己来担承……"

那些掌握了马克思主义理论且有着良好的品格作风的干部，走出延安后，每到一处，就带出一支思想和作风上都过硬的队伍。正如毛泽东在全面抗战爆发前所说的：

> 我们党的组织要向全国发展，要自觉地造就成万数的干部，要有几百个最好的群众领袖。这些干部和领袖懂得马克思列宁主义，有政治远见，有工作能力，富于牺牲精神，能独立解决问题，在困难中不动摇，忠心耿耿地为民族、为阶级、为党而工作。

我们党和人民军队的优良传统和新鲜风尚，就是这么被逐步传播和固定下来的。毛泽东所期望的"大大地提高我们党的战斗力量，并加速我们战胜日本帝国主义的工作"很快得到了实现。这些优良传统和新鲜风尚，伴随着中国共产党和人民解放军取得了抗日战争、解放战争的伟大胜利，也伴随着党和军队建设新中国的历史进程。

在新中国建设的历史时期，"团结、紧张、严肃、活泼"的优良传统和军队风尚还适合不适合？答案是肯定的。

自新中国成立以后，在党和军队的思想政治工作和社会主义教育工作中，革命传统和优良作风的教育始终没有放松过。其中，"团结、紧张、严肃、活泼"的内容，一直是军队提倡的作风教育内容和践行的方向。

随着我国社会主义建设的全面开展，毛泽东又把人民军队的这一优良作风加以具体化，使之成为社会主义新风尚的核心要求，成为党和国家建设的重要保证。正如他1957年提出的："我们的目标，是想造成一个又有集中又有民主，又有纪律又有自由，又有统一意志、又有个人心情舒畅、生动活泼，那样一种政治局面，以利于社会主义革命和社会主义建设，较易于克服困难，较快地建设我国的现代工业和现代农业，党和国家较为巩固，较为能够经受风险。"这样一种政治局面，从某种意义上说，就是"团结、紧张、严肃、活泼"的另外一种表述方式。

1960年4、5月间，为了应对复杂多变的国际局势，加强军队建设，毛泽东同意中央军委关于成立北海舰队、统一北海区海军力量的建设，并在战时更好地配合陆军、空军实施作战的有关报告。同时，毛泽东还同意了解放军总政治部提出的关于推广宣传毛泽东在延安抗大时所提的有关三句话教育方针和"团结、紧张、严肃、活泼"八个字校训的报告。

1963年年底，中央决定在农村和军队中广泛开展社会主义教育运动。在这样的背景下，时任冶金工业部部长王鹤寿向毛泽东递交了关于企业思想政治工作的报告，提出在企业里学习解放军的政治工作，工业部门从上到下要成立政治部，以推进工业的发展。如何学习解放军，正是毛泽东一直在思考的问题。1963年12月11日，毛泽东将这份报告批给国务院副总理兼国家经济委员会主任薄一波：

> 此件请你看一下。别的工业部是否也抓起了思想政治工作，请你查告我。看来学解放军，并且调一些解放军好干部到工业部门工作，是一个好办法。请你考虑一下这个问题。

薄一波接到毛泽东的批示后，于12月15日回信毛泽东，表示：学习解放军，调一批解放军的好干部到工业部门工作，确是加强工业企业政治工作的好办法。

12月16日，毛泽东又致信军队的几位主要负责人林彪、贺龙、聂荣臻、罗瑞卿、萧华，向他们正式提出工业部门学解放军的问题。信中说：

> 国家工业各个部门现在有人提议从上至下（即从部到厂矿）都学解放军，都设政治部、政治处和政治指导员，实行四个第一和三八作风。我并建议从解放军调几批好的干部去工业部门那里去做政治工作（分几年完成，一年调一批人），如同石油部那样。……看来不这样做是不行的，是不能振起整个工业部门（还有商业部门，还有农业部门）成百万成千万的干部和工人的革命精神的。

毛泽东在信中提到的"三八作风"，就是当年在延安时期为抗大制定的教育方针"三句话",即"坚定正确的政治方向,艰苦朴素的工作作风,灵活机动的战略战术",以及"八个字"即"团结、紧张、严肃、活泼"。

从此,"团结、紧张、严肃、活泼"的优良传统,又从人民军队的军营中,广泛地传到各工矿企业里。直到"文化大革命"期间,毛泽东还多次强调要向解放军学政治、学军事、学三大纪律八项注意、学加强组织纪律性,学习"团结、紧张、严肃、活泼"的好作风。

至今,在中国人民解放军的军营里,都还清晰地印着"团结、紧张、严肃、活泼"这八个字;走进军营的每一个人,都还能体会到中国共产党领导的人民军队各级官兵身上所透出的独特的优良作风。

# 文　风

## 从毛泽东提倡和反对的文风看马克思主义中国化

毛泽东说过："指导我们思想的理论基础是马克思列宁主义。"如何实现马克思主义的指导？这里面就有一个马克思主义中国化的问题。

中国共产党自从确立了马克思主义的指导地位以后，一方面始终坚持并自觉遵循马克思主义的基本指导原则，另一方面更加注重并致力于把马克思主义与中国实际相结合，不断开创马克思主义的新境界。

我们谈论"马克思主义中国化"问题的时候，离不开毛泽东这位马克思主义中国化的伟大开拓者。

"马克思主义中国化"固然有许多丰富的内涵和生动的实现渠道，但是，如果离开马克思主义中国化过程中的"中国作风""中国气派""中国智慧"，那就肯定半点"中国化"也没有。

自马克思主义传入中国起，"马克思主义中国化"作为一个伟大而长期的历史进程和历史任务，就开始了其艰难的历程。可喜的是，在毛泽东等伟大的马克思主义者的引领下，早在革命战争年代的延安整风时期，我们党就比较成熟地解决了"马克思主义中国化"的一些重大而带根本性的问题。但也要看到，"中国化"的历史任务，并不是一蹴而就的，始终是一个没有完结的历史过程。直到现在，我们仍然在续写马克思主义中国化、时代化、大众化的新篇章。

马克思主义中国化的内涵是多方面的，但仅从理论风格和实现形式上看，如何形成和牢固树立马克思主义的特有理论风格、独特的文风，是马克思主义中国化当中的一个至关重要的问题。也就是毛泽东在提出"使马克思主义在中国具体化"时所特别指出的："使之在其每一表现中带着必须有的中国的特性"，"按照中国的特点去应用它"，"代之以新鲜活泼的、为中国老百姓所喜闻乐见的中国作风和中国气派"。[1]这就是说，如果在文风上缺少了中国作风、中国气派、中国智慧，则半点马克思主义中国化也不会产生。

## 一、有了好的文风，才谈得上"中国化"

以毛泽东同志为代表的中国共产党人在谈到马克思主义中国化的时候，特别强调文风问题，早在延安时期就把整顿文风作为整风运动的一个主要内容，也即作为形成中国化马克思主义风格的一个主要内容。毛泽东提出要反对类似于中国古代八股文那样"对事物不加分析，只是搬用一些革命的名词和术语，言之无物，空话连篇"的"党八股"。他在讲马克思主义"民族化、科学化、大众化"问题时，深刻阐述了"化"的内涵和如何去"化"的途径。他说："'化'者，彻头彻尾彻里彻外之谓也；有些人则连'少许'还没有实行，却在那里提倡'化'呢！所以我劝这些同志先办'少

---

[1]《毛泽东选集》第2卷，人民出版社1991年版，第534页。

许',再去办'化',不然,仍旧脱离不了教条主义和党八股,这叫做眼高手低,志大才疏,没有结果的。例如那些口讲大众化而实是小众化的人,就很要当心,如果有一天大众中间有一个什么人在路上碰到他,对他说:'先生,请你化一下给我看。'就会将起军的。如果是不但口头上提倡提倡而且自己真想实行大众化的人,那就要实地跟老百姓去学,否则仍然'化'不了的。"[1]

这就告诉我们,"中国化",首要的问题是大众化,只有让中国社会大众认可、认同、感知了的马克思主义,才是真正中国化的马克思主义,否则就只是"小众化"的东西,是应该被抛弃的"教条主义和党八股"。抛弃"党八股",取而代之的就是马克思主义的文风。正如毛泽东所说:"要使革命精神获得发展,必须抛弃党八股,采取生动活泼新鲜有力的马克思列宁主义的文风。"[2]

毛泽东在提马克思主义中国化问题的时候,往往是与"马克思列宁主义的文风"联系在一起的。早在抗战初期的延安,毛泽东就明确提出:"对于中国共产党说来,就是要学会把马克思列宁主义的理论应用于中国的具体的环境。成为伟大中华民族的一部分而和这个民族血肉相联的共产党员,离开中国特点来谈马克思主义,只是抽象的空洞的马克思主义。"由此毛泽东提出了"使马克思主义在中国具体化""按照中国的特点去应用它"的重大历史任务,认为这是"全党亟待了解并亟须解决的问题"。他在提出"使马克思主义在中国具体化"的历史任务时,还指出了一个具体的目标:"洋八股必须废止,空洞抽象的调头必须少唱,

---

[1]《毛泽东选集》第3卷,人民出版社1991年版,第841页。
[2]同上书,第840页。

教条主义必须休息,而代之以新鲜活泼的、为中国老百姓所喜闻乐见的中国作风和中国气派。"[1]他要求"在中国生活的共产党员,必须联系中国的革命实际来研究马克思主义"。[2]

在谈到"马克思主义列宁主义的文风"问题时,毛泽东常常不由自主地提到和推崇马克思、列宁等经典作家,在革命和建设时期,只要讲到马克思主义的文风,他总要提醒大家去看看,马克思和列宁"怎样做宣传"、鲁迅"怎样写文章"等等,号召全党向他们学习。同时,他还辩证地提出,也不能固守这些经典作家不前进,还要超越他们。1958年5月,在中国共产党召开的第八届全国代表大会第二次会议期间,毛泽东做了四次讲话,多次讲到不能把马克思主义当教条,既要学习马克思,又要"破马克思",即根据中国实际超越马克思;既要学列宁,又要"敢于标新立异"。这就是说,对待马克思、列宁这样的经典作家,对待马克思主义,既要坚持,又要创新;既要继承,又要发展。他认为,我们在理论上不能没有自信,不能在马克思理论面前"怕马克思",以为"马克思住在很高的楼上,好像高不可攀,要搭很长的梯子才能上去"。他提出:"我们在楼下的人,不一定要怕楼上的人。我们读一部分基本的东西就够了。我们做的超过了马克思,列宁说的做的都超过了马克思,如帝国主义论。"毛泽东还以十月革命为例,阐述了马克思主义者必须一方面承接继承的责任,另一方面更要承接发展的任务,不能陷入教条主义和自我封闭。他认为,列宁就超越了马克思,中国共产党人也超越了马克思。他说:"马克思

---

[1]《毛泽东选集》第2卷,人民出版社1991年版,第534页。
[2]《毛泽东选集》第3卷,人民出版社1991年版,第844页。

没有做十月革命，列宁做了；马克思没有做中国这样大的革命，我们的实践超过了马克思。实践当中是要出道理的。马克思革命没有革成功，我们革成功了。这种革命的实践，反映在意识形态上，就是理论。我们的理论水平可以提高，我们要努力。"他还提出：一方面，"要学马克思主义，才有方法，才有共同语言"；另一方面，"要学苏联，不是硬搬，而是有选择的学，一定要将一切有用东西都学来，无用的东西则反面学，以我为主，不是盲从"。"马克思、列宁都反对将他们的主义当教条。"[1]

马克思主义的文风，反映出马克思主义的生命力，同时也代表着马克思主义中国化的方向。那些无实际内容、专讲形式、玩弄文字的"土八股""老八股"，那些脱离中国实际、把马克思主义教条化的"洋八股""党八股"，那些群众看不懂和大众不理解的空洞文章、枯燥讲演、抽象报告等，都是与马克思主义中国化背道而驰的，甚至是反马克思主义的，也都是毛泽东所极力反对的。只有抛弃这些与马克思主义中国化格格不入的东西，真正树立起具有中国作风、中国气派、中国智慧的马克思主义的文风，我们才能真正享受马克思主义的真谛，也才能实事求是地自觉地去"化"马克思主义。

## 二、马克思主义文风的主要特征

文风问题既然对马克思主义中国化如此重要，那么马克思主

---

[1] 本段引文均参见《建国以来毛泽东文稿》第 7 卷，中央文献出版社 1992 年版，第 194—206 页。

义文风到底有些什么标准呢？在这个问题上，毛泽东为我们党树立了榜样。但毛泽东本人常常以马克思和列宁为例子，以马克思主义经典作家作为标杆，引导中国共产党人向这些标杆看齐。从毛泽东的众多论述中看，他所倡导的马克思主义文风大概有以下一些主要特征。

首先，马克思主义文风是求真务实的，是讲真理的，是与群众平等交流的，而不是吓唬人的，"不要靠装腔作势来吓人"。马克思主义从根本上是主张求实求真的，提倡实，反对空；提倡真，反对假。反映在写文章和做演说上，必须一切从实际出发讲真理，而且要平等地与群众、与读者、与听众真诚交流，这是马克思主义文风最突出的特点。毛泽东特别强调实事求是、不尚空谈，反对空谈马克思主义。1942年3月，他为《解放日报》题词，特别写下了"深入群众，不尚空谈"八个字。空谈马克思主义，必然导致装着样子吓人。正像毛泽东指出的："有些党八股，不只是空话连篇，而且装样子故意吓人，这里面包含着很坏的毒素。""主观主义和宗派主义的东西，表现在党八股式的文章和演说里面，却生怕人家驳，非常胆怯，于是就靠装样子吓人；以为这一吓，人家就会闭口，自己就可以'得胜回朝'了。这种装腔作势的东西，不能反映真理，而是妨害真理的。凡真理都不装样子吓人，它只是老老实实地说下去和做下去。"[1]毛泽东特别反感那种"装腔作势借以吓人"的文风，他严肃地提出："无论对什么人，装腔作势借以吓人的方法，都是要不得的。"因为在毛泽东眼里，吓人战术，是剥削阶级以及流氓无产者所惯用的手段，

---

[1]《毛泽东选集》第3卷，人民出版社1991年版，第834—835页。

"无产阶级的最尖锐最有效的武器只有一个,那就是严肃的战斗的科学态度。共产党不靠吓人吃饭,而是靠马克思列宁主义的真理吃饭,靠实事求是吃饭,靠科学吃饭"。[1]在我们党取得全国政权做了执政党以后,毛泽东还多次批评我们党内的一些人自以为高明,与读者和群众不平等,架子摆得很大,造成群众和读者的反感。他提醒党内干部:"不要老是想着'我多么高明',而要采取和读者处于完全平等地位的态度。"他告诫大家:"我们应该老老实实地办事,对事物有分析,写文章有说服力,不要靠装腔作势来吓人。"[2]

其次,马克思主义文风是建立在调查研究基础上的,无论写文章、做报告、做结论,如果不做调查、没有研究,就没有发言权。自毛泽东开创了中国共产党人实事求是、调查研究的优良作风以来,我们党的态度始终是:没有调查就没有发言权,对一个问题如果没有调查研究,甚至也就没有决策权。毛泽东多次强调过,一切结论产生于调查情况的末尾,而不是在它的先头;只有从客观存在的事实出发,才能找出正确的方针、政策、办法来;离开实际调查就要产生唯心主义的阶级估量和唯心的工作指导。在文风问题也是如此,马克思主义的文风,历来是以调查研究为基础和出发点的。早在延安时期,毛泽东甚至提醒党内同志,哪怕写一简单的传单,也要"和熟悉情况的同志商量。列宁就是根据这样的调查和研究来写文章做工作的"。[3]新中国成立后,他还

---

[1]《毛泽东选集》第3卷,人民出版社1991年版,第835—836页。
[2]《毛泽东文集》第7卷,人民出版社1999年版,第277页。
[3]《毛泽东选集》第3卷,人民出版社1991年版,第842页。

要求人们要注意"研究各地已经取得的丰富经验","可用一个星期的时间将全国各省、市、县见于报纸的经验一齐找来仔细看一遍,边看边想,形成成套思想,然后下笔成文"。要写一个东西,必须"要认真研究,下苦功钻一下"。[1]如果套用"没有调查,没有发言权"的论断,我们可以肯定地说:没有调查研究就没有"下笔权"。

再次,马克思主义文风是透着问题意识的,总要提出问题、分析问题并解决问题。真正的马克思主义者,无论写文章、著书、写报告,还是做演说,都有着极强的针对性,是针对存在的问题而做的。毛泽东经常强调,在文风上不要搞大大小小、层层叠叠的一二三四罗列,不能像"开中药铺"那样;总要提出问题、分析问题、解决问题;要表示赞成什么、反对什么,有自己的观点和见解。从问题出发,是马克思主义文风一个重要标识。毛泽东特别指出:"问题就是事物的矛盾。哪里有没有解决的矛盾,哪里就有问题。既有问题,你总得赞成一方面,反对另一方面,你就得把问题提出来。"再往下,还要解决问题。不能提出问题,不算马克思主义的文风;提出问题后不能解决问题,同样不算马克思主义的文风。毛泽东认为那种没有问题意识、不针对问题去的方法,是非马克思主义的方法,他说:"这种幼稚的、低级的、庸俗的、不用脑筋的形式主义的方法,在我们党内很流行,所以必须揭破它,才能使大家学会应用马克思主义的方法去观察问题、提出问题、分析问题和解决问题,我们所办的事才能办好,我们的革命事业才能胜利。"[2]

---

[1]《毛泽东文集》第7卷,人民出版社1999年版,第336页。
[2]《毛泽东选集》第3卷,人民出版社1991年版,第838—839页。

最后，马克思主义文风是用群众看得懂、听得懂的语言文字表达的，是群众喜闻乐见的。语言文字，是思想的载体。如果不使用群众听得懂、看得懂，听得惯、看得惯的语言文字，思想肯定会变得空洞无趣、干瘪无味，最终无人搭理。所以毛泽东特别提醒共产党人要到人民群众中去下苦功夫学习语言，他认为那些不符合中国大地上人民群众喜闻乐见的形式的东西，人民群众肯定是不喜欢的。他特别指出："一个人七岁入小学，十几岁入中学，二十多岁在大学毕业，没有和人民群众接触过，语言不丰富，单纯得很，那是难怪的。但我们是革命党，是为群众办事的，如果也不学群众的语言，那就办不好。"他批评一些做宣传工作的同志，不学群众语言而下去无的放矢地做所谓的宣传，他们"乏味得很"，"他们的文章，就没有多少人欢喜看；他们的演说，也没有多少人欢喜听"。什么样的语言群众喜欢呢？毛泽东倡导要学习三类语言：一是向本国人民群众学习语言，二是从外国语言中吸收我们所需要的成分，三是从古人语言中学习有生命的东西。他特别强调："语言这东西，不是随便可以学好的，非下苦功不可。"[1]

从群众语言上体现出马克思主义中国化的特质，是毛泽东特别关注的。在讲到语言上的马克思主义中国化、大众化时，毛泽东特别指出："有些天天喊大众化的人，连三句老百姓的话都讲不来，可见他就没有下过决心跟老百姓学，实在他的意思仍是小众化。"在讲到文艺的大众化时，他还说过："许多同志爱说'大众化'，但是什么叫做大众化呢？就是我们的文艺工作者的思想感情

---

[1]《毛泽东选集》第3卷，人民出版社1991年版，第837—838页。

和工农兵大众的思想感情打成一片。而要打成一片，就应当认真学习群众的语言。如果连群众的语言都有许多不懂，还讲什么文艺创造呢？"他认为人民群众中有"丰富的生动的语言"，如果不熟悉人民群众的这些语言，文艺工作者的作品就会"不但显得语言无味，而且里面常常夹着一些生造出来的和人民语言相对立的不三不四的词句"。在讲到马克思主义经典作家们用什么样的语言说话时，他还特别引用了共产国际领导季米特洛夫的话说，要用群众的语言来和群众讲话，"应当学会不用书本上的公式而用为群众事业而奋斗的战士们的语言来和群众讲话，这些战士们的每一句话，每一个思想，都反映出千百万群众的思想和情绪"。[1]

除此之外，毛泽东还提到过马克思主义文风的其他一些特征。比如："有骨头，有血肉"，"能动员群众"。讲的是写文章、文件和做讲演等要有高度和力度。说到底就是要有唯物辩证法和马克思主义的群众观。毛泽东特别强调："共产党员如果真想做宣传，就要看对象，就要想一想自己的文章、演说、谈话、写字是给什么人看、给什么人听的，否则就等于下决心不要人看，不要人听。"[2]他指明共产党人面对的对象就是人民群众，要懂得与群众做朋友、交心。又比如："到什么山上唱什么歌。"讲的是写文章、做讲演要有针对性，一切从实际出发，具体问题具体分析。毛泽东欣赏"看菜吃饭，量体裁衣"的做法，认为"我们无论做什么事都要看情形办理，文章和演说也是这样"。[3]总之，毛泽东

---

[1]《毛泽东选集》第3卷，人民出版社1991年版，第841—842、850—851页。
[2] 同上书，第836页。
[3] 同上书，第834页。

在各个时期分别提到的马克思主义文风的特征还有许多。归根结底,就是要一切从实际出发、实事求是,就是要一切从群众中来、到群众中去,就是要敢于批评与自我批评,就是要始终遵循马克思主义的唯物论和辩证法。

## 三、怎样纠正不良文风、引领优良文风

从党和国家的历史经验中我们可以看出,马克思主义中国化是否落地、是否彻底,一个关键的环节,要看文风是否符合前面说的马克思主义优良文风的特征和要求。背离了这些基本的要求,文风自然就会出问题。文风所表现出来的思想和作风,反映出一个人的世界观、人生观、价值观,同时也折射出党风和社会风气。如果文风出了问题,根子不在"文"上,根子在思想深处,在我们的党风出了问题,尤其是党的思想作风出了问题,它的根源是我们党实事求是的作风和唯物辩证法的作风遭到了破坏。因此毛泽东早在延安时期就特别指出:"学风和文风也都是党的作风,都是党风","会影响全民族"。[1]

在我们党的历史上,曾经吃够了文风问题的苦头,从而也历来高度重视文风建设。毛泽东对纠正党内存在的不良文风,从而改进党的作风,有着深刻的思考,提出过许多出路和办法。他曾以列宁为例,称赞列宁的著作"生动活泼","他说理,把心交给人,讲真话,不吞吞吐吐"。毛泽东提倡的这种与群众交心、与人民说真话,采取人民群众喜闻乐见的方式等,就是解决文风问

---

[1]《毛泽东选集》第3卷,人民出版社1991年版,第812页。

题的总出路。毛泽东不仅从政治高度和战略层面提出过办法，而且还针对性地从战术上和具体做法上提出过许多好的意见。

针对"空话连篇，言之无物"的现象，毛泽东认为，这是一种眼中无群众的文风。他特别反感这种"下笔千言、离题万里"的文风，讨厌其如"懒婆娘的裹脚，又长又臭"。在剖析"为什么一定要写得那么长，又那么空空洞洞"的原因时，认为"只有一种解释，就是下决心不要群众看"。[1]因此，纠正这种文风，首先要从群众观点和群众路线上解决问题。

针对"装腔作势，借以吓人"的现象，毛泽东认为，这是一种不实事求是、反科学的文风。他批评这种文风"不但是幼稚，简直是无赖"。他强调："科学的东西，随便什么时候都是不怕人家批评的，因为科学是真理，决不怕人家驳。"毛泽东认为，那种靠装腔作势来获得名誉和地位的做法，"是卑劣的念头"。[2]因此，纠正这种文风，就要认真搞懂马克思主义，真正从实际出发、实事求是，要有科学态度，尊重科学，掌握真理。

针对"语言无味，像个瘪三"的现象，毛泽东认为，这是一种语言无味无趣的文风。毛泽东特别提倡良好的文风要有生动活泼的语言形式，认为那些堆满了形容词的文章谁也看不懂、谁也不愿意看。因此，纠正这种文风，就要向群众学习，向实际学习，向活生生的社会生活学习。

针对"用字太硬，用语太直，形容词太凶"的现象，毛泽东认为，这是一种语言生硬、态度蛮横的文风。他批评这种人不懂

---

[1]《毛泽东选集》第3卷，人民出版社1991年版，第834页。
[2]同上书，第835、836页。

得语言之美,尤其是不懂得人民群众中创造出来的语言的丰富优美。因此,纠正这种文风,就要学会放下架子,老老实实地到群众中学习语言、到古代文学中去学习语言、到外国文学中去学习语言。

针对"不调查,不研究,提起笔来'硬写'"的现象,毛泽东认为,这是一种"不负责任的态度"。[1]不做深入细致的反复调查研究,就是不负责任,就拿不出精品。因此,纠正这种文风,就要预先做调查研究,预先准备材料;文章写好之后,要像洗脸之后再照镜子一样多照几遍,多看几遍,再拿去发表。

另外,毛泽东针对文风问题上的一些具体现象,还提出过一些好的办法。比如,对如何处理引述的问题,即如何处理自己观点和他人观点的问题,毛泽东就提出,"应该学会用自己的话写文章"。对如何处理自己动手还是别人代劳的问题,毛泽东在上世纪60年代曾对一些省委领导说过:"有的人,自己不写东西,要秘书代劳。我写文章从来不叫别人代劳,有了病不能写就用嘴说嘛!"对如何写发言稿的问题,毛泽东提倡:"发言要精,要生动,要多种多样,要短,要有内容,要有表扬,有批评,有成绩,也有缺点,要有解决问题的办法,不要千篇一律。"对如何减少报刊上众多的"令人头痛的党八股"类的文章,毛泽东提出:"这就要求我们的报纸和刊物的编辑同志向作者提出写生动和通顺的文章的要求,并且自己动手帮作者修改文章。"

从毛泽东到习近平,在革命、建设、改革的各个历史时期,为使党风文风得到根本好转,我们党曾经付出过血的代价;为使

---

[1]《毛泽东选集》第3卷,人民出版社1991年版,第844页。

党风文风不断改进、进一步好转，我们党也付出过艰辛的努力。正因为文风就是党风，所以习近平专门提醒过党的干部："文风不是小事。"他还从梳理中国共产党人推进马克思主义中国化历史进程的视角，专门讲过我们在各个历史时期在文风问题上的主张和做法：

> 我们党是一个郑重的马克思主义政党，特别是延安整风以来，一直为培育和弘扬马克思主义文风而努力。延安整风的一个重要内容，就是整顿文风。毛泽东同志对党八股进行了淋漓尽致的批判，号召全党抛弃党八股，采取生动活泼新鲜有力的马克思主义文风。在这方面，他为我们树立了榜样。翻开《毛泽东选集》，鲜明朴实的文风扑面而来，生动活泼的语言引人入胜，深入浅出的论述让人茅塞顿开。邓小平同志历来注重务实，反对不实风气，粉碎"四人帮"以后他带头恢复党的实事求是的思想路线，针对党的优良文风在"文化大革命"中遭到严重破坏的现状，大力倡导并率先垂范开短会、讲短话、讲实话、讲新话。他反复强调："我们开会，作报告，作决议，以及做任何工作，都为的是解决问题。"江泽民同志在党的作风建设上明确提出了"八个坚持、八个反对"的重要思想，一再强调要纠正不良文风。他指出，有些文章翻来覆去老是那么几句套话，也有的哗众取宠，乱造概念，词句离奇，使人看不懂，这种不良文风应加以纠正。党的十六大以来，胡锦涛同志同样重视文风建设，多次强调各级领导干部要发扬求真务实精神、大兴求真务实之风，下决心从文山会海中摆脱出来，把心思用在干事业上，把精

力投到抓落实中。他在党的十七大报告中明确指出,要"改进学风和文风,精简会议和文件,反对形式主义、官僚主义,反对弄虚作假"。[1]

在倡导和引导马克思主义优良文风方面,习近平也提出了一系列具有深谋远虑的办法。除了提倡大家牢固树立马克思主义世界观、人生观、价值观外,他还特别提倡要形成"短、实、新"的文风,摒除"长、空、假"的文风,主张用尽可能少的篇幅,把问题说清、说深、说透,表达出丰富而深刻的思想内容。他多次重提毛泽东等老一辈革命家关于优良文风的主张,强调"最要反对的是空话连篇、言之无物的八股文",要防止和克服那种"穿靴戴帽"、空泛议论、堆砌材料、套话成串、"大而全"、"小而全"等弊病。

当然,也要看到,从根本上说,文风的好转,是随着党风的根本好转而向健康方向发展的,同时也是随着社会风气的好转而好转的。正如习近平所说:"党风决定着文风,文风体现出党风。人们从文风状况中可以判断党的作风,评价党的形象,进而观察党的宗旨的贯彻落实情况。"因此他提出:"大力纠正不良文风,积极倡导优良文风,已成为新形势下加强和改进党的作风建设一项重要任务。"[2] 党的十八大以后,以习近平同志为核心的党中央在全面从严治党战略部署下,高度重视进一步改进文风问题。中

---

[1] 习近平:《努力克服不良文风,积极倡导优良文风》,载《求是》杂志 2010 年第 10 期。
[2] 同上。

央政治局做出《关于改进工作作风、密切联系群众的八项规定》，特别提出了"切实改进会风""切实改进文风"的要求。在群众路线教育实践活动中，又提出了"教育引导党员、干部改进学风文风会风，改进工作作风"的要求。

党的十八大以来，全党全社会在摒除不良文风进一步形成优良文风方面，取得了明显成绩。随着党中央坚定不移地推进全面从严治党战略部署的深入展开，文风问题也取得了显著的变化。当然，也要看到，文风问题有着复杂的历史根源和现实基础，解决文风问题任重道远。只要我们坚持从丰富的历史经验中找智慧、从活生生的现实生活中找答案、从广大的人民群众中找办法，解决文风问题也就找到了出路；只要我们牢固树立和准确把握马克思主义立场和观点，切实贯彻理论联系实际、密切联系群众、批评和自我批评的优良作风，一切以人民为中心，尊重人民主体地位，既求真务实又生动活泼，我们党的文风、党风以及社会风气，一定能够不断取得显著成效。

# 矛 盾

## 从"主要矛盾"命题看毛泽东认识问题和解决问题的出发点

从"理论家"角度谈论毛泽东，绕不开毛泽东一生极为重视的"矛盾"概念。特别是"主要矛盾"概念，这是毛泽东认识问题和解决问题的一个重要的出发点。从目前掌握的材料看，毛泽东最早使用"矛盾"这个概念，是在《中国社会各阶级的分析》中；而他使用"主要矛盾"的概念，则主要是在抗日战争期间。毛泽东形成比较成熟的关于矛盾问题的系列论述，即毛泽东的矛盾观，其标志性成果是《矛盾论》。

从抗日战争到新中国成立后，毛泽东关于"主要矛盾"提出过一系列的命题和判断。从中我们既可以看出他对"主要矛盾"地位和内涵的规定，又可以分析出他之所以成功解决问题和晚年出现思想偏离的理论根源。

抗日战争时期，毛泽东在重申"没有调查，没有发言权"这一著名论断时，还提出了另一个著名的论断，即"调查的九样都是一些次要的东西，把主要的东西都丢掉了，那末，仍旧是没有发言权"。他的另一种表述方式是："无论解决任何问题，都应该以这个主要矛盾作为认识问题和解决问题的出发点。假若丢掉主要矛盾，而去研究细微末节，犹如见树木而不见森林，仍是无发言权的。"[1]

从毛泽东的这一表达方式可以看出,要取得发言权,就必须抓住主要矛盾。"主要矛盾",是毛泽东认识问题和解决问题的出发点,也是他在认识事物、分析问题和做出决断的环节上是否具有"发言权"的关键点,具有极为重要的地位。

应该说,从毛泽东对"主要矛盾"的一些命题及其判断的视角,可以探寻到毛泽东在"出发点"问题上的一些思考及其变化轨迹。

## 一、"矛盾"和"主要矛盾"概念的引入

从事物的矛盾入手,认识和研究事物的特性,是毛泽东分析问题和解决问题的基本方法。"矛盾"概念是毛泽东认识论和矛盾论的一个核心概念。从目前掌握的资料来看,毛泽东最早使用"矛盾"这个概念,是在1925年12月1日写的《中国社会各阶级的分析》中,这也是《毛泽东选集》的开卷首篇。

毛泽东是怎么引入这一概念的?在做出"谁是我们的敌人?谁是我们的朋友?这个问题是革命的首要问题"这一判断后,毛泽东分析了"中国社会各阶级的经济地位及其对革命的态度"。讲到"中产阶级"的地位和态度时,毛泽东首次使用了"矛盾"概念。毛泽东所说的中产阶级,"主要是指民族资产阶级"。在分析了中产阶级动摇性后,毛泽东认为他们不是一个"独立"的阶级,因此"他们对于中国革命具有矛盾的态度":思想倾向上的

---

[1]《毛泽东文集》第2卷,人民出版社1993年版,第382页。

两重性、对待革命态度上的两面性。毛泽东这里要点明的是，中产阶级在思想倾向上是摇摆不定的，甚至表现出来的态度是相互对立、相互冲突的。毛泽东还举例说："有一个自称戴季陶'真实信徒'的，在北京《晨报》上发表议论说：'举起你的左手打倒帝国主义，举起你的右手打倒共产党。'这两句话，画出了这个阶级的矛盾惶遽状态。"[1]"矛盾的态度"和"矛盾惶遽状态"，都表明了这个阶级立场和态度上的不确定性和思想主张上的左右反差。可见，毛泽东一开始使用"矛盾"概念，就清晰地规范了这一概念的核心内涵。

值得注意的是，毛泽东在20世纪20年代中期最早引入"矛盾"概念，为的是阐述主要矛盾问题，即"革命的首要问题"，尽管那时并没有使用"主要矛盾"的概念。自那以后，抓住事物和对象的"矛盾"，尤其是抓住主要矛盾，成为毛泽东认识问题做出决策的出发点。

而毛泽东最早使用"主要矛盾"的概念，从目前掌握的资料看，是在抗日战争期间，在国内矛盾复杂多变及其各种矛盾的地位明显转化的过程中。自1931年9月日本帝国主义者发动侵华战争以后，中国社会各阶级的矛盾逐渐退居次要位置，中华民族与日本帝国主义之间的矛盾即中日之间的民族矛盾，逐渐上升为中国社会的突出、尖锐的矛盾。认清中日矛盾尖锐性，一下子成为认识中国社会的一个基本出发点和确定一个政党主要任务的关键点。在中华民族面临外敌入侵的复杂局势下，身在延安的毛泽东开始从理论上深入思考中国社会"主要矛盾"的问题。

---

[1]《毛泽东选集》第1卷，人民出版社1991年版，第3—4页。

毛泽东明确使用"主要矛盾"的概念，是在1937年5月3日召开的中国共产党全国代表会议上，在他做的《中国共产党在抗日时期的任务》的报告中。他在判断中国社会发展新阶级的特征的时候，明确指出："由于中日矛盾成为主要的矛盾、国内矛盾降到次要和服从的地位而产生的国际关系和国内阶级关系的变化，形成了目前形势的新的发展阶段。"

他特别提到了这种主要矛盾的出现和变化过程：自1931年九一八事变特别是1935年华北事变以来的形势，使这些矛盾发生了变化，主要矛盾变成："由一般帝国主义和中国的矛盾，变为特别突出特别尖锐的日本帝国主义和中国的矛盾。"当然，毛泽东还告诫人们，其他矛盾依然存在，"国内阶级间的矛盾和政治集团间的矛盾本身依然存在着，并没有减少或消灭。中国和日本以外其他帝国主义国家之间的矛盾亦然"。根据这种主要矛盾和次要矛盾的情况，毛泽东明确地提出了中国共产党和中国人民面临的最主要的任务：建立中国的抗日民族统一战线，并和世界的和平阵线相结合。"我们的统一战线应当以抗日为目的，不是同时反对一切帝国主义。"[1]很明显，毛泽东对主要任务的确定，是根据分析主要矛盾的变化得来的。根据这种变化，毛泽东还进一步提出：中国必须立即开始实行下列两方面的民主改革：第一方面，将政治制度上国民党一党派一阶级的反动独裁政体，改变为各党派各阶级合作的民主政体；第二方面，保障人民的言论、集会、结社自由，包括释放政治犯、开放党禁等。毛泽东着重强调了抗日民族统一战线中无产阶级领导权的重要性。

---

[1]《毛泽东选集》第1卷，人民出版社1991年版，第252—253页。

值得注意的是，毛泽东对"主要矛盾"概念的引入和对中国共产党主要任务的规定，是在全面抗战爆发之前。应该说，毛泽东在这个时候开始引入"主要矛盾"概念，并在此前提下对中国共产党担负的主要任务做出明确规定，这不是偶然的。

## 二、抗日战争期间毛泽东对"主要矛盾"概念的使用和规定

进入全民族抗日战争这样一种"新的发展阶段"后，毛泽东更加注意从理论上分析各种矛盾的内部结构及其变化。至"七七事变"后全面抗战爆发，中国社会的各种矛盾呈现空前的复杂化，与此同时，"主要矛盾"问题更加突显出来。这为毛泽东分析问题，尤其是理清关于矛盾问题的理论思路，准备了客观条件。这一时期，毛泽东形成了比较成熟的关于矛盾问题的系列论述，即毛泽东的矛盾观，其标志性成果是毛泽东的伟大哲学著作《矛盾论》。

在《矛盾论》中，毛泽东结合中国社会的变化以及国际社会的情况，深刻分析了"事物的矛盾法则，即对立统一的法则"，明确指出这是"唯物辩证法的最根本的法则"。他赞同列宁说的"这个法则为辩证法的本质，又称之为辩证法的核心"。毛泽东还重点分析了"主要的矛盾和主要的矛盾方面"问题。[1]在这篇论著中，毛泽东突出地使用了"主要矛盾"的概念，并将其作为认识问题本质和找出解决办法的关键。

---

[1]《毛泽东选集》第1卷，人民出版社1991年版，第320页。文中出自《矛盾论》的引文，不再单独作注。

毛泽东分析"主要矛盾"问题，是将其放在"矛盾特殊性的问题"中说的。从其中的几个命题中，我们可以看出毛泽东对"主要矛盾"地位和内涵的规定。

1. 主要矛盾居于各种矛盾的突出和主导位置——"在复杂的事物的发展过程中，有许多的矛盾存在，其中必有一种是主要的矛盾，由于它的存在和发展规定或影响着其他矛盾的存在和发展。例如在资本主义社会中，无产阶级和资产阶级这两个矛盾着的力量是主要的矛盾。"毛泽东点明了主要矛盾在众多矛盾中的突出位置，认为"其他的矛盾力量"，"都为这个主要的矛盾力量所规定、所影响"。

2. 只有一种矛盾处在主要的和领导的地位上——"不管怎样，过程发展的各个阶段中，只有一种主要的矛盾起着领导的作用，是完全没有疑义的。""任何过程如果有多数矛盾存在的话，其中必定有一种是主要的，起着领导的、决定的作用，其他则处于次要和服从的地位。"

3. 主要矛盾和非主要矛盾的关系处在复杂多变之中——"半殖民地的国家如中国，其主要矛盾和非主要矛盾的关系呈现着复杂的情况。"毛泽东分析说，"当着帝国主义向这种国家举行侵略战争的时候"，"帝国主义和这种国家之间的矛盾成为主要的矛盾"。他认为，中国1840年的鸦片战争、1894年的中日战争、1900年的义和团战争和"目前的中日战争"，都属于这种情形。毛泽东又分析了矛盾关系的复杂多变性："当着帝国主义不是用战争压迫而是用政治、经济、文化等比较温和的形式进行压迫的时候"，外部矛盾就居于次要地位，从而"显出了内部矛盾的特别尖锐性"。但是，随着矛盾的变化，终究外部矛盾会演化为主要矛盾,"这时,外国帝国主义和国内反动派完全公开地站在一个极端,人民大众则站在另一极端,成为一个主要矛盾,而规定或影响其他矛盾的发展状态"。毛泽东一边强调要抓住主要矛盾,一边反对机械唯物论的在这些问题上的一成不变的观点,提醒人们要注意主要矛盾和次要矛盾的转化。

4. 研究任何事物和过程的特性,必须找出主要矛盾并抓住主要矛盾,这是解决问题的关键环节——"当着我们研究矛盾的特殊性和相对性的时候,要注意矛盾和矛盾方面的主要的和非主要的区别。""研究任何过程,如果是存在着两个以上矛盾的复杂过程的话,就要用全力找出它的主要矛盾。捉住了这个主要矛盾,一切问题就迎刃而解了。这是马克思研究资本主义社会告诉我们的方法。"

5. 除了《矛盾论》中的几个命题外,这一时期,毛泽东还有一个关于主要矛盾的重要命题,即:主要矛盾的尖锐化是社会革命性变革的动力——"帝国主义和中华民族的矛盾,封建主义和人民大众的矛盾,这些就是近代中国社会的主要的矛盾。当然还有别的矛盾,例如资产阶级和无产阶级的矛盾,反动统治阶级内部的矛盾。而帝国主义和中华民族的矛盾,乃是各种矛盾中的最主要的矛盾。这些矛盾的斗争及其尖锐化,就不能不造成日益发展的革命运动。伟大的近代和现代的中国革命,是在这些基本矛盾的基础之上发生和发展起来的。"[1] 毛泽东明确指出,正是由于社会复杂矛盾的相互斗争和主要矛盾的尖锐化,造成了社会的革命性变化。

---

[1]《毛泽东选集》第2卷,人民出版社1991年版,第631页。

上述几个命题，透出了毛泽东在主要矛盾问题上的基本观点和根本方法。毛泽东在《矛盾论》中明确表示："万千的学问家和实行家，不懂得这种方法，结果如堕烟海，找不到中心，也就找不到解决矛盾的方法。不能把过程中所有的矛盾平均看待，必须把它们区别为主要的和次要的两类，着重于捉住主要的矛盾。"他深刻地指出："对于矛盾的各种不平衡情况的研究，对于主要的矛盾和非主要的矛盾、主要的矛盾方面和非主要的矛盾方面的研究，成为革命政党正确地决定其政治上和军事上的战略战术方针的重要方法之一，是一切共产党人都应当注意的。"

方法找到了，问题的实质和主流确定了，那么分析问题和解决问题的出发点也就有了。在抗日战争时期，毛泽东特别强调"主要矛盾分析法"在出发点上的意义。他认为，矛盾分析法，是马克思主义的根本方法；而主要矛盾分析法，是中国共产党人认识问题和分析问题的出发点。毛泽东明确提出："对立统一，阶级斗争，是我们办事的两个出发点。"而有了这一出发点后要想进一步突破，就必须抓住主要矛盾和矛盾的主要方面，他继续提出："一定要抓住要点或特点（矛盾的主导方面）。马克思研究资本主义，列宁研究帝国主义，都是收集了很多统计和材料，但并不是全部采取，而只是采取最能表现特点的一部分。"他是从抓住主要矛盾的视角重申"没有调查，没有发言权"这一重要论断的，进而提出了这样一个命题："十样事物……如果你调查的九样都是一些次要的东西，把主要的东西都丢掉了，那末，仍旧是没有发言权。"由此毛泽东认为，对当今中国社会的发言权，就来源于对主要矛盾的认识和把握。他指出："今天中国主要的矛盾是民族矛盾，阶级矛盾成为次要的。西安事变前主要矛盾在国共两党之间,而西安事变后,主要矛盾则在中日之间。因此,今天无论解决任何问题,都应该以这个主要矛盾作为认识问题和解决问题的出发点。假若丢掉主要矛盾,而去研究细微末节,犹如见树木而不见森林,仍是无发言权的。"[1]

在整个抗日战争期间,毛泽东正是根据马克思主义的矛盾观和主要矛盾理论,分析中国社会各阶级的情形,认识中日之间战争的总体特性和阶段性特征,提出反对日本帝国主义的方针、办法,明确"愿同国民党人和全国同胞一道为保卫国土流最后一滴血,反对一切游移动摇、妥协、退让,实行坚决的抗战",最后通过持久抗战,争取到了"驱逐日本帝国主义、实现中国自由解放的前途"。[2]而中国共产党之所以能够团结、联合各层各界民众,引领人民坚决反抗并最终战胜日本帝国主义的侵略,究其原因,也是在复杂矛盾中抓住了主要矛盾并提出了解决主要矛盾的办法。恰恰是在中国社会矛盾的复杂变化和主要矛盾的凸显中,锤炼了中国共产党及其领导者。在民族危亡的历史关头,在艰苦卓绝的斗争中,中国共产党由弱到强、由依赖"本本"到独立自主地思考和解决国家和民族以及自身的问题,在组织上、思想上逐步成熟。也正是在这个时期,以毛泽东为代表的中国共产党人在立场、观点和方法上找到了马克思主义与中国实际相结合的正确途径,从而认识问题和解决问题的能力迅速提高。

---

[1]《毛泽东文集》第2卷,人民出版社1993年版,第380、382页。
[2]《毛泽东选集》第2卷,人民出版社1991年版,第346、350页。

## 三、抗战胜利后至八大前后毛泽东对"主要矛盾"的几个判断

既然主要矛盾是认识和解决问题的出发点，那么对主要矛盾的准确把握，就成为找到正确出发点的核心问题。然而，任何事物及其矛盾不是一成不变的，矛盾的运动变化及其互相转换，是事物发展的规律。主要矛盾和矛盾的主要方面，也是随着事物的变化而不断发生变化的。抗日战争胜利后，中国社会的主要矛盾又发生着深刻的变化。

在解放战争时期，毛泽东对主要矛盾的判断，转向了两个视角：一是中国内部主要矛盾的视角，二是中国外部主要矛盾的视角。这时毛泽东也提出了一个关于"主要矛盾"的重要命题："资产阶级民主革命完成之后，中国内部的主要矛盾就是无产阶级和资产阶级之间的矛盾，外部就是同帝国主义的矛盾。"[1]毛泽东提出这一命题，旨在提醒人们，在关注国内其他复杂矛盾的时候，要重点关注已经上升为主要矛盾的阶级矛盾。毛泽东对主要矛盾的这一基本观点，在党的七届二中全会上又一次明确表述出来。这一看法一直延续到新中国成立以后。

新中国成立后，毛泽东在讲主要矛盾的时候，又提出了一些有代表性的命题，这些命题充分反映了他在运用"主要矛盾分析法"过程中的丰富性和复杂性。

首先，新中国成立之初，毛泽东对"现阶段国内的主要矛盾"的命题有两种提法。

一是总体上对主要矛盾状况做出判断："在打倒地主阶级和

---

[1]《毛泽东文集》第5卷，人民出版社1996年版，第145—146页。

官僚资产阶级以后，中国内部的主要矛盾即是工人阶级与民族资产阶级的矛盾，故不应再将民族资产阶级称为中间阶级。"[1]在这个命题中，毛泽东再次将中国社会的主要矛盾明确为两个主要阶级之间的矛盾。

二是在一些重要的领域对主要矛盾的复杂性做出判断："在农村中的主要矛盾是封建主义与民主主义之间的矛盾，而不是资本主义与社会主义之间的矛盾。"毛泽东认为，新中国成立后，开始了社会主义革命阶段，即"我国过渡时期头几年"，这一时期存在着"错综复杂的"矛盾，"并不是说社会主义改造这样一个伟大的任务，在人民共和国成立以后就可以立即在全国一切方面着手施行了"，原因就是农村中存在的主要矛盾是"封建主义与民主主义之间的矛盾"。[2]毛泽东还分析了农村与城市之间在主要矛盾不同的情况下工作重点的不同。这就明确提出，主要矛盾的不同表现，决定了在一定范围内工作出发点和重点的不一样。

其次，在社会主义改造完成之后，党的领导集体中对主要矛盾的认识出现了一些反复，毛泽东本人的认识也呈现一种不确定状态。主要表现在以下几个方面。

一是党的八大明确提出："我们国内的主要矛盾，已经是人民对于建立先进的工业国的要求同落后的农业国的现实之间的矛盾，已经是人民对于经济文化迅速发展的需要同当前经济文化不能满足人民需要的状况之间的矛盾。这一矛盾的实质，在我国社会主义制度已经建立的情况下，也就是先进的社会主义制

---

[1]《建国以来毛泽东文稿》第3册，中央文献出版社1989年版，第458页。
[2]《建国以来毛泽东文稿》第4册，中央文献出版社1990年版，第404页。

度同落后的社会生产力之间的矛盾。"由这一主要矛盾的认识出发，八大提出："党和全国人民的当前的主要任务，就是要集中力量来解决这个矛盾，把我国尽快地从落后的农业国变为先进的工业国。"指出这一主要矛盾和提出主要任务的是八大的政治决议。笔者认为，毛泽东在这个期间是确认了这一主要矛盾及其决定的主要任务的，也就是说，这一认识问题和解决问题的出发点是正确的。有三点可以说明：（1）自1956年夏天起，毛泽东开始主持八大政治报告的起草和修改工作，整个过程非常慎重而认真。（2）八大召开期间，毛泽东在会见外国共产党代表团时明确表示：在我们革命胜利七年后，政权专政的职能只剩下百分之十了，专政的范围缩小了，所以现在我们的任务是解放生产力，保护生产力。[1]（3）八大的政治报告和关于政治报告的决议，都是在毛泽东主持下起草并通过的，毛泽东本人是主要提出者或者是正式明确的认同者。至于会后不久毛泽东对主要矛盾问题"提出异议"，也只是对表述方式提出异议，并没有直接针对主要矛盾的实质内容。应该说，这一时期我们党的领导集体，正是在对中国社会主要矛盾的认真分析的基础上，做出关于党和国家主要任务的规定的。这一认识的主流和得出的核心结论是极为可贵的。

二是八大召开以后不久，在国际上出现了波匈事件，国内出现比较严重的大民主问题、闹事问题、右派问题等系列问题，这时毛泽东对主要矛盾的认识上出现了一些不确定性。尽管这时毛泽东对人民内部问题的认识还是比较清醒的，但是，在诸多复杂多变的矛盾关系影响下，毛泽东对国内外形势的判断出现了偏

---

[1]《毛泽东年谱（1949—1976）》第2卷，中央文献出版社2013年版，第633页。

差，在对待一些尖锐矛盾的问题上，认识出现了不确定性，尤其是对主要矛盾的判断上开始出现模糊。应该说，这一时期，党内外对社会主义改造完成后的主要矛盾也有着不同的看法，毛泽东个人也进入了一个对主要矛盾认识的模糊和不确定期。

1957年第一季度，毛泽东对主要矛盾的认识还在思考和观望中，突出地反映在他对中宣部印发的《有关思想工作的一些问题的汇集》的批注中，在中宣部列出的这份思想汇集中，有两处提到"主要矛盾"的问题。第一处讲到，"目前，对农村矛盾的分析有些混乱"。这种混乱表现在："有的说：'当前主要矛盾是新、旧思想矛盾'；有的认为是'经营管理的矛盾'；有的说：'主要是富裕中农斗争'；有的则认为'资本主义思想已是残余的了'或'小资产阶级思想是残余的了'。"应该怎样看才算全面和准确？毛泽东在阅批时没有给出明确的答案。第二处讲到，"目前，人民内部矛盾主要有几类"，其中提出："什么是当前主要矛盾？"毛泽东也没有给出明确的答案。[1]可见，这一时期毛泽东正在思考当中，对主要矛盾问题基本不做结论，也不发表明确的意见。

三是1957年第二季度后，毛泽东开始质疑党的八大对主要矛盾的判断，并在主要矛盾的认识上开始出现偏差。这年4月4日至6日期间，毛泽东在杭州主持召开四省一市思想动态汇报会时，明确提出：党的八大决议中关于先进生产关系与落后生产力之间的矛盾的说法，是犯了个错误，理论上是不正确的。[2]到5月份，毛泽东看到少数右派对共产党和社会主义制度发起进攻的

---

[1]《建国以来毛泽东文稿》第6册，中央文献出版社1992年版，第415页。
[2]《毛泽东年谱（1949—1976）》第3卷，中央文献出版社2013年版，第129页。

严重情况后，对阶级斗争严峻形势进一步看重，以致他将国内在一定范围内存在的阶级斗争进一步扩大化、绝对化，认识的出发点发生了严重的偏离。5月25日，他在修改《关于正确处理人民内部矛盾的问题》时，开始将"主要矛盾"的判断作为"重要修改"，加入其中："在我国，虽然社会主义改造已经基本完成，大规模的群众性的阶级斗争已经基本结束，但是被推翻的地主买办阶级的残余还是存在，资产阶级还是存在，小资产阶级刚刚在改造。阶级斗争还没有结束。无产阶级和资产阶级之间的斗争，无产阶级和资产阶级以及资产阶级知识分子之间在意识形态方面的斗争，意识形态方面的阶级斗争，还是尖锐的，长期的，有时甚至是很激烈的，表现为一种你死我活的斗争。在这一方面，社会主义与资本主义之间的谁胜谁负问题还没有解决。"[1]这种有关"尖锐的""激烈的""你死我活的斗争"的判断，显然是在主要矛盾的层面上讲的。可见，这个时候毛泽东对主要矛盾的认识开始出现偏差。由于主要矛盾的重新确定，认识和解决问题的出发点也就确定下来，阶级斗争的问题，就成了急需解决的主要矛盾。因此，自1957年6月初开始，中共中央开始部署"反击右派分子进攻"的"伟大的政治斗争和思想斗争"。从这个时候起，在认识和实践上，就出现了大的偏差甚至严重的错误。

四是在1957年9月至10月八届三中全会前后，毛泽东开始重新表述中国社会的主要矛盾。八届三中全会召开前一天，他明确提出："工人阶级与资产阶级的矛盾、社会主义与资本主义的

---

[1]《毛泽东年谱（1949—1976）》第3卷，中央文献出版社2013年版，第161—162页。

矛盾是整个过渡时期的主要矛盾。"[1]会议期间,他又多次表述这一观点。并在10月9日的闭幕会上说:"无产阶级和资产阶级的矛盾,社会主义道路和资本主义道路的矛盾,毫无疑问,这是当前我国社会的主要矛盾。我们现在的任务跟过去不同了。过去主要是无产阶级领导人民大众反帝反封建,那个任务已经完结了。那么,现在的主要矛盾是什么呢?现在是社会主义革命,革命的锋芒是对着资产阶级,同时变更小生产制度即实现合作化,主要矛盾就是社会主义和资本主义,集体主义和个人主义,概括地说,就是社会主义和资本主义两条道路的矛盾。'八大'的决议没有提这个问题。'八大'决议上有那么一段,讲主要矛盾是先进的社会主义制度同落后的社会生产力之间的矛盾。这种提法是不对的。我们在七届二中全会上提出,全国胜利以后,国内主要矛盾是工人阶级和资产阶级的矛盾,国外是中国和帝国主义的矛盾。后头没有公开提,但是事实上在那里做了,革命已经转到社会主义革命,我们干的就是社会主义革命这件事。三大改造是社会主义革命,主要是生产资料所有制方面的社会主义革命,已基本完成。这是尖锐的阶级斗争。"[2]

毛泽东的这种认识和判断,很快在全党扩展开来。1958年期间,按照毛泽东的要求,全党同志都要以"势如破竹、所向披靡"的精神"当建设社会主义的促进派"。这种脱离实际的盲目"促进",恰恰反映出在认识的基本出发点问题上偏离了社会主要矛

---

[1]《毛泽东年谱(1949—1976)》第3卷,中央文献出版社2013年版,第207页。
[2] 1967年10月9日毛泽东在中国共产党第八届中央委员会扩大的第三次全体会议上的讲话。其中有关内容曾以《做革命的促进派》为题公开发表过。

盾的正常轨道。1958年5月,在八大二次会议上,刘少奇代表中共中央宣布:"在整个过渡时期,也就是说,在社会主义社会建成以前,无产阶级同资产阶级的斗争,社会主义道路同资本主义道路的斗争,始终是我国内部的主要矛盾。"这种表述上的变化,反映了中央领导集体内部对主要矛盾的认识存在分歧,中共八大时关于主要矛盾的正确论断被扭转过来。这一基本判断,一直持续到"文化大革命"期间。

## 四、八大以后毛泽东对主要矛盾问题的其他概括及反思

尽管从八届三中全会到八大二次会议期间,毛泽东对中国社会内部主要矛盾的判断已经清晰化,并且一直坚持这样一个基本判断,但是,毛泽东对这一问题的思考并没有停止和僵化。从后来的思考中我们仍然可以看出,毛泽东对"人类的主要矛盾"的认识,包括对中国社会主要矛盾的认识,并不是一成不变的,也曾在一定程度上存在认识上的差异。突出地反映在以下对主要矛盾的概括和反思上。

一是八大二次会议召开之前,1958年2月毛泽东在阅改周扬的《文艺战线上的一场大辩论》一文时,专门增加了"人类的主要矛盾"的内涵。原文提出:"马克思主义告诉我们:人类的主要矛盾是人与自然之间的矛盾和人与人之间的矛盾,这两种矛盾就体现为生产斗争和阶级斗争。"毛泽东在这句话后面特意增加了这一主要矛盾的另一个内容:"在阶级消灭以后则体现为新

旧斗争。"[1]也就是说,在阶级消灭后,新事物与旧事物之间、先进与落后之间的斗争,是人类社会面临的主要矛盾。这点增写表明,毛泽东对主要矛盾的规定,是超出阶级范围的。从这个命题对主要矛盾的概括上看,毛泽东并没有单纯从阶级斗争的视角来观察主要矛盾,而是力图从生产力状况、进步与落后的冲突状态等角度来思考主要矛盾问题。当然,他在解决生产力落后问题的出发点上,却脱离了中国实际,背离了他一贯倡导的实事求是的思想作风,以致盲目"促进",犯了主观主义的错误。

二是八大二次会议后,党内各级干部在如何理解主要矛盾变化的问题上,思想并不统一。比如,在学习讨论刘少奇八大二次会议报告的过程中,党内提出了一些不同的理解,引起毛泽东的反思。当时新华社的《内部参考》反映,各地干部对过渡时期的主要矛盾问题有疑惑,指出在对"过渡时期的主要矛盾"的判断上,八大一次会议和八大二次会议"两次会议提法不一致,究竟哪一个对",参与讨论者各执一词,"有人认为八大一次会议的提法错了""但也有人认为是正确的";反映材料中说,有人问:"既然今后的主要矛盾是两条道路的斗争,为什么又说今后的主要任务是技术革命和文化革命?为什么主要矛盾和主要任务不一致?"还有人问:"目前世界范围内的主要矛盾是帝国主义阵营内部的矛盾还是社会主义阵营与帝国主义阵营的矛盾?"等等,这些疑惑和反问,引起毛泽东的高度关注,他提请参与起草文件的同志迅速认真分析研究,并强调:"这些问题值得注意,不要

---

[1]《建国以来毛泽东文稿》第7册,中央文献出版社1992年版,第95页。

置之不理。"[1]

尽管毛泽东在思考主要矛盾问题时思想认识上并没有僵化，还有一定的空间，也尽管毛泽东面对党内的疑惑和反问有着高度的关注，但是，自八大二次会议后，毛泽东对主要矛盾的判断总体上是确定的，到1962年的党的八届十中全会，毛泽东进一步把社会主义社会中一定范围内存在的阶级斗争扩大化和绝对化，不仅认为无产阶级同资产阶级的矛盾仍然是我国社会的主要矛盾，而且进一步断言在整个社会主义历史阶段资产阶级都将存在和企图复辟，并成为党内产生修正主义的根源。这一重大的误判，造成毛泽东在出发点上的根本性错误，也成为毛泽东晚年发动"文化大革命"的思想根源。

应该说，毛泽东在犯错误的时候，其理论逻辑和认识的"辩证法"依然是明晰的。正如他在八大二次会议前所说："辩证法是研究主流与支流、本质与现象、主要矛盾和次要矛盾。过去发生的反冒进等错误，即未抓住主流和本质，把支流当作主流，把次要矛盾当作主要矛盾来解决。"[2]毛泽东还多次强调过："本质是事物的主要矛盾和主要矛盾方面。"[3]由此可见，毛泽东在为什么批评反冒进、发动"大跃进"和"文化大革命"等问题上，其理论根据是非常明确的。毛泽东认为，我们的认识和实践，都必须"善于抓住主要矛盾"，找到"主要矛盾在什么地方";[4]先解

---

[1]《建国以来毛泽东文稿》第7册，中央文献出版社1992年版，第283页。
[2]《毛泽东年谱(1949—1976)》第3卷，中央文献出版社2013年版，第325—326页。
[3]《建国以来毛泽东文稿》第11册，中央文献出版社1996年版，第504页。
[4]《毛泽东文集》第8卷，人民出版社1999年版，第26页。

决主要矛盾，次要矛盾可暂置一旁。[1]

从理论逻辑上说，毛泽东的认识是严谨的且符合规律的，但恰恰是在他特别看重的"认识问题的出发点"上出现了偏离。如果主要矛盾找对了，认识问题和解决问题的出发点就是正确的；主要矛盾找错了，认识和实践的出发点就错了。对本质问题的认识和把握出现错误，必然带来认识和解决问题的根本出发点上的错误。正因为毛泽东对主要矛盾的把握上出现偏离和失误，造成了他在认识问题和做出决策的出发点上偏离了科学的轨道，在实践上也必然出现重大失误。人无完人，在这个问题上，毛泽东也出现了违背他自己初衷的情况。

---

[1]《毛泽东年谱（1949—1976）》第3卷，中央文献出版社2013年版，第130页。

# 命 题

## 从有关矛盾的一些命题看毛泽东哲学的整体观

从"理论家"角度进一步谈毛泽东,还必须深入探究毛泽东哲学思想的一些特征。在毛泽东哲学思想中,整体观占有极其重要的位置,它是毛泽东哲学思想的主要特征之一。

什么是整体,怎样理解整体?毛泽东在《中国革命战争的战略问题》中明确指出:"凡属带有照顾各方面和各阶段的性质的,都是战争的全局。"[1]毛泽东所说的全局,也就是整体。这里虽然说的是战争,但实际是对任何情况下的整体要领下了一个比较准确的定义。因为战争的整体,最能反映整体的特性。正如钱学森所说,"在人类全部的社会实践活动中,没有比指导战争更强调全局观念、整体观念"(钱学森等著《军事系统工程》)的了。

毛泽东从纵横两种关系的角度(即"各方面和各阶段")给整体下了一个完整的定义后,接着又明确地指出了整体观的重要地位:"主要和首先的问题,是对于全局和各阶段的关照得好或关照得不好。"[2]

可见,整体的实质,就是不同事物、不同部分、不同侧面以

---

[1]《毛泽东选集》第1卷,人民出版社1991年版,第175页。
[2]同上书,第175页。

及发展的不同阶段之间的有机联系。而有机联系的实质又是什么呢？毛泽东说过："究竟是什么东西联系呢？就是对立的两个侧面的联系。"[1]这里说的也就是事物之间的对立统一关系。物质世界就是由普遍联系着的东西构成的矛盾统一整体。恩格斯说："当我们深思熟虑地考察自然界或人类历史或我们自己的精神活动的时候，首先呈现在我们眼前的，是一幅由种种联系和相互作用无穷无尽地交织起来的画面。"[2]这就是说，无论自然界、人类社会还是人的意识活动，呈现出来的都是一个个由矛盾关系（即普遍联系）所构成的整体画面。没有一个事物是离开这种关系而孤立存在的。毛泽东的整体观，就是对这一客观存在的准确的反映。

既然整体的实质是矛盾关系，那么，要探索毛泽东的整体观，就必须从毛泽东的矛盾观着手。而毛泽东关于矛盾的各种命题则最能体现他的矛盾观，从这个角度入手，可以揭示毛泽东哲学思想主要特征之一的整体观的一些丰富内涵。

这里，我们主要以毛泽东的《实践论》《矛盾论》等著作作为考察对象，在这些著作中，他围绕矛盾问题广泛而深刻地提出了一系列命题。

## 一、在有关自然领域方面，主要看七个命题

1. 矛盾存在于一切过程中，并贯串于一切过程的始终，矛盾

---

[1]《毛泽东文集》第7卷，人民出版社1999年版，第194页。
[2]《马克思恩格斯选集》第3卷，人民出版社1995年版，第359页。

即是运动,即是事物,即是过程。[1]

2. 没有什么事物是不包含矛盾的,没有矛盾就没有世界。[2]

3. 矛盾是简单的运动形式(例如机械性的运动)的基础,更是复杂的运动形式的基础。[3]

4. 矛盾是普遍存在的,不过按事物的性质不同,矛盾的性质也就不同。[4]

5. 任何运动形式,其内部都包含着本身特殊的矛盾。这种特殊的矛盾,就构成一事物区别于他事物的特殊的本质。[5]

6. 任何事物内部都有这种矛盾性,因此引起了事物的运动和发展。[6]

7. 每一事物的运动都和它的周围其他事物互相联系和互相影响着。[7]

第1、2、3三个命题,从总体上表述了毛泽东的整体观。概观自然界的全貌,一切事物、运动、过程,无一不是普遍联系的客观存在,事物也好,运动也好,过程也好,皆为矛盾的产物,都是矛盾的集合。毛泽东整体观的着眼点,首先是落在自然界的整体性上。自然界从微粒到巨物,从简单到复杂,从过程始到过程终等,都是矛盾关系整体作用的结果。首先把这种矛盾关系的整体作用提出来,就不致在纷繁复杂的自然现象面前无所适从。毛泽东在《矛

---

[1]《毛泽东选集》第1卷,人民出版社1991年版,第319页。
[2] 同上书,第305页。
[3] 同上。
[4]《毛泽东文集》第7卷,人民出版社1999年版,第213页。
[5]《毛泽东选集》第1卷,人民出版社1991年版,第308—309页。
[6] 同上书,第301页。
[7] 同上。

盾论》中虽然指出"先说矛盾的普遍性",是"为了叙述的方便起见"。但是把这种代表事物整体性联系的"矛盾的普遍性"放在《矛盾论》之前加以论述,这本身就体现了一种客观要求,它促使毛泽东首先用整体观去分析事物的矛盾。所以他接着又说:"当着我们分析事物矛盾的法则的时候,我们就先来分析矛盾的普遍性的问题,然后再着重地分析矛盾的特殊性的问题,最后仍归到矛盾的普遍性的问题。"[1]这就是说,整体观分析事物的整体性,这既是毛泽东分析问题的出发点,又是他分析问题的归宿。

第4、5两个命题,是从小范围内来谈事物的整体性。整体,是一个相对概念,有大范围的整体,也有小范围的整体。矛盾关系既然存在,就是一种联系的存在,就是一种整体意义的存在,不管它存在的范围是大,还是小。"矛盾的特殊性"所表述的整体,是由事物或运动内部各部分之间相互联系所组成的整体。由于事物内部这种自身相互联系的存在,各因素综合构成了事物的特质,这就使各个作为整体的事物得以区别开来。毛泽东之所以在提出了大范围的整体以后又提出小范围的整体,他在《矛盾论》的"矛盾的特殊性"一章中对这一原因做了说明:"我们从事中国革命的人,不但要在各个矛盾的总体上,即矛盾的相互联结上,了解其特殊性,而且只有从矛盾的各个方面着手研究,才有可能了解其总体。"[2]即是说,只有研究了小整体后,才有可能进一步去了解大整体。在社会主义建设时期,毛泽东更强调正确处理大整体与小整体的关系,他说:"为了建设一个强大的社会主

---

[1]《毛泽东选集》第1卷,人民出版社1991年版,第304—305页。
[2]同上书,第312页。

义国家，必须有中央的强有力的统一领导，必须有全国的统一计划和统一纪律……同时，又必须充分发挥地方的积极性，各地都要有适合当地情况的特殊。这种特殊……是为了整体利益，为了加强全国统一所必要的特殊。"[1]

第6、7两个命题，说的是作为动态存在的事物具有一种双重的整体关系：内部关系和外部关系。事物内部结构的各个部分在运动中相互联系、相互作用，构成事物的内部整体关系（即"矛盾性"）。这种内部的整体关系，是事物运动发展的根本原因。一事物和他事物相互联系和相互影响，构成事物的外部整体关系。这种外部整体关系是事物运动发展的第二原因。

## 二、在有关社会领域方面，主要看六个命题

1. 每一个社会过程，"在其发展过程中，包含着许多的矛盾。例如，在中国资产阶级民主革命过程中，有中国社会各被压迫阶级和帝国主义的矛盾，有人民大众和封建制度的矛盾，有无产阶级和资产阶级的矛盾，有农民及城市小资产阶级和资产阶级的矛盾，有各个反动的统治集团之间的矛盾等等"。[2]

2. 合作社正在经历一个逐步巩固的过程。它还存在着一些需要解决的矛盾。例如，在国家同合作社之间，在合作社内部，在合作社同合作社相互之间，都有一些矛盾需要解决。[3]

---

[1]《毛泽东文集》第7卷，人民出版社1999年版，第32页。
[2]《毛泽东选集》第1卷，人民出版社1991年版，第311页。
[3]《毛泽东文集》第7卷，人民出版社1999年版，第211页。

3. 什么叫问题？问题就是事物的矛盾。哪里有没有解决的矛盾，哪里就有问题。[1]

4. 在解决这些矛盾以后，又会出现新的问题。新的矛盾，又需要人们去解决。[2]

5. 在目前社会大变动的过渡时期，困难问题还是很多的。又发展又困难，这就是矛盾。[3]

6. 我们要进行大规模的建设，但是我国还是一个很穷的国家，这是一个矛盾。[4]

第 1、2 两个命题，从社会的总体上表述了毛泽东的整体观。社会，是一个更复杂的整体。作为整体存在的社会，它的每一个阶段都存在着多种整体性的矛盾关系。社会领域内矛盾关系的主体，是不同社会集团或阶级。这些社会集团或阶级都不是孤立存在的，它们要么处在一种对抗性的矛盾关系中，要么处在一种非对抗性的矛盾关系中。但无论以何种方式存在的矛盾，都不过是社会集团之间、阶级之间、群体之间的整体关系的产物。社会矛盾的双方，都是共处于一个统一体中的，这种统一体也就是社会中的整体。

第 3、4 两个命题，毛泽东把"矛盾"引入到"问题"中，这是很有道理的。因为存在着问题，也就当然地存在着矛盾。这种矛盾表现为一种动态的关系，在动态关系中各个部分的地位不同，使得动态关系的内部不断地发生冲突，从而产生问题。这就

---

[1]《毛泽东选集》第 3 卷，人民出版社 1991 年版，第 839 页。
[2]《毛泽东文集》第 7 卷，人民出版社 1999 年版，第 215 页。
[3] 同上书，第 228 页。
[4] 同上书，第 239 页。

是说问题本身是一种没有调整好的动态关系,这种运动关系仍然是一个整体中的各个部分相互作用的产物,所以才需要我们去进行调整。而整体内的相互作用是没有完结的,那么调整也就不是一次能够完成的,而是一个永恒的过程。所以毛泽东强调,新的问题会不断出现,矛盾的解决也就没有尽头。

第5、6两个命题,毛泽东又把"矛盾"引入"困难"中。因为困难的出现,是由于处于整体关系中的事物没有具备某些使其发展的条件。这些条件的缺乏,也就使得动态关系难以把握。事物的矛盾是推动事物发展的根本条件,在社会领域中,尤其在经济建设或社会发展过程中,其矛盾关系(动态关系)的各方面的地位和作用不同,决定了社会运动的性质的不同,因而在社会发展过程中,总伴随着阻碍发展的因素,这就是我们所说的"困难"。解决这种困难,变消极因素为积极因素,才能使社会(事物)得以充分发展。然而,只有从社会(事物)的整体性上去观察事物,才能发现困难存在的根源;如果孤立地去看事物的某一个侧面,也就无所谓困难或不困难了。

## 三、在有关人的认识领域,主要看四个命题

1. 客观过程的发展是充满着矛盾和斗争的发展,人的认识运动的发展也是充满着矛盾和斗争的发展。一切客观世界的辩证法的运动,都或先或后地能够反映到人的认识中来。[1]

2. 研究学问的时候,由不知到知的矛盾也是如此。当着我们

---

[1]《毛泽东选集》第1卷,人民出版社1991年版,第295页。

刚才开始研究马克思主义的时候，对于马克思主义的无知或知之不多的情况，和马克思主义的知识之间，互相矛盾着。然而由于努力学习，可以由无知转化为有知，由知之不多转化为知之甚多，由对于马克思主义的盲目性改变为能够自由运用马克思主义。[1]

3.原定的思想、理论、计划、方案，部分地或全部地不合实际，部分错了或全部错了的事，都是有的。许多时候须反复失败过多次，才能纠正错误的认识，才能到达于和客观过程的规律性相符合。[2]

4.毛泽东还引用了恩格斯在《反杜林论》中的一个命题："在思维的范围以内我们也不能避免矛盾，并且我们看到了，例如，人的内部无限的认识能力与此种认识能力仅在外部被局限的而且认识上也被局限的个别人们身上的实际的实现二者之间的矛盾，是在人类世代的无穷的——至少对于我们，实际上是无穷的——连续系列之中，是在无穷的前进运动之中解决的。"[3]

第1个命题说明了客观世界的整体性与人的认识过程的整体观的关系。客观过程，是充满着矛盾关系的整体发展过程，这种整体过程，必然反映到人的认识中来。认识的整体观来源于客观现实的整体性。"客观世界的辩证法的运动"，也就是客观世界矛盾关系组成的有机整体的运动。这种有机整体的运动真实地反映到人的认识中，也就是唯物辩证的整体观。随着认识的发展，一

---

[1]《毛泽东选集》第1卷，人民出版社1991年版，第325页。
[2]同上书，第294页。
[3]同上书，第305页。

切客观世界有机整体的运动,"都或先或后地能够反映到人的认识中来",形成辩证的整体观。

第 2、3 两个命题,表述了人们获得认识的两种整体性过程的问题。一种是提高现有认识的过程。这种过程包括两个方面:由不知到知和由知之不多到知之甚多。为什么说这是个整体性过程呢?因为由不知到知和由知之不多到知之甚多,这是一种逐渐的过渡,由认识的片面性、局部性向整体性过渡。通过这种过渡,意识对客观事物的反映一步步接近整体。另一种过程是改正错误认识的过程。这种过程也包括两个方面:部分地改变错误的认识和全部地改变错误的认识。这更是一个整体性的过程。无论是部分地改变或者是全部地改变,都说明人们原先未能从整体性上去把握客观事物,"因为从事变革现实的人们,常常受着许多的限制,不但常常受着科学条件和技术条件的限制,而且也受着客观过程的发展及其表现程度的限制(客观过程的方面及本质尚未充分暴露)"[1]。要解决这种矛盾,必须从事变革现实的实践,"须反复失败过多次",才能使认识符合于客观过程,也才能逐步得到整体性的认识。

第 4 个命题,从人的认识能力上的矛盾来阐述整体观。人类的整体认识能力是无限的,在这种无限的整体认识中的个人认识能力,是有限的。而人类的整体认识能力是由无数个人的认识能力有机地组成的。因此,我们考察人的认识历史的发展,首先应该认识的是人类整体认识的无限性,这是对认识本身的一种认识,也是我们认识的基点。只有认识到整体认识能力的无限性,

---

[1]《毛泽东选集》第 1 卷,人民出版社 1991 年版,第 294 页。

才能避免不可知论。由此出发，人类就可以在世代无穷的连续系列中，解决认识能力上有限和无限的矛盾。

由以上对矛盾命题的分析，我们可以看出，无论在自然领域、社会领域还是人的认识领域，毛泽东赋予矛盾概念的本质含义是始终一致的，这一含义就是"辩证的普遍联系"。这种辩证联系既包括了相互排斥、相互斗争、相互对立、逻辑上不相容的对抗性、斗争性，又包括了相互联系、相互依存的统一性、同一性；它既包括了大范围整体内的辩证关系，又包括了小范围整体内的辩证联系。这种辩证联系是动态的联系而不是静止的联系。毛泽东所赋予矛盾的这一"辩证的普遍联系"的本质含义，所体现的就是事物的整体性原则。因此，可以认为毛泽东的矛盾观就是他的整体观，二者是同一意义的概念。

客观事物无论以什么样的形态、方式存在，都不是简单孤立的，而是一种综合性联系和作用下的存在。社会发展（尤其是现代社会）更是如此。它是一个充满矛盾的过程，矛盾关系的动态作用，必然产生有机的整体。任何一种社会存在都必然是整体关系下的存在物。正确反映这种存在的人的认识或观念，就应该是一种全面的辩证的整体观，而不是片面的、零散的形而上学观。这正是毛泽东哲学思想的一个重要特点。

# 论 文

## 毛泽东为何在新中国前夕专门撰写《论人民民主专政》

毛泽东是一位文章大家,他的传世经典文章,涉及方方面面,这里特别值得一提的,是他的理论文章。

在新中国成立前夕的1949年6月,毛泽东提出,要以"论文"形式,写一篇纪念中国共产党成立28年的重要文章。本来这个任务是交给秘书胡乔木的,但胡乔木没有完成;紧急时刻,由毛泽东亲自动手,写出了永传后世的《论人民民主专政》这篇重头文章。

写作这篇"论文",是基于总结经验、继续前进的大思路考虑,是要向党内外、国内外讲清楚中国共产党一路走来的一些根本经验和继续前进的一些重大问题。

站在社会历史的巨变面前,毛泽东通过总结党的历史经验,阐述了有关中国共产党人在理论上的坚定性、中国人民所走道路的坚定性、新中国政权在制度选择上的坚定性以及新中国政权的人民性等重大问题。

这篇雄文,从理论和实践层面为马克思主义理论与中国实际相结合提供了范本,发挥了典范作用;向世人讲清楚了新中国的国体和政体,发挥了新中国基本政治制度的宣传普及作用;表达出共产党人的历史使命,发挥了进一步明确共产党人历史责任的作用。

在毛泽东的开创下,中国共产党是一个善于总结经验的政党,每到重要历史节点,都要回望来路、明确方向、继续前进,不断走向伟大。

每到重要的历史节点,为了更好地前进,开创社会历史发展的新局面,中国共产党总要回望已经走过的路,总结党的光辉历程和取得的宝贵经验,提出继续前进的思想主张和政策举措。这是这个党不断取得胜利、不断走向伟大的一个重要法宝。

七十多年前的1949年6月30日,新华社播发了毛泽东的长篇文章《论人民民主专政》。这篇文章的立意,一是回看和总结中国共产党走过的28年,二是擘画即将诞生的人民政权。这篇文章问世后,引起国内外各界人士的高度关注,在随后各个历史时期都会引发政界、学界的深入思考和持续研究。这篇重要文章,也成为世人研究毛泽东人民民主专政理论、研究中国共产党执政理念的重要文献。

1949年6月,中华民族即将迎来天翻地覆的历史性巨变,旧的半殖民地半封建的社会历史即将终结,新的人民民主国家政权即将诞生;7月,中国共产党迎来28岁生日,"就像一个人一样","已经走过二十八年了","已经不是小孩子,也不是十几岁的年青小伙子",[1]而是一个成熟的大人了。正是在这个成熟的政党带领人民走向新社会的历史关口,毛泽东沉着冷静地深刻总结党的历史经验,思考我们党走向什么样的政治舞台的一系列重大问题。

---

[1] 见《毛泽东选集》第4卷《论人民民主专政》一文,人民出版社1991年版,第1468—1481页。以下凡未注明出处的引文,均出自该文,不再另行作注。

## 一、为什么在新中国前夕要写一篇结论性"论文"

在新中国即将成立的时候，写这样一篇重头文章，是基于总结经验、继续前进的大思路考虑，目的是要向党内外、国内外讲清楚中国共产党一路走来的一些根本经验和继续前进的一些重大问题。这件事，毛泽东非常看重。1949年6月24日，处在百忙之中的毛泽东，给秘书胡乔木交代了几个重要文稿的起草任务："写一篇纪念七一的论文（似不宜用新华社社论形式，而用你的名字为宜），拟一单纪念七七的口号……此两件请于六月最近两天拟好，以便于六月二十八日发出，六月二十九日各地见报……"毛泽东体谅胡乔木的辛苦，因此他在给胡乔木的信中特别交代："以上工作很繁重，都堆在你的身上，请你好好排列时间，并注意偷空睡足觉。你起草后，我给你帮忙修改，你可节省若干精力。"[1]本想让胡乔木来承担这个任务，但胡乔木刚刚被任命为新华通讯社社长，同样处在百忙之中，"论文"的初稿按时起草出来了，却没有达到毛泽东的要求。后来胡乔木回忆了这件事的过程，说道："稿子写出以后，结果没有用。毛主席自己写了纪念七一的文章，这就是著名的《论人民民主专政》。"胡乔木还说：新华社的主要稿件，"有的最后送毛主席审阅和修改。最重要的由毛主席亲自撰写"。[2]《论人民民主专政》这篇论文，就属"最重要"之列。胡乔木写出的稿子不能用，剩下只有两天左右时限，毛泽东只好自己动笔。在我们现在可查阅到的档案中，

---

[1]《毛泽东书信选集》，中央文献出版社2003年版，第301页。
[2]《胡乔木回忆毛泽东》，人民出版社1994年版，第466、464页。

留下了毛泽东起草的整整 31 页手稿，以及他反复修改的过程稿。在毛泽东修改定稿的首页上，专门注明了"新华社""急件"等字样。该文于 6 月 30 日由新华社全文播发，赶在 7 月 1 日中国共产党成立日这一天在《人民日报》头版头条刊发，报头还配发了"庆祝中国共产党二十八周年诞辰！""中国共产党万岁！"等标语。

之所以要在这个时间节点上回顾我们党所走过的道路，一是要找到一些带规律性的经验，二是要从中得出一些结论。这些经验和结论涉及这个党的根本。在《论人民民主专政》一文中，毛泽东多次明确提到中国共产党人在长期的革命斗争实践中取得的各种"经验"，既有归根结底的、总体层面的经验，也有内外政策的、具体层面的经验。梳理毛泽东在文中总结和提到的经验，以下几点特别值得我们关注。

一是提到"主要的和基本的经验"。毛泽东从内外政策角度总结了我们党 28 年的基本经验。他指出，在中国共产党领导下，中国革命的理论和实践，"都大大地向前发展了，根本上变换了中国的面目。到现在为止，中国人民已经取得的主要的和基本的经验，就是这两件事：（一）在国内，唤起民众。这就是团结工人阶级、农民阶级、城市小资产阶级和民族资产阶级，在工人阶级领导之下，结成国内的统一战线，并由此发展到建立工人阶级领导的以工农联盟为基础的人民民主专政的国家。（二）在国外，联合世界上以平等待我的民族和各国人民，共同奋斗。这就是联合苏联，联合各人民民主国家，联合其他各国的无产阶级和广大人民，结成国际的统一战线"。毛泽东明确概括了中国共产党人经过 28 年的探索，得出的有关对内对外两方面的"主要的和基本的经验",也就指明了这个党在内政外交方面制定系列政策的基本出发点。

二是提到归根结底"集中到一点"的经验。毛泽东反复强调说:"中国人民在几十年中积累起来的一切经验,都叫我们实行人民民主专政。""总结我们的经验,集中到一点,就是工人阶级(经过共产党)领导的以工农联盟为基础的人民民主专政。这个专政必须和国际革命力量团结一致。这就是我们的公式,这就是我们的主要经验,这就是我们的主要纲领。"这是对上一条经验的又一次集中的、精练的概括。讲的就是总结我们党 28 年历程的根本主题和主要结论。

三是提到选择政治制度和道路的经验。毛泽东从孙中山探索 40 年和中国共产党探索 28 年的各自经验角度,指明了我们所选择的这样一条道路:"一边倒,是孙中山的四十年经验和共产党的二十八年经验教给我们的,深知欲达到胜利和巩固胜利,必须一边倒。积四十年和二十八年的经验,中国人不是倒向帝国主义一边,就是倒向社会主义一边,绝无例外。骑墙是不行的,第三条道路是没有的。我们反对倒向帝国主义一边的蒋介石反动派,我们也反对第三条道路的幻想。"这里讲的"一边倒",并不仅仅是个外交方针,更重要的是讲我们选择的社会主义道路,"倒向社会主义一边"。这种道路的选择,是孙中山和中国共产党人经过长期实践探索得到的共同经验。

四是提到中国共产党所代表的无产阶级为什么能取得"基本胜利"的经验。毛泽东回答了一个关键性的问题:孙中山代表的资产阶级为什么"不可能领导任何真正的革命到胜利",而中国共产党代表的无产阶级为什么"取得了基本胜利"?毛泽东给出的答案是，因为我们有"战胜敌人的主要武器"，那就是有区别于其他阶级和政党的一个党、一个军队、一个统一战线，这就是毛泽东所说的："我们的二十八年，就大不相同。我们有许多宝贵的经验。一个有纪律的，有马克思列宁主义的理论武装的，采取自我批评方法的，联系人民群众的党。一个由这样的党领导的军队。一个由这样的党领导的各革命阶级各革命派别的统一战线。这三件是我们战胜敌人的主要武器。这些都是我们区别于前人的。依靠这三件，使我们取得了基本的胜利。"毛泽东点明，这个胜利的关键，还在于由谁来领导，"只有工人阶级最有远见，大公无私，最富于革命的彻底性。整个革命历史证明，没有工人阶级的领导，革命就要失败，有了工人阶级的领导，革命就胜利了"。毛泽东点明的这条经验，既是世界各国的实践经验，更是中国革命的实践经验。他认为，在帝国主义时代，一方面任何国家的任何别的阶级，都不能领导任何真正的革命达到胜利；另一方面，中国的小资产阶级和民族资产阶级曾经多次领导过革命，也都失败了。这些，"就是明证"。

五是提到处理好独立自主和国际援助关系的经验。毛泽东从反驳一些错误想法、错误提法的角度，讲到了我们得出的一些经验，比如，他反驳了"不要国际援助也可以胜利"的错误想法，指出："在帝国主义存在的时代，任何国家的真正的人民革命，如果没有国际革命力量在各种不同方式上的援助，要取得自己的胜利是不可能的。胜利了，要巩固，也是不可能的。""这件事，中国人民的经验是太多了。孙中山临终时讲的那句必须联合国际革命力量的话，早已反映了这一种经验。"又比如，他进一步从"有了经验"角度，反驳了当时有人提出的"我们需要英美政府的援助"的提法,断然指出:"在现时,这也是幼稚的想法。"因为"孙先生有了经验了,他吃过亏,上过当。我们要记得他的话,不要再上当"。这就是说,中国共产党人处理独立自主和国际援助的关系,不仅从自身探索中得出了宝贵的经验,而且也汲取了孙中山"吃过亏,上过当"的经验教训。

六是专门提到了教育农民的经验。毛泽东历来关注中国农民问题,他始终认为农民是中国社会的"基本群众"。[1]在《新民主主义论》中,毛泽东特别指出,"中国的革命实质上是农民革命","农民问题,就成了中国革命的基本问题,农民的力量,是中国革命的主要力量"。[2]早在1927年写作《湖南农民运动的考察报告》时,他就指出,农民的力量"其势如暴风骤雨,迅猛异常","他们将冲决一切束缚他们的罗网,朝着解放的路上迅跑"。但问题是,这些农民绝大多数未受到过文化教育,我们党应该"站在他们的前头领导他们",把农民组织起来,并开展文化运动,通过发展农民运动,农民的文化程度才"迅速地提高"。[3]到了写作《论人民民主专政》这篇文章时,毛泽东再次以苏联经验为例,从农村经济结构角度讲了教育、引导农民的重要性,指出:"严重的问题是教育农民。农民的经济是分散的,根据苏联的经验,需要很长的时间和细心的工作,才能做到农业社会化。"他还特别强调:"没有农业社会化,就没有全部的巩固的社会主义。"

在新中国即将诞生之际,毛泽东总结我们党历经28年探索

---

[1]《毛泽东选集》第1卷,人民出版社1991年版,第160页。
[2]《毛泽东选集》第2卷,人民出版社1991年版,第692页。
[3]《毛泽东选集》第1卷,人民出版社1991年版,第13、39—40页。

得到的经验后,还要进一步告诉我们一些基本的结论。而这些结论,恰恰是紧紧围绕一些关键性问题展开的。比如,毛泽东阐述了一个关键性结论,即必须走社会主义的道路。这个结论,他是通过"走俄国人的路——这就是结论"这个角度表达出来的。又比如,毛泽东阐述了另一个关键性结论,"必须唤起民众,及联合世界上以平等待我之民族,共同奋斗"。这个结论,他是通过以孙中山为例表达出来的:"孙中山和我们具有各不相同的宇宙观,从不同的阶级立场出发去观察和处理问题,但在二十世纪二十年代,在怎样和帝国主义作斗争的问题上,却和我们达到了这样一个基本上一致的结论。"再比如,毛泽东还阐述了一个关键性的结论,即必须建立人民共和国,实行人民民主。这个结论,是毛泽东总结中国社会进程的历史,直接得出的一个根本性结论:"西方资产阶级的文明,资产阶级的民主主义,资产阶级共和国的方案,在中国人民的心目中,一齐破了产。资产阶级的民主主义让位给工人阶级领导的人民民主主义,资产阶级共和国让位给人民共和国。"这是中国社会发展历史所证明了的,更是中国共产党走上中国政治舞台后经历的实践所证明了的。在中国不可能走资产阶级民主和资产阶级共和国的道路。中国社会的发展方向只能是建立人民民主政权,实行人民民主专政,并通过人民民主专政,才能真正达到民族独立、国家富强、人民自由幸福,最终实现中华民族伟大复兴的目标。

由此可见,在新中国成立前夕,毛泽东通过回顾总结党领导人民的奋斗历程和宝贵经验,就是要告诉人们,我们走过了一条什么样的路,我们今后要遵循什么样的原则、往哪个方向继续前进。

《论人民民主专政》一文，原本的切入点就是"纪念七一"，所以毛泽东写这篇文章时，原拟的主标题就是"二十八年"，定稿前改了主标题，副标题定为"纪念中国共产党二十八周年"。从构思这篇文章起，以纪念中国共产党成立二十八年切入，这是确定的。但是，如何回看和总结已经走过的二十八年，站在怎样的基点上展望和走向未来？毛泽东在文章开头，就提醒世人：中国共产党"是一个大人了"，我们"是共产主义者"，看问题"有正确的宇宙观"，"懂得事物的生存和发展规律""懂得辩证法""看得远些"。这就清楚地表明，毛泽东写这篇文章，就是要告诉人们一种世界观和方法论，表达共产党人的一种战略思维。毛泽东还要清晰地告诉人们，我们这个党要往哪里去。他在文章的结尾处，坚定而自信地说："我们完全可以依靠人民民主专政这个武器，团结全国除了反动派以外的一切人，稳步地走到目的地。"

## 二、毛泽东总结中共28年历史思考了哪些重大问题

在迎接新中国的历史节点上，站在社会历史的巨变面前，毛泽东通过总结党的历史经验，思考了哪些重大问题呢？我们从《论人民民主专政》一文中，可以得到一些答案。

### （一）有关中国共产党人在理论上的坚定性

站在历史的转折点、交汇点上，一个大国大党，要把握正确的世界观（宇宙观），懂得历史的辩证法，这就要求我们牢牢掌握马克思主义理论，并且树立理论自信。因此，理论上的坚定性，是毛泽东写作这篇论文首先要强调的问题。

毛泽东开篇强调，我们"是共产主义者"，要树立正确的宇宙观即正确的历史观。他指出，中国共产党人懂得一些人类社会发展的真理，一是得益于二十八年的革命实践，二是得益于马克思列宁主义的指导。他说："我们党走过二十八年了，大家知道，不是和平地走过的，而是在困难的环境中走过的，我们要和国内外党内外的敌人作战。谢谢马克思、恩格斯、列宁和斯大林，他们给了我们以武器。这武器不是机关枪，而是马克思列宁主义。"毛泽东在文中反复强调了马克思列宁主义在建立中国共产党、理论武装这个党，以及用马克思主义指导中国革命实践从而使中国社会发生巨大变化等方面的极端重要性。他指出："俄国人举行了十月革命，创立了世界上第一个社会主义国家。""这时，也只是在这时，中国人从思想到生活，才出现了一个崭新的时期。中国人找到了马克思列宁主义这个放之四海而皆准的普遍真理，中国的面目就起了变化了。""十月革命一声炮响，给我们送来了马克思列宁主义。十月革命帮助了全世界的也帮助了中国的先进分子，用无产阶级的宇宙观作为观察国家命运的工具，重新考虑自己的问题。"毛泽东提醒人们，观察人类社会发展，就是要掌握这样的历史观、这样的辩证法，就要牢牢掌握马克思列宁主义。作为一个"共产主义者"，一个共产党人，必须具有这种理论上的坚定性，否则"就不是共产主义者"。毛泽东在这篇文章中，多次提到马克思列宁主义的真理性，提到了共产党人坚持这一真理的坚定性。

（二）有关中国人民所走道路的坚定性

站在历史的转折点、交汇点上，中国共产党在领导人民即将取得全国性胜利的时候，必须坚定地回答我们要走一条什么样的道路，也就是要坚定我们的道路自信。因此，道路的坚定性，是毛泽东写作这篇总结性论文所要表达的一个主要结论。

毛泽东坦言，中国人找到马克思主义，主要是通过俄国人介绍的；中国人所走的革命道路，也与俄国人相似。毛泽东认为，"俄国人曾经在几十个年头内，经历艰难困苦，方才找到了马克思主义。中国有许多事情和十月革命以前的俄国相同，或者近似"。"先进的人们，为了使国家复兴，不惜艰苦奋斗，寻找革命真理，这是相同的"。正是俄国人所走的社会主义道路，所创立的"世界上第一个社会主义国家"，让"中国人和全人类对俄国人都另眼相看了"。随着中国人从思想到生活"一个崭新的时期"的来临，中国人所要选择的道路，也就有了方向。所以毛泽东坚定地告诉人们："走俄国人的路——这就是结论。"也就是说，我们所走的路，既是从俄国人的探索中得到的启发，同时也是中国共产党领导人们历经艰难困苦自己探索的结果。

方向有了，但这条路怎么走呢？毛泽东清晰地指出，中国人民只有在中国共产党领导之下，才有可能取得"基本的胜利"。毛泽东还告诉人们，在中国共产党的领导下，从中国自身的实际出发，中国人民找到了这样一条道路："经过人民共和国到达社会主义和共产主义，到达阶级的消灭和世界的大同。"毛泽东形象地比喻说："康有为写了《大同书》，他没有也不可能找到一条到达大同的路。资产阶级的共和国，外国有过的，中国不能有，因为中国是受帝国主义压迫的国家。唯一的路是经过工人阶级领导的人民共和国。"而"一切别的东西都试过了，都失败了"。

毛泽东在文中还特别强调，我们要在所选的这条道路上坚定地走下去,中国人民自己要用人民民主的方法,"教育自己和改造自己","不使自己走入反动派指引的错误路上去,并继续前进,向着社会主义社会和共产主义社会前进"。

## (三)有关新中国政权在制度选择上的坚定性

站在历史的转折点、交汇点上,中国共产党在即将取得全国政权的时候,必须清楚地回答将要建立一个什么样的政权,建立一个什么样的政治制度。因此制度选择上的坚定性,是毛泽东特别需要表达的一个主题,也就是要表达共产党人的制度自信。

毛泽东的回答非常清楚,中国共产党所要建立的国家政权的性质,就是"建立工人阶级领导的以工农联盟为基础的人民民主专政的国家"。我们的制度选择,是在这样的国体下确定的,在这个前提下,我们要建立的,就是一个"伟大的光辉灿烂的社会主义国家"。

在回应那些"外国反动派"所诬称中共所要建立的制度为"你们独裁"时,毛泽东干脆利落地说:"可爱的先生们,你们讲对了。"他坦言,实行人民民主专政,就是"人民民主独裁","就是剥夺反动派的发言权,只让人民有发言权"。这一回答,充分反映了毛泽东在制度设计上的高度自信。他明确指出:中国人民在中国共产党领导下,"团结起来,组成自己的国家,选举自己的政府,向着帝国主义的走狗即地主阶级和官僚资产阶级以及代表这些阶级的国民党反动派及其帮凶们实行专政,实行独裁,压迫这些人,只许他们规规矩矩,不许他们乱说乱动"。他特别指出了这种制度对反动派"实行专政,实行独裁",而"对于人民内部,则实行民主制度"的内容,强调了"人民民主专政的国家制度"。这样的制度,与那些"骂我们实行'独裁'或'极权主义'的外国反动派"的制度恰恰相反,"他们实行了资产阶级对无产阶级和其他人民的一个阶级的独裁制度,一个阶级的极权主义"。[1] 这种在制度选择上的坚定性,充分反映了毛泽东对马克思主义国家学说的深刻把握,是毛泽东在制度问题上高度自信的表现。

## (四)有关新中国政权的人民性

站在历史的转折点、交汇点上,中国共产党人还必须清晰地表达自己执政的根本立场和根本宗旨。因此,毛泽东在论文中讲清楚了这样一个道理:我们要建立的是人民的国家,我们的政权是人民民主专政的政权。也就是说,我们这个党,主张的是"党性"和"人民性"的高度统一。

中国共产党历来强调,人民立场是其根本的政治立场,为人民服务是其根本宗旨。真正代表人民大众的利益、完全彻底地反映人民群众的呼声,就是这个党"人民性"的体现,也是这个党建立政权的根基和出发点。正如毛泽东所说的:"我们共产党人区别于其他任何政党的又一个显著的标志,就是和最广大的人民群众取得最密切的联系。全心全意地为人民服务,一刻也不脱离群众;一切从人民的利益出发,而不是从个人或小集团的利益出发;向人民负责和向党的领导机关负责的一致性;这些就是我们的出发点。"[2]

---

[1] 本段引文均出自《毛泽东选集》第4卷,人民出版社1991年版,第1475、1478页。
[2]《毛泽东选集》第3卷,人民出版社1991年版,第1094—1095页。

《论人民民主专政》一文，通篇充满着人民立场和人民情怀，明确而深刻地回答了中国共产党领导的政权采取什么样的态度对待人民的问题，也清晰地告诉世人这个政权如何对待反动阶级的问题。毛泽东指出："人民的国家是保护人民的。有了人民的国家，人民才有可能在全国范围内和全体规模上，用民主的方法，教育自己和改造自己。"

毛泽东还深刻阐释了"人民"的概念："人民是什么？在中国，在现阶段，是工人阶级，农民阶级，城市小资产阶级和民族资产阶级。"他特别强调了人民民主的政权对待人民和对待反动派截然不同的态度："我们对于反动派和反动阶级的反动行为，决不施仁政。我们仅仅施仁政于人民内部，而不施于人民外部的反动派和反动阶级的反动行为。"对于人民内部的矛盾，"我们在这方面使用的方法，是民主的即说服的方法，而不是强迫的方法"。

文章还反复提到了中国人民特别是"一般平民"长期以来所受封建地主阶级、官僚资产阶级即垄断资产阶级等的专政工具压迫的情形，他指出："蒋介石背叛孙中山，拿了官僚资产阶级和地主阶级的专政作为压迫中国平民的工具。这个反革命专政，实行了二十二年，到现在才为我们领导的中国平民所推翻。"毛泽东所表达的这种人民立场，以及人民意识、平民意识，恰恰是由中国共产党的立场和宗旨决定的。

## 三、通过总结党的历史经验发挥了什么样的作用

毛泽东特别看重"革命转折关头（那怕是暂时的局部的转

变 )"的"历史经验"。[1]他还专门说过,善于总结经验,是我们党自信的表现,"对历史经验进行了总结,对当前的形势和前途都有明确的认识,因此我们有巩固的信心"。[2]善于深入总结历史经验并自信规划未来,是以毛泽东为代表的中国共产党人开启的一个优良传统,也是这个党每到重大历史关头的一个重要举措。

毛泽东《论人民民主专政》这篇文章,是在中国新民主主义革命取得决定性胜利和中国共产党即将取得全国性政权的时刻写的,具有重要的理论意义和实践意义,起到了极为重要的作用。

(一)这篇雄文,从理论和实践层面为马克思主义理论与中国实际相结合提供了范本,发挥了典范作用。

从理论层面上讲,马克思主义理论在中国革命实践中得到了创造性发展,特别是丰富和发展了马克思主义的国家学说,为中国共产党进行全国执政奠定了重要的理论基础;从实践层面上讲,中国共产党领导人民进行艰苦卓绝的伟大斗争达到了阶段性目标,有了实践的结晶,将要召开的新政协会议有了指导方针的遵循,即将建立的新中国也有了基本的政治框架和制度基础。毛泽东的这篇极为重要的政治论文,为制定《中国人民政治协商会议共同纲领》和后来制定中华人民共和国宪法,都提供了基本的制度依据。

(二)这篇雄文,向世人讲清楚了新中国的国体和政体,发挥了新中国基本政治制度的宣传普及作用。

亲眼看到毛泽东写作《论人民民主专政》一文的胡乔木,后

---

[1]《毛泽东文集》第2卷,人民出版社1993年版,第218页。
[2]《毛泽东文集》第3卷,人民出版社1996年版,第435页。

来在回忆毛泽东的时候这样说过："在政治方面，国体政体是建立新中国时首先要回答的问题。""在1949年1月会议上，毛主席对人民民主专政的含义作了进一步的解释。""这是基本问题，必须讲清。讲清就有主动权，否则就没有主动权，没有道理好讲。半年以后，毛主席自己动笔写了《论人民民主专政》，把这个道理讲给全国人民听。""关于政体问题，毛主席一直坚持《新民主主义论》和《论人民民主专政》中提出的主张，认为人民民主专政国家应该采取民主集体制的各级人民代表会议制度，中央和地方各级政府，都应当由各级人民代表大会选举。"[1]这些基本问题，涉及中国共产党人及其领导的国家安身立命的基础，这些问题如果不从政治高度和理论深度上讲清楚，就会出现混乱。毛泽东从总结党的历史经验的角度出发，把一些重大而基本的问题讲清楚了。

（三）这篇雄文，表达出共产党人的历史使命，发挥了进一步明确共产党人历史责任的作用。

在这篇文章的开头处，毛泽东就点明了共产党人有"自己的历史使命"，要实现"人类进步的远景"。在这篇文章的结尾处，毛泽东进一步告诫全党同志："党的二十八年是一个长时期，我们仅仅做了一件事，这就是取得了革命战争的基本胜利。""但是我们的事情还很多，比如走路，过去的工作只不过是像万里长征走完了第一步。"而早在3月份召开的中共七届二中全会上做报告时，毛泽东就特别提到我们党肩负的历史责任："我们很快就要在全国胜利了。这个胜利将冲破帝国主义的东方战线，具有伟

---

[1] 本段引文均出自《胡乔木回忆毛泽东》，人民出版社1994年版，第541、542页。

大的国际意义。夺取这个胜利，已经是不要很久的时间和不要花费很大的气力了；巩固这个胜利，则是需要很久的时间和要花费很大的气力的事情。"因此毛泽东当时就告诫全党同志："夺取全国胜利，这只是万里长征走完了第一步"，"革命以后的路程更长，工作更伟大，更艰苦"。毛泽东由此提出了"两个务必"即"务必使同志们继续地保持谦虚、谨慎、不骄、不躁的作风，务必使同志们继续地保持艰苦奋斗的作风"的要求。[1] 三个多月以后，在与各方面协商建国的过程中，毛泽东再次在《论人民民主专政》一文中，对党内同志提出了告诫：目前的胜利，"只不过是像万里长征走完了第一步"。以后怎么办？以什么样的精神状态走向未来？毛泽东给我们这个党提出了一些基本的要求。

一是必须明白我们这个党与其他政党的根本区别。毛泽东在文中提到的根本区别是，我们这个党有严格的纪律，牢固掌握着马克思列宁主义的理论武装，并采取自我批评的方法，深入联系人民群众。毛泽东也强调，我们这个党是从困难和挫折中走过来的，困难甚至错误并不可怕。他说："错误和挫折教训了我们，使我们比较地聪明起来了，我们的事情就办得好一些。任何政党，任何个人，错误总是难免的，我们要求犯得少一点。犯了错误则要求改正，改正得越迅速，越彻底，越好。"

二是必须端正态度加强学习，依靠学习走向未来。毛泽东提出了我们党面临的许多未完成的任务："残余的敌人尚待我们扫灭。严重的经济建设任务摆在我们面前。我们熟习的东西有些快要闲起来了，我们不熟习的东西正在强迫我们去做。""我们必须

---

[1]《毛泽东选集》第4卷，人民出版社1991年版，第1438—1439页。

克服困难，我们必须学会自己不懂的东西。我们必须向一切内行的人们（不管什么人）学经济工作。拜他们做老师，恭恭敬敬地学，老老实实地学。不懂就是不懂，不要装懂。""钻进去，几个月，一年两年，三年五年，总可以学会的。"

三是必须放下架子与人民群众打成一片，"不要摆官僚架子"。毛泽东特别强调了我们党不要脱离群众、不要脱离社会现实的问题。只有紧紧"联系人民群众"，与人民群众同呼吸共命运，"团结全国除了反动派以外的一切人"，我们党才能更好地走向未来。

总之，毛泽东的这篇论文，既是对中国共产党已经走过的历史的重要总结，也是对我们党领导人民继续前进的一篇宣言书；既是我们党实践探索的阶段性成果，也是我们党理论思考的创造性成果。我们党是善于回顾历史、总结经验的成熟的马克思主义政党，也是善于展望未来、引领方向的成熟的政治集团。自这篇论文发表以后，人们每每读起来，都能从中体会到它说理的坚定性和理论的穿透力。重温这篇重要文献，体会其中的核心要义，可以使我们更加清醒地前进，正如毛泽东所说："稳步地走到目的地。"

# 回 应

## 1949年毛泽东回答有关新中国的几个问题

讲到毛泽东是中华人民共和国的主要缔造者，还可以把观察问题的视线拉回到1949年缔造新中国的一些片断上来。

我们常说，走得再远，也要记住来时的路，不忘初心！毛泽东主持缔造新中国的历史过程和桩桩事件，政治的、军事的、经济的、文化的……，文的、武的，人们已经非常熟悉了，无须赘述。但是，从一些细微的角度回顾1949年的一些文事，特别是重温毛泽东当年亲自回答的一些重大问题，会给我们许多初心和使命上的启示。

1949年，以毛泽东为主要代表的中国共产党人带领人民经过28年苦苦追寻和浴血奋战，迎来了一个由人民当家做主的全新的历史新纪元。这年9月30日，在中国人民政治协商会议第一届全体会议闭幕式上，通过了一份由毛泽东主席亲自起草的《中国人民政治协商会议宣言》，其中明确写道："中国的历史，从此开辟了一个新的时代。"[1]作为引领这个时代的伟大人物，站在历史的转折点上，毛泽东关注、思考并回应、回答了一系列关系全局的重

---

[1]《毛泽东文集》第5卷，人民出版社1996年版，第348页。

大理论问题和实践问题。这里，我们不可能一一复述这些问题的全部，仅就 1949 年期间的一些片断，做点挂一漏万的局部简述。

## 一、回答经济悲观论调："善于建设一个新世界"，"将活得比帝国主义国家要好些"

打破一个旧世界不容易，而建设一个新中国更难。自 1948 年中共中央发布"五一口号"起，在中国共产党领导下迅速召开新政治协商会议、成立民主联合政府、筹建新中国的历史大剧，由此拉开了序幕。

进入 1949 年，面对历史的大转折、大变革，正在中国共产党着手筹建新中国的时候，社会上基于主客观因素特别是对我们党即将建立的新社会的经济基础和所要采取的经济战略不清楚，出现了一种经济悲观论调，这种论调很快传到党内，就像毛泽东指出的："在理论和原则性的问题上，党内是存在着许多糊涂思想。"这种"糊涂思想"，将从根基上严重影响即将来临的新中国建设。毛泽东清楚地看到了这个带根本性的问题，并决定亲自做出回答："这个问题应当怎样来回答呢？我们认为应当这样地来回答。"[1] 这就是党的七届二中全会要重点解决的问题。

1949 年 3 月 5 日至 13 日，中共中央用了九天时间，在河北省平山县西柏坡这个小山村里，召开了新中国成立前最后一次中央全会。从这次会议上毛泽东分别在开幕时的报告和闭幕时的结论中，不难看出毛泽东对我们党和即将成立的新中国的深邃思

---

[1]《毛泽东选集》第 4 卷，人民出版社 1991 年版，第 1430 页。

考。七届二中全会对我们党及其筹建新中国的影响,在这里无须多言。概括起来说,毛泽东在会上提出了促进革命迅速取得全国胜利和组织这个胜利的各项方针;说明了在全国胜利的局面下,党的工作重心必须由乡村转移到城市,城市工作必须以生产建设为中心;规定了党在全国胜利以后,在政治、经济、外交方面应当采取的基本政策,特别着重地分析了当时中国经济各种成分的状况和党所必须采取的正确政策,指出了中国由农业国转变为工业国、由新民主主义社会转变为社会主义社会的发展方向;等等。

极为重要的是,这次会议还留下了我们党的一份至为宝贵的精神财富,即后来无论在任何国际国内形势复杂变化中,无论我们党面临何种复杂环境和伟大斗争条件下,我们全党都必须保持的清醒头脑,保持的一种坚定的思想状况和精神状态:"务必使同志们继续地保持谦虚、谨慎、不骄、不躁的作风,务必使同志们继续地保持艰苦奋斗的作风。"[1]

也恰恰是这个时候,党内出现了两种比较明显的思想倾向,一种是骄傲自满、功成名就的思想状态;一种是本领恐慌、畏惧悲观的"糊涂思想"。两种思想状态都不利于我们党即将面临的伟大时代。

对前一种思想情绪,毛泽东语重心长地告诫大家:"我们很快就要在全国胜利了。这个胜利将冲破帝国主义的东方战线,具有伟大的国际意义。夺取这个胜利,已经是不要很久的时间和不要花费很大的气力了;巩固这个胜利,则是需要很久的时间和要花费很大的气力的事情。资产阶级怀疑我们的建设能力。帝国主

---

[1]《毛泽东选集》第4卷,人民出版社1991年版,第1438页。

义者估计我们终久会要向他们讨乞才能活下去。因为胜利，党内的骄傲情绪，以功臣自居的情绪，停顿起来不求进步的情绪，贪图享乐不愿再过艰苦生活的情绪，可能生长。因为胜利，人民感谢我们，资产阶级也会出来捧场。敌人的武力是不能征服我们的，这点已经得到证明了。资产阶级的捧场则可能征服我们队伍中的意志薄弱者。可能有这样一些共产党人，他们是不曾被拿枪的敌人征服过的，他们在这些敌人面前不愧英雄的称号；但是经不起人们用糖衣裹着的炮弹的攻击，他们在糖弹面前要打败仗。我们必须预防这种情况。夺取全国胜利，这只是万里长征走完了第一步。如果这一步也值得骄傲，那是比较渺小的，更值得骄傲的还在后头。在过了几十年之后来看中国人民民主革命的胜利，就会使人们感觉那好像只是一出长剧的一个短小的序幕。剧是必须从序幕开始的，但序幕还不是高潮。中国的革命是伟大的，但革命以后的路程更长，工作更伟大，更艰苦。"[1]毛泽东在这里特别提醒大家："这一点现在就必须向党内讲明白。"[2]这就是毛泽东给全党的回答，因此才有"两个务必"的告诫和提醒，才有"继续地保持"两种作风的交代。

对后一种思想状况，主要反映在即将接管城市带来的系列困惑上。因为这种困惑，引发了经济上的悲观论调。这种悲观论调，被毛泽东称为"理论和原则性的问题上"的"糊涂思想"。对此，毛泽东直面作答："应当这样地来回答。"他在讲话中用了较大的篇幅专门回答这个问题，概括起来，是以"一总七分"的

---

[1]《毛泽东选集》第4卷，人民出版社1991年版，第1439页。
[2]同上。

方式回答的。

"一总"，即总体上的回答，主要针对的是那种认为中国工业"现代性"不足的顾虑。毛泽东指出："中国的工业和农业在国民经济中的比重，就全国范围来说，在抗日战争以前，大约是现代性的工业占百分之十左右，农业和手工业占百分之九十左右。这是帝国主义制度和封建制度压迫中国的结果，这是旧中国半殖民地和半封建社会性质在经济上的表现，这也是在中国革命的时期内和在革命胜利以后一个相当长的时期内一切问题的基本出发点。从这一点出发，产生了我党一系列的战略上、策略上和政策上的问题。对于这些问题的进一步的明确的认识和解决，是我党当前的重要任务。"回答这一问题，毛泽东指出了我们党认识问题和解决问题的出发点，也明确了我们党"当前的重要任务"。

明确了我们党在经济战略和策略上的重要任务以后，毛泽东分别从七个方面，批评了"左"和右的观点，阐明了我们党领导新中国经济走向"现代化发展的可能性"问题。

第一个方面，毛泽东认为，中国共产党产生和发挥领导作用，有坚实的经济基础。中国已经具有的百分之十左右的、具有进步性的"现代性的工业经济"，这是无产阶级政党产生的基础，也是中国共产党领导中国人民革命的资格。

第二个方面，毛泽东指出，我们党领导的土地所有制改革，正在进一步巩固我们的基础。中国还有百分之九十左右的分散的个体的、具有落后性的农业经济和手工业经济，但是，我们党领导进行的土地所有制改革，"取得了或者即将取得使我们的农业和手工业逐步地向着现代化发展的可能性"。

第三个方面，毛泽东肯定，国营经济将是"整个国民经济的领导成分"。中国的现代性工业的产值中，最大的和最主要的资本是集中在帝国主义者及官僚资产阶级的手里，没收这些资本归无产阶级领导的人民共和国所有，就使人民共和国掌握了国家的经济命脉，使国营经济成为整个国民经济的领导成分。这一部分经济，是社会主义性质的经济，不是资本主义性质的经济。

第四个方面，毛泽东提出，可以利用资本主义，但必须受限制，不能任其泛滥，要有利于国民经济的向前发展。中国的私人资本主义工业，占了现代性工业中的第二位，在革命胜利以后一个相当长的时期内，还需要尽可能地利用城乡私人资本主义的积极性，以利于国民经济的向前发展。但是，中国资本主义的存在和发展，不是如同资本主义国家那样不受限制任其泛滥的。它将被限制地发展，限制和反限制，将是新民主主义国家内部阶级斗争的主要形式。

第五个方面，毛泽东提出，对占绝大多数比例的个体农业和手工业，必须加以引导，组织合作社，不能放任自流。占国民经济总产值百分之九十的分散的个体的农业经济和手工业经济，是可能和必须谨慎地、逐步地而又积极地引导它们向着现代化和集体化的方向发展的，任其自流的观点是错误的。必须组织生产的、消费的和信用的合作社，和中央、省、市、县、区的合作社的领导机关。这种合作社是以私有制为基础的在无产阶级领导的国家政权管理之下的劳动人民群众的集体经济组织。中国人民的文化落后和没有合作社传统，可能使得我们遇到困难；但是可以组织，必须组织，必须推广和发展。单有国营经济而没有合作社经济，我们就不可能领导劳动人民的个体经济逐步地走向集体化，就不可能由新民主主义社会发展到将来的社会主义社会，就不可能巩固无产阶级在国家政权中的领导权。国营经济是社会主义性质的，合作社经济是半社会主义性质的，加上私人资本主义，加上个体经济，加上国家和私人合作的国家资本主义经济，这些就是人民共和国的几种主要的经济成分，这些就构成新民主主义的经济形态。

第六个方面，毛泽东果断地提出，新生的人民共和国，要采取内外贸方面节制和统制的基本政策。人民共和国的国民经济的恢复和发展，没有对外贸易的统制政策是不可能的。对内的节制资本和对外的统制贸易，是这个国家在经济斗争中的两个基本政策。

第七个方面，毛泽东进一步批驳经济悲观论者，明确指出，不能只看到中国经济的落后一面，更主要的是要看到中国共产党的领导和中国人民的奋斗精神。中国的经济遗产是落后的，但是中国人民是勇敢而勤劳的，中国人民革命的胜利和人民共和国的建立，中国共产党的领导，加上世界各国工人阶级的援助（主要提到了苏联的援助），中国经济建设的速度将不是很慢而可能是相当地快的，中国的兴盛是可以计日程功的。

以详尽的内容、大篇幅地说清了上述总体任务和七个方面的依据以后，毛泽东最后肯定地回答说："对于中国经济复兴的悲观论点，没有任何的根据。"[1]

有了上述科学、求实和充分自信的分析，毛泽东才坚定地提出，只要我们党认真地团结全体工人阶级、全体农民阶级和广大的革命知识分子，团结尽可能多的能够同我们合作的城市小资产

---

[1]《毛泽东选集》第4卷，人民出版社1991年版，第1430—1434页。

阶级和民族资产阶级的代表人物,巩固无产阶级专政的领导力量和基础力量,那么在革命胜利以后,我们就能够迅速地恢复和发展生产,使中国稳步地由农业国转变为工业国,把中国建设成一个伟大的社会主义国家。毛泽东自信地说:"我们能够学会我们原来不懂的东西。我们不但善于破坏一个旧世界,我们还将善于建设一个新世界。中国人民不但可以不要向帝国主义者讨乞也能活下去,而且还将活得比帝国主义国家要好些。"[1]

毛泽东的上述分析,既看到了我们存在的不足,又科学、求实地找到我们的优势和长处,指明了我们发展的方向。这充分反映了毛泽东在驳斥悲观论者时的自信和坚定,也从另一个角度对当时社会上流传的一种"共产党军事上打100分,政治上打80分,经济上打0分"论调进行了有力的驳斥。

## 二、讲清政治制度构架:"集中到一点,就是工人阶级(经过共产党)领导的以工农联盟为基础的人民民主专政"

这个问题,本书另有专章记述。这里只做一简要概括。

1949年6月,新的政治协商会议共同纲领已见雏形,建立新中国的步伐也日益紧促。站在历史的转折点上,在中国共产党即将走向全国执政、建立新政权的时候,必须清楚地回答我们将要建立的是一个什么样的政权,建立一个什么样的政治制度。全面、系统地回答这个至关重要的问题,毛泽东是通过撰写论文的形式来解决的。他曾经对秘书胡乔木提出:"写一篇纪念七一的

---

[1]《毛泽东选集》第4卷,人民出版社1991年版,第1439页。

论文。"[1]本想让胡乔木来承担这个任务,但胡乔木的初稿起草出来后,没有达到毛泽东的要求。后来胡乔木回忆了这件事的过程,说道:"稿子写出以后,结果没有用。毛主席自己写了纪念七一的文章,这就是著名的《论人民民主专政》。"[2]

1949年6月30日,新华社全文播发了毛泽东亲笔撰写的《论人民民主专政》;7月1日,在中国共产党成立28周年的日子由《人民日报》头版整版刊出。这篇"论文",总结了中国共产党成立以来领导民主革命的基本经验,阐述了人民民主专政的基本思想。其中明确指出:"中国人民在几十年中积累起来的一切经验,都叫我们实行人民民主专政。""对人民内部的民主方面和对反动派的专政方面,互相结合起来,就是人民民主专政。"文章特别强调:"总结我们的经验,集中到一点,就是工人阶级(经过共产党)领导的以工农联盟为基础的人民民主专政。这个专政必须和国际革命力量团结一致。这就是我们的公式,这就是我们的主要经验,这就是我们的主要纲领。""我们完全可以依靠人民民主专政这个武器,团结全国除了反动派以外的一切人,稳步地走到目的地。"

对为什么要叫"人民民主专政"这个概念,毛泽东在1949年年初接见来华了解中国革命进展和即将建立新政权情况的苏共中央政治局委员米高扬时,做过这样的解释:"这个政权的性质简括地讲就是:在工农联盟基础上的人民民主专政,而究其实质就是无产阶级专政。不过对我们这个国家来说,称为人民民主专

---

[1]《毛泽东书信选集》,中央文献出版社2003年版,第301页。
[2]《胡乔木回忆毛泽东》,人民出版社1994年版,第466、464页。

政更为合适、更为合情合理。"[1]毛泽东还说明,这个政权的组成必须是个联合政府,但国家政权的领导权是在中国共产党手里的,中国共产党是核心、是骨干。这样的新政权建立后,需要不断加强和扩展统战工作。

除了通过上述"论文"在理论上讲清楚人民民主专政的问题外,毛泽东还特别关注实践的发展。就是在新中国中央人民政府成立后,毛泽东随时注意地方各级人民政权的建设,他亲自发现和总结推广了一些地方的基础民主建设经验。比如,他推广过华东地区的经验,1949年10月13日,为转发上海附近松江县创造的召开全县各界人民代表会议的经验,毛泽东起草了给各中共中央局负责人的电报,提出:"请即通令所属一律仿照办理。这是一件大事。如果一千几百个县都能开起全县代表大会(笔者注:应为代表会议)来,并能开得好,那就会对于我党联系数万万人民的工作,对于使党内外广大干部获得教育,都是极重要的。务望仿照办理,抓紧去做。并请你们选择一个县,亲自出席,取得经验,指导所属。"他还要求华东各地省委、区党委、地委负责同志,"亲自出席若干县,取得经验,以利推广"。[2]再比如,他也推广过华北地区的经验,10月30日,他就华北经验要求各中央局和分局:各城市强调各地召开城市各界代表会议,一般都以当前生产上的重要问题为议题;推选代表既要有严肃性,又要有广泛的代表性。每次会议,应抓紧解决为广大群众所迫切要求解决的一两个问题。决议后一定要贯彻执行,不能执行的不要决

---

[1]师哲:《毛泽东在西柏坡会见米高扬》,《党的文献》1991年第6期。
[2]《毛泽东年谱(1949—1976)》第1卷,中央文献出版社2013年版,第16—17页。

定；决定了但行不通的，应向代表和群众说明道理，加以解释，以示信于人民。使每个代表都有发言的机会，是开好代表会议的关键。各界代表会议一定要和当前实际工作密切结合。[1]又比如，他还推广过华南地区经验，11月27日，他要求把广东的经验推广到华中局、华东局、西北局等地，提出：必须将这种市的县的各界人民代表会议看成团结各界人民，动员群众完成剿匪反霸，肃清特务，减租减息，征税征粮，恢复与发展生产，恢复与发展文化教育直至完成土地改革的极重要的工具，一律每三个月召开一次。并要求各级领导机关，必须充分注意给予指导，按时召开，总结经验，交流经验。[2]

总之，回答这个问题，毛泽东既有顶层设计上的思考，又有基层探索的总结。其中表达的主题，就是共产党人的制度自信，向世人昭告中国共产党带领人民在制度选择上的坚定性。正如他在《论人民民主专政》中所表述，中国共产党所要建立的国家政权的性质，就是工人阶级领导的以工农联盟为基础的人民民主专政的国家，就是一个伟大的光辉灿烂的社会主义国家。

### 三、回应外国势力干涉：搞清楚反动派的逻辑和人民的逻辑，"丢掉幻想，准备斗争"

如何认清外部势力干涉中国内政的本质，如何在西方侵略者惯用的谎言手段面前教育人民搞清真相、分清敌友，这是创建新

---

[1]《毛泽东年谱（1949—1976）》第1卷，中央文献出版社2013年版，第33—34页。
[2]同上书，第50页。

中国的时候我们党面临的又一个重大问题。在重大的历史关头，总会存在有模糊认识的人，甚至"有错误思想的人"，而这些人大多存在于知识界。对这样一些人，需要"进行说服工作"[1]。

正如毛泽东在宣布"中国人民站起来了"的时候所指出的："帝国主义者和国内反动派决不甘心于他们的失败，他们还要作最后的挣扎。在全国平定以后，他们也还会以各种方式从事破坏和捣乱，他们将每日每时企图在中国复辟。这是必然的，毫无疑义的，我们务必不要松懈自己的警惕性。"[2]这种"破坏和捣乱"，在新中国成立前后，从来就没有停止过，为此，毛泽东告诫那些干涉中国内政的外国政府："从中国事变中吸取教训"，"应当着手改变他们干涉中国内政的错误政策，采取和中国人民建立友好关系的政策"。[3]

恰恰就在这个时候，美国国务院于1949年8月发表了《美国与中国的关系》白皮书和美国国务卿艾奇逊为发表白皮书给总统杜鲁门的信。白皮书特别详细地叙述了抗日战争末期至1949年五年中间，美国实行扶蒋反共政策，千方百计反对中国人民革命，最后遭到失败的经过，公布了若干反对中国人民革命的真实材料。但却把美国侵略中国的政策说成是"对中国的关切""对中国的友谊"。还公开声称要鼓励中国的"民主个人主义者""再显身手"，推翻中国共产党领导的人民民主专政的政府，摆脱"苏联的控制"。

这份白皮书，实际上暴露了美国对华政策失败的真实记录，

---

[1]《毛泽东选集》第4卷，人民出版社1991年版，第1489页。
[2]《毛泽东文集》第5卷，人民出版社1996年版，第344页。
[3]《毛泽东年谱（1893—1949）》（修订本）下卷，中央文献出版社2013年版，第513页。

从另一方面展示了美国帝国主义者侵华的罪行，是一本绝妙的反面教材。为了帮助党内外人士提高警惕，并说服一些思想糊涂的人甚至"有错误思想的人"，毛泽东通过修改或起草新华社社论等方式，亲自做工作，并号召："先进的人们应当利用白皮书，向一切这样的人进行说服工作。"[1]

经毛泽东亲自安排部署，中国共产党从1949年8月中旬至9月中旬，连续以新华社社论形式，发表了《无可奈何的供状》《丢掉幻想，准备斗争》《别了，司徒雷登》《为什么要讨论白皮书》《"友谊"，还是侵略？》《唯心历史观的破产》六篇评论。这六篇评论中，后五篇是毛泽东亲自撰写的。这些重头社论文章，回答和回应了美国对华政策的真正面目，揭露了美国对华政策的侵略实质及其对中国革命的仇视，批评和教育了国内一部分知识分子对美国不切实际的幻想。

在撰写《丢掉幻想，准备斗争》这篇社论中，毛泽东揭露了美国对华政策的帝国主义本质，批评了国内一部分具有"民主个人主义思想"的人对美帝国主义的幻想，警告说："捣乱，失败，再捣乱，再失败，直至灭亡——这就是帝国主义和世界上一切反动派对待人民事业的逻辑，他们决不会违背这个逻辑的。"并提醒人们："斗争，失败，再斗争，再失败，直至胜利——这就是人民的逻辑，他们也是决不会违背这个逻辑的。"

在撰写《别了，司徒雷登》这篇社论中，毛泽东揭露了美国试图变中国为美国殖民地的侵略政策，明确表示："我们中国人是有骨气的。"并指出："中国还有一部分知识分子和其他人存有糊

---

[1]《毛泽东选集》第4卷，人民出版社1991年版，第1489页。

涂思想，对美国存有幻想，因此应当对他们进行说服、争取、教育和团结的工作，使他们站到人民方面来，不上帝国主义的当。"

在撰写《为什么要讨论白皮书》这篇社论中，毛泽东针对美国国务卿艾奇逊骂共产党领导的政府是"极权政府"的话，指出："这个政府是对于内外反动派实行专政或独裁的政府，不给任何内外反动派有任何反革命的自由活动的权利。反动派生气了，骂一句'极权政府'。其实，就人民政府关于镇压反动派的权力来说，千真万确地是这样的。这个权力，现在写在我们的纲领上，将来还要写在我们的宪法上。对于胜利了的人民，这是如同布帛菽粟一样地不可以须臾离开的东西。这是一个很好的东西，是一个护身的法宝，是一个传家的法宝，直到国外的帝国主义和国内的阶级被彻底地干净地消灭之日，这个法宝是万万不可以弃置不用的。越是反动派骂'极权政府'，就越显得是一个宝贝。但是艾奇逊的话有一半是说错了。共产党领导的人民民主专政的政府，对于人民内部来说，不是专政或独裁的，而是民主的。这个政府是人民自己的政府。这个政府的工作人员对于人民必须是恭恭敬敬地听话的。同时，他们又是人民的先生，用自我教育或自我批评的方法，教育人民。"

在撰写《"友谊"，还是侵略？》这篇社论中，毛泽东回应美国对中国的所作所为是"友谊"还是侵略的问题时，尖锐地指出："艾奇逊当面撒谎，侵略写成了'友谊'。"毛泽东列举了1840年以来美帝国主义侵略中国的历史事实，指出："美帝国主义侵略中国的历史，自从一八四〇年帮助英国人进行鸦片战争起，直到被中国人民轰出中国止，应当写一本简明扼要的教科书，教育中国的青年人。"

在撰写《唯心历史观的破产》这篇社论中，毛泽东回答了"马克思列宁主义来到中国之所以发生这样大的作用"原因在哪里的问题。毛泽东深刻指出：自1840年到1919年间的七十多年中，在帝国主义侵略中国引起的反抗中，"中国人没有什么思想武器可以抗御帝国主义。旧的顽固的封建主义的思想打了败仗了，抵不住，宣告破产了。不得已，中国人被迫从帝国主义的老家即西方资产阶级革命时代的武器库中学来了进化论、天赋人权论和资产阶级共和国等项思想武器和政治方案，组织过政党，举行过革命，以为可以外御列强，内建民国。但是这些东西也和封建主义的思想武器一样，软弱得很，又是抵不住，败下阵来，宣告破产了"。毛泽东明确告诉人们，是自1917年俄国革命以后，唤醒了中国人，"中国人学得了一样新的东西，这就是马克思列宁主义。中国产生了共产党，这是开天辟地的大事变"。"从此以后，中国改换了方向。"在回答"马克思列宁主义来到中国为什么会发生这样大的作用"问题时，毛泽东认为，是因为中国的社会条件有了这种需要，是因为同中国人民革命的实践发生了联系，是因为被中国人民所掌握了。因此，他提出："任何思想，如果不和客观的实际的事物相联系，如果没有客观存在的需要，如果不为人民群众所掌握，即使是最好的东西，即使是马克思列宁主义，也是不起作用的。我们是反对历史唯心论的历史唯物论者。"毛泽东还批评说："艾奇逊胡诌了一大篇中国近代史，而艾奇逊的历史观点正是中国知识分子中有一部分人所同具的观点，就是说资产阶级的唯心的历史观。"毛泽东在文章中用大量的事实和严密的逻辑说明："自从中国人学会了马克思列宁主义以后，中国人在精神上就由被动转入主动。从这时起，近代世界历史上那种看不起中国人,看不起中国文化的时代应当完结了。伟大的胜利的中国人民解放战争和人民大革命,已经复兴了并正在复兴着伟大的中国人民的文化。"[1]

通过这些回答,一步步剥开问题的实质,清楚地告诉世人:对帝国主义侵略的本质,要有清醒的认识;对帝国主义者不能抱有任何幻想;我们要建立的新中国,是一个人民当家做主的国家,是一个完全独立自主的主权国家;中华民族被人压迫和侮辱的日子,将永远成为过去,我们已经站起来了;由于有了马克思列宁主义的指导,中国人在精神上才由被动转入主动,中华民族伟大复兴才有了可能;在中国共产党的领导下,一个全新的中国,已经翻开了"从此站起来了"的时代篇章。

## 四、回应党和政府与人民群众的关系:"人民的国家是保护人民的","人民万岁"

新中国与旧中国最本质的区别,是中国共产党领导的、人民民主专政的国家。"人民"两个字,赫然写在这个国家的国名上。那么,什么是"人民"呢?这个国家的领导者与人民有着什么样的关系呢?这也是建立这个新国家首先需要回答清楚的重大问题。

对中国共产党与人民群众的关系,毛泽东早在各个历史时期的理论论述和实践探索中,都做过清晰的回答。在这些回答中,人民立场是我们党的根本的政治立场;全心全意为人民服务,是

---

[1]《毛泽东选集》第 4 卷,人民出版社 1991 年版,第 1514—1516 页。

我们党的根本宗旨；真正代表人民大众的利益、完全彻底地反映人民群众的呼声，就是这个党"人民性"的体现，也是这个党建立政权的根基和出发点。毛泽东还特别强调过，除了"理论和实践这样密切地相结合，是我们共产党人区别于其他任何政党的显著标志"外，"我们共产党人区别于其他任何政党的又一个显著的标志，就是和最广大的人民群众取得最密切的联系。全心全意地为人民服务，一刻也不脱离群众；一切从人民的利益出发，而不是从个人或小集团的利益出发；向人民负责和向党的领导机关负责的一致性；这些就是我们的出发点"[1]。

建立一个与旧中国完全不同的新中国，毛泽东认为，更应该把"人民是什么"这个问题讲清楚，把领导者与人民的关系搞清楚。因此，在《论人民民主专政》这篇文章中，毛泽东深刻阐释了"人民"的概念，回答了"人民是什么"的问题。他说："人民是什么？在中国，在现阶段，是工人阶级，农民阶级，城市小资产阶级和民族资产阶级。"他特别强调了人民民主的政权对待人民和对待反动派截然不同的态度："我们对于反动派和反动阶级的反动行为，决不施仁政。我们仅仅施仁政于人民内部，而不施于人民外部的反动派和反动阶级的反动行为。"对于人民内部的矛盾，"我们在这方面使用的方法，是民主的即说服的方法，而不是强迫的方法"。

值得注意的是，在《论人民民主专政》等文章中，毛泽东在解释清楚了"人民是什么"的概念后，还反复提到"中国平民""一般平民"的问题。在谈到中国人民特别是"一般平民"长期以来

---

[1]《毛泽东选集》第3卷，人民出版社1991年版，第1094—1095页。

所受封建地主阶级、官僚资产阶级即垄断资产阶级等的专政工具压迫的情形时，他指出："蒋介石背叛孙中山，拿了官僚资产阶级和地主阶级的专政作为压迫中国平民的工具。这个反革命专政，实行了二十二年，到现在才为我们领导的中国平民所推翻。"毛泽东所表达的这种人民立场，以及人民意识、平民意识，恰恰反映了中国共产党的立场和宗旨意识。

在我们这个代表人民利益的政党即将走上全国执政的政治舞台的时候，站在历史的转折点上，毛泽东更加坚定地认为，中国共产党人必须进一步清晰地表达自己执政的根本立场和根本宗旨。因此，他在《论人民民主专政》一文中，还特别讲清楚了这样一个道理：我们要建立的是人民的国家，我们的政权是人民民主专政的政权。也就是说，我们这个党，主张的是"党性"和"人民性"的高度统一。

中国共产党历来强调，人民立场是其根本的政治立场，为人民服务是其根本宗旨。真正代表人民大众的利益、完全彻底地反映人民群众的呼声，就是这个党"人民性"的体现，也是这个党建立政权的根基和出发点。正如毛泽东所说的：我们的一个重要的出发点，就是"向人民负责和向党的领导机关负责的一致性"。[1]在中国共产党建立和发展的各个历史时期，始终贯穿着人民立场和人民情怀；在中国共产党取得全国政权的时候，更要明确而深刻地回答中国共产党领导的政权采取什么样的态度对待人民的问题。毛泽东明确指出："人民的国家是保护人民的。有了人民的国家，人民才有可能在全国范围内和全体规模上，用民主

---

[1]《毛泽东选集》第 3 卷，人民出版社 1991 年版，第 1095 页。

的方法，教育自己和改造自己。"[1]

有了这样的宗旨理论和思想基础，当真正面对人民的时候，特别是人民由衷地欢呼拥护自己的时候，毛泽东等党和国家领导人没有被胜利和拥护冲昏头脑。1949年10月1日下午，在庆祝中华人民共和国中央人民政府成立典礼上，当毛泽东向全世界宣告"中华人民共和国中央人民政府今天成立了"之后，"站起来了"的人民群众，在游行时欢欣雀跃地高喊出"毛主席万岁"的响亮口号。面对这一场景，毛泽东保持着一种思想上的冷静，他回应人民群众有关"万岁"口号时，连呼："同志们万岁！""人民万岁！"[2]喊"同志们万岁"，就是想表明我们的成就归功于大家；喊"人民万岁"，就是想表明我们的政权是人民的。在新中国和旧中国交替这种称之为"改朝换代"的历史当口，毛泽东内心喊出的这句"人民万岁"，恰恰体现了他思想观点中的核心观点。这既是毛泽东彻底的唯物史观的真实体现，也是新中国与旧中国的根本区别，它代表着一个真正由人民当家做主的新时代的来临。天安门城楼，见证了人民领袖与人民群众的真实关系，也见证了中国共产党与人民群众的血肉关系。

## 五、表明共产党人的胸怀和格局："要搞五湖四海"，"打破关门主义"

新中国成立后，中国共产党成了全国执政的大党，肩负着带

---

[1]《毛泽东选集》第4卷，人民出版社1991年版，第1476页。
[2]《毛泽东年谱（1949—1976）》第1卷，中央文献出版社2013年版，第2页。

领全国各族人民（包括各民主党派和各界群众）完成祖国统一，实现国家富强、人民幸福、民族复兴的历史重任。大党，就要有大党的样子，要有大党的胸怀和格局。

早在我们党的创建和发展过程中，毛泽东多次强调过，我们的党组织不是一个狭小的圈子，不是一个"乌合之众"的党，延安时期他还说过："依照老百姓的意见，也要我们大，因为他们到处找共产党找不到，我们的党大起来了才好找。"[1]尊重人民的意愿和要求，我们这个党逐步从一个狭小圈子中走出来，成为有战斗力的全国性的大党，带领人民取得了新民主主义革命的伟大胜利。就在建立新中国的过程中，人们仍在观察这个党的胸怀和格局。为此，毛泽东主动回应、回答了来自方方面面的一些疑虑。仅在1949年这个历史年份里，我们随处可以找到毛泽东回应这一问题的一些片断。

一是回应非党人士疑虑的片断：毛泽东提出"中国永远是党与非党的联盟"，"要搞五湖四海"。就在新中国开国大典不久，毛泽东于10月24日在中南海菊香书屋与绥远军区负责人和傅作义等做了一次长谈，回答了对国民党起义部队的团结改造以及同非党人士长期合作的问题。

毛泽东清醒地指出：现在共产党成了全国性的大党，又有了政协全国委员会，我当主席有责任使各方面都有利，使别的党派也有利，否则会引起不满，会被人骂，甚至会被推翻。中国永远是党与非党的联盟，长期合作。谈到合作的意义，毛泽东强调指出："实现合作。这一步很重要。其意义何在？一切都是为了人

---

[1]《毛泽东文集》第2卷，人民出版社1993年版，第179页。

民的利益。""我们对起义人员的方针是又团结又改造。只有团结,没有改造不行。从改造中逐步肃清过去反动派的一切遗迹和对他们的政治影响,以马列主义思想代替国民党的反动思想。不能用粗暴的方法,要像下小雨一样,才能渗透进去。要按照他们的具体情况和能够接受的程度进行思想政治教育,不能强迫灌注。"讲到如何看待对方的干部,毛泽东指出:"双方要把干部都当成自己的干部看,打破关门主义。这次政府的名单中,共产党人和进步人士还是一半一半好,要搞五湖四海。中国已归人民,一草一木都是人民的,任何事情我们都要负责并且管理好,不能像踢皮球那样送给别人去。国民党的一千万党、政、军人员我们也要包起来,使所有的人都有出路。"

同一天,毛泽东在中共政务院财政经济委员会党组会议上,还批评了党内一些干部对民主人士不放心和怕麻烦的现象说:"现在党内同志不懂得如何与党外人士合作。这个问题不简单,眼光要看到全国与全面。"[1]

二是回答如何解决民族问题的片断:毛泽东提出"要彻底解决民族问题,完全孤立民族反动派,没有大批从少数民族出身的共产主义干部,是不可能的"。11月14日,就大量吸收培养少数民族干部问题,毛泽东致电彭德怀和中共中央西北局,提出:"省委地委县委集中注意做艰苦的群众工作,在一切工作中坚持民族平等和民族团结政策外,各级政权机关均应按各民族人口多少,分配名额,大量吸收回族及其他少数民族能够和我们合作的人参加政府工作。在目前时期应一律组织联合政府,即统一战线

---

[1]《毛泽东年谱(1949—1976)》第1卷,中央文献出版社2013年版,第27—28页。

政府。在这种合作中大批培养少数民族干部。此外，青海、甘肃、新疆、宁夏、陕西各省省委及一切有少数民族存在地方的地委，都应开办少数民族干部训练班，或干部训练学校。请你们注意这一点，要彻底解决民族问题，完全孤立民族反动派，没有大批从少数民族出身的共产主义干部，是不可能的。"[1]

三是应对亲友们工作请求的片断：毛泽东断然回答，"任何无理要求不应允许"。在旧制度下，"皇亲国戚"皆沾光，"一人得道，鸡犬升天"。而新中国，是中国共产党领导建立的真正由人民当家做主的国家，党和国家领导人仅仅是全心全意为人民服务的人民公仆。毛泽东在对待自己的亲属朋友问题上，提倡秉公办事，不徇私情。他首先从自己做起。比如，有关孩子的舅舅杨开智等亲属欲进京谋事，他得知此事后，严肃批评说："杨开智等不要来京，在湘按其能力分配适当工作，任何无理要求不应允许。"并致电杨开智："不要有任何奢望，不要来京。湖南省委派你什么工作就做什么工作，一切按正常规矩办理，不要使政府为难。"[2]对其他一些亲友故交，毛泽东也一律采取"按正常规矩办理"的原则，亲自拒绝了众多欲来京沾光谋事的人。

上述事例虽然只是片断，但却折射出中国共产党无私的胸襟和宽广的格局，反映了马克思主义政党与一切旧政党的根本区别，反映了共产党人来自五湖四海的特点和开放包容的境界。同时，也反映出新中国与旧中国完全不同的新气象。

历史文献虽然已经尘封，但重温毛泽东当年对新中国一些重

---

[1]《毛泽东年谱（1949—1976）》第1卷，中央文献出版社2013年版，第43页。
[2]同上书，第8页。

大问题的回答回应，对我们今天应对一些重大现实问题，依然有方法论上的启示。同时，通过回望来时的路，也会进一步增强我们的初心意识和使命感，增强我们在新时代锐意进取、埋头苦干的精神动力，增强我们进一步做好工作，为实现中华民族伟大复兴而努力奋斗的坚定意志和决心。

# 经　验

## "枫桥经验"的历史来源和现实启示

谈到毛泽东治国理政，就不得不讲毛泽东的一个重要方法：善于捕捉基层创造的经验，随时发现群众中涌现出的智慧，然后及时加以总结推广。

20世纪60年代，中国基层社会出现了一个叫"枫桥经验"的社会治理创新典型，这个不断深化和发展的经验，正是毛泽东批示总结推广的众多治国理政经验之一。

1963年11月下旬，毛泽东亲自批示要总结和推广"枫桥经验"，从此在全国社会治安综合治理领域树起了一个创新党的群众路线思想方法和工作方法的先进典型。

2003年11月下旬，在纪念毛泽东批示"枫桥经验"40周年之际，习近平提出"把学习推广新时期'枫桥经验'作为加强社会治安综合治理的总抓手"。此后他不断对坚持和发展"枫桥经验"做出重要指示，使"枫桥经验"在新的历史条件下创新发展有了更加深厚的社会影响和长久的生命力。在不同的场合谈到社会治安综合治理问题时，习近平几乎都要提到"枫桥经验"。

枫桥在哪里？枫桥经验是个什么样的经验？它为何有如此大的影响力？

毛泽东关注的枫桥，在浙江省的诸暨县。

"枫桥经验"诞生时的核心内容，就是通过基层党组织发动群众，对存在破坏行为和潜藏破坏活动的地、富、反、坏分子进行评审和说理，由群众监督改造他们，不把矛盾和尖锐问题"上交"，不把存在突出问题的人物"上交"，最终把他们中间的绝大多数改造成新人。由此进一步扩展到在基层社会管理中充分发挥党的政治优势，依靠基层组织和广大群众，就地解决当地发生的各种矛盾、化解纠纷，最大限度地把问题解决在萌芽状态。

"枫桥经验"认识问题和解决问题的着眼点是，面对基层出现的复杂而尖锐的矛盾甚至"破坏活动"怎么办？基本方法是，"发动和依靠群众"，"做群众工作，组织群众，动员群众，教育群众"，采取"评审和说理"的方法；根本目的是，化解矛盾，解决尖锐复杂问题，特别是"制服敌人"，并且"把他们中间的绝大多数改造成新人"。

让我们从历史和现实的双重视角，来考察"枫桥经验"为什么会受到如此高度的关注？

## 一、毛泽东为什么会关注"枫桥经验"

"枫桥经验"，是从基层党组织和干部群众的日常工作中诞生的创新经验，特别是基层群众创造的鲜活经验，是党的群众路线的思想方法和工作方法在基层的生动体现。毛泽东特别看重的，也正是这一点。

这个经验是在什么样的历史背景下产生的呢？毛泽东为什么一下子就抓住了这个典型，并如此关注，要求不仅在全国人大代表范围内知晓,还要向全社会推广?搞清这些问题,首先要了解当时毛泽东和党中央在思考和关注哪些重大问题。

20世纪60年代初期,毛泽东特别重视下基层调查研究,重视基层创造的社会主义建设新鲜经验。这一时期,他不断走出办公室,有时离开北京好几个月,到各地搞调查研究。"跑了这么多省"后,他反复强调这样一个观点:在我们进行社会主义教育运动的过程中,对基层出现的"歪风邪气""牛鬼蛇神",一定要"打下去",但是必须走群众路线,"打的方法,也不能个个拿来枪毙,不能用那个生硬的方法","动不动就杀人,那不解决问题"。[1]对于搞好社会主义教育运动,他提出了一些主要的方法:依靠群众,依靠省、地、县、社的广大干部,把广大干部群众发动起来,这是最主要的方法,是自我教育的方法。[2]

就在批示总结推广"枫桥经验"之前,他刚刚从湖北、湖南、江西、浙江、上海等地调研、视察回来。1963年11月12日,在回北京的途中,专列停靠天津时,他还请河北省委的负责同志来谈话,了解河北当地的情况。谈话中,他根据自己的一些体会强调,领导干部不能光坐在办公室看文件,要下去搞调查研究,有些工作要学会搞试点,要接受各地创造的好经验。在谈到如何搞社会主义教育运动时,他提出,必须走群众路线,领导干部要下去蹲点,要善于抓住"典型材料"。在谈到如何对待那些犯了错甚至严重错误的人时,他还特别提出:人有错是可以改的,对那些犯错误的人,只要诚恳承认错误,坚持改正,群众会原谅的;

---

[1]《毛泽东传(1949—1976)》,中央文献出版社2003年版,第1311—1312页。
[2]同上书,第1327页。

除了罪大恶极、血债严重，群众不答应以外，贪污这一条能改就照常使用，严重的调离使用也是必要的，还可以劳动改造。[1]

就在批示"枫桥经验"前后，毛泽东不断要求各地党政负责同志，要善于把农村社教运动中的一些典型经验总结出来，上报中央。这些说明，在社会主义教育运动中坚持走群众路线，提倡搞调查研究，善于发现和总结基层工作的创新经验，同时，允许犯错误的人改正错误，通过说理的方法教育人、引导人、转化人等，这是毛泽东发现和推广"枫桥经验"的逻辑前提和思想基础。

有关资料表明，毛泽东最早对"枫桥经验"感兴趣，始于1963年11月21日晚上汪东兴的汇报。汪东兴当时任公安部副部长、中央办公厅警卫局局长，受部长谢富治委托，他先向毛泽东口头汇报了谢富治代表公安部准备在第二届全国人民代表大会第四次会议上用作发言的稿子的主要内容，这篇发言稿题为《依靠广大群众，加强人民民主专政，把反动势力中的绝大多数改造成为新人》，有六千字左右。毛泽东接过发言稿，一看题目，立即产生兴趣，说：题目很新鲜，既然拿来了，我还是看看。[2]没想到，这一看，其中讲到"诸暨县的经验"（即"枫桥经验"）引起了毛泽东的高度关注。

"诸暨县的经验"，是在谢富治发言稿的结尾部分讲的。这篇发言稿在最后讲到"改造一切有破坏活动的地、富、反、坏分子和其他反动分子"的问题时，强调了贯彻中央有关"一个不杀，大部不捉"的方针，并介绍了"浙江诸暨县枫桥区的七个公

---

[1] 参见《毛泽东年谱（1949—1976）》，中央文献出版社2013年版，第279—280页。
[2] 同上书，第283页。

社"共同"创造"的"好经验",原文是:"浙江诸暨县枫桥区的七个公社,共有地、富、反、坏分子九百多人,其中一百六十多人有比较严重的破坏活动。社会主义教育运动开始的时候,干部和群众要求逮捕四十五人,经过发动群众,对地、富、反、坏分子进行了评审和说理斗争,制服了敌人。现在,运动已经基本结束,群众认为都可以留在生产队里,由群众监督改造他们,不要求'上交'了。诸暨县的经验以及其他一些地方的经验,最基本的一条,就是发动群众,通过说理斗争,制服敌人。只要发动和依靠群众,就可以实现运动中'一个不杀,大部(百分之九十五以上)不捉'的方针,就可以进一步加强对反动阶级残余势力的专政,把他们中间的绝大多数改造成新人。"[1]

就是这个点题的例子,引起了毛泽东的极大兴趣。第二天一早,他一口气读完后,在发言稿上做了重要批示:"富治、彭真同志:此件看过,很好。讲过后,请你们考虑,是否可以发到县一级党委及县公安局,中央在文件前面写几句介绍的话,作为教育干部的材料。其中应提到诸暨的好例子,要各地仿效,经过试点,推广去做。"[2]

同时批给彭真,是因为彭真担任中共中央政治局委员、中央书记处书记、第二届全国人大常委会副委员长。毛泽东批示的"诸暨的好例子"指的就是"诸暨县枫桥区的七个公社"创造的经验。

写完批示,毛泽东还意犹未尽,又把汪东兴找来谈话。据汪

---

[1] 谢富治在二届人大四次会议上的发言:《依靠广大群众,加强人民民主专政,把反动势力中的绝大多数改造成为新人》。
[2]《建国以来毛泽东文稿》第10册,中央文献出版社1996年版,第416页。

东兴回忆，毛泽东在谈话中多次谈到"诸暨的好例子""诸暨的经验"，讲了这样一些意思："对诸暨的经验，你们要总结一下，搞个千把字的材料，回答两个问题：（一）群众为什么懂得要这样做；（二）证明依靠群众办事是个好办法。"

他还说："你们公安部最重要的一条，就是如何做群众工作，组织群众，教育群众……从诸暨的经验看，群众起来以后，做得并不比你们差，并不比你们弱，你们不要忘记动员群众。""诸暨县的经验，要好好总结一下，整理一个材料，先发这个发言，后发诸暨的，材料要短一点，长了没人看，短了就有人看。你们经常要蹲点，做这个工作。"[1]

毛泽东还特别提到：这个经验材料，不仅人大代表要了解，四级干部也要教育。

在毛泽东审阅的这篇发言稿中，每个部分都列举了不同的经验事例，而他敏锐地发现了其中的"诸暨的经验"即"枫桥经验"，不仅专门对此做出重要批示，而且进一步找有关方面同志来谈应该如何总结推广，做出详细、周到的部署。"枫桥经验"，正是在毛泽东的发现、关注、批示、部署、推广下，应运而生的。

## 二、"枫桥经验"是毛泽东推广的系列基层工作经验之一

推广"枫桥经验"，是毛泽东发现、总结、推广一系列基层创新工作经验的一个重要实例。新中国成立后，在探索符合中国

---

[1] 杨明伟：《枫桥经验的历史来源和现实启示》，载《毛泽东邓小平理论研究》2018年第9期。

实际的社会主义道路过程中，毛泽东善于抓住基层工作中创造的一些典型事例，发现、总结、推广了一系列鲜活的基层工作经验。

比如，对于大城市的接收和管理。1950年春天，新中国刚刚成立，上海这样的大城市面临社会秩序比较混乱，敌特活动表面化，税收、公债政策受到攻击，劳资关系紧张，人心浮动等严重局面。在这种极困难的形势下，毛泽东及时发现并推广了"上海打退四月危机的经验"：调整公私关系，实行公私兼顾政策；改善劳资关系，照顾双方利益；适当减少税收；救济失业工人；开展自我批评，纠正工作中的缺点；等等。他把陈毅关于上海工作的综合报告转发全国，写道："上海打退四月危机的经验及目前采取的各项政策，是各地大城市党委值得研究的，请将此项报告转发各主要城市党委研究。"[1]

比如，对于克服刚刚执政就在党内滋生起来的腐败现象和官僚主义问题。1951年，毛泽东推广了"东北经验"。新中国成立之初，面临抗美援朝战争、镇压反革命运动和恢复生产等艰巨任务，东北局创造了反贪污蜕化、反官僚主义运动的经验，主要做法是"开展一个群众性的民主运动""首长负责、亲自领导""真正把群众发动起来""加强思想领导，提高群众的积极性""争取群众，使坏分子孤立""不断地研究新的问题与经验""深入检查，及时反映情况"等。毛泽东将东北局的报告转发全国，要求党政军各级领导重视"东北的经验"，"在此次全国规模的增产节约运动中进行坚决的反贪污、反浪费、反官僚主义的斗争"。[2]

---

[1]《建国以来毛泽东文稿》第1册，中央文献出版社1987年版，第346页。
[2]《建国以来毛泽东文稿》第2册，中央文献出版社1988年版，第513—514页。

比如，对于新中国如何在百废待兴中迅速发展生产的问题。1951年，毛泽东又推广了"新疆军区经验"。这一经验产生于解放军在实行土地改革和生产计划中，军队党员干部帮助当地农民组织集体农庄，利用军队集体劳动的经验，集中屯垦经营大农场。毛泽东认为，"利用军队集体劳动的经验，试办十个农民的集体农庄的计划，这个计划很好"。他立即提出"已将每省试办一个或几个集体农庄"的经验写入中央"即将发出的关于发展农业互助合作的决议草案里"，还要求在试行中"随时总结经验报告中央"。[1]

比如，对于在中国农村如何建设社会主义。1955年，为探索中国农村解放和发展生产力的基本途径和做法，毛泽东集中总结并亲自推广了一大批各地搞农业合作化的经验。他亲自主持编辑《中国农村的社会主义高潮》一书，"用十一天的功夫，关了门，看了一百二十几篇报告、文章"。他特别看重来自全国各省、市、自治区基层的典型材料，认为"这些材料很有说服力"。而恰恰就在主持编辑这本汇总基层经验的集子时，他还专门关注了浙江省慈溪县岐山乡五洞闸合作社的经验，称这是一个"了不起的事例，应当使之传遍全国"。[2]他亲自为这本书写了104篇按语，并反复修改补充完善。《中国农村的社会主义高潮》一书于1956年1月公开出版。

这样的例子还有很多。新中国成立后，毛泽东等人一边探索建设社会主义的路子，一边总结并推广基层创造的典型经验。到1956年，毛泽东从总体上深入思考中国社会主义建设的基本经

---

[1]《建国以来毛泽东文稿》第2册，中央文献出版社1988年版，第590—591页。
[2]《建国以来毛泽东文稿》第5册，中央文献出版社1991年版，第398、516页。

验，并发表了《论十大关系》。正如他在《十年总结》中所说的："前八年照抄外国的经验。但从一九五六年提出十大关系起，开始找到自己的一条适合中国的路线。"[1]虽然毛泽东这里说的是1956年前在总体上"照抄外国的经验"，但是，无论之前还是之后，毛泽东在各个方面都特别注意总结我们自己探索和创造出的新鲜经验，并加以推广。

1956年以后，毛泽东更加注重发现和推广方方面面的基层创新经验，比如，1958年在生产上发生"大跃进"的同时，毛泽东也在思考农业生产组织形式的变革问题，他关注到河南省遂平县岈山卫星农业社的经验，要求《红旗》杂志社派人下去调查。后来写成的《岈山卫星人民公社试行简章（草案）》，经毛泽东亲自修改定稿。尽管产生这样的经验有着当时的历史局限，但却真实地反映了毛泽东对基层干部群众创造性探索的高度关注。又比如，1958年夏天他到河南新乡、襄城、长葛、商丘等地视察，特别肯定了新乡县七里营"人民公社"的名称和经验。这里需要说明的是，"人民公社"的名称，就是新乡县七里营人到浙江诸暨县农场参观后得到的启发。因毛泽东的肯定，"人民公社"的名字立即传遍全中国。再比如，进入60年代以后，毛泽东还在工业领域推广了鞍山钢铁公司有关技术革新和技术革命的经验，称之为"鞍钢宪法"，由此"鞍钢宪法"闻名于世。

可以说，关注、总结基层特别是人民群众创造的各种好的经验，将其上升到具有普遍意义的高度进行推广，以推动各地的工作，这是毛泽东治国理政的一个重要方法。

---

[1]《建国以来毛泽东文稿》第9册，中央文献出版社1996年版，第213页。

毛泽东对"枫桥经验"的热切关注和着力推广，也反映了他当时对如何正确处理人民内部矛盾、如何化消极因素为积极因素等重大问题的深入思考。在新中国社会主义建设过程中，一些干部习惯于按照革命时期的经验办事，用类似处理敌我矛盾的办法处理罢工、罢课事件以及基层出现的一些复杂矛盾问题，进一步造成了矛盾激化。这种情况，引起毛泽东的重点关注。毛泽东认为，在处理人民内部矛盾方面，不能脱离群众，不能滋长官僚主义作风。比如，他把工人罢工、学生罢课这一类问题产生的根源，归结为官僚主义。他在一次中央全会上曾经以县一级出现的问题为例，严肃批评过这类现象："县委以上的干部有几十万，国家的命运就掌握在他们手里。如果搞不好，脱离群众，不是艰苦奋斗，那末，工人、农民、学生就有理由不赞成他们。我们一定要警惕，不要滋长官僚主义作风，不要形成一个脱离人民的贵族阶层。谁犯了官僚主义，不去解决群众的问题，骂群众，压群众，总是不改，群众就有理由把他革掉。"[1]

对基层特别是广大农村基层出现的矛盾和问题，毛泽东的基本思路是根据实际情况，充分发扬我们党的优良传统和作风，通过走群众路线来解决。因此具有典型作用和普遍意义的"枫桥经验"一经出现，毛泽东认为值得从中央层面进行大范围推广。

在毛泽东对"枫桥经验"的批示中，至少包含五层意思。

一是特别地加以肯定："很好。"

二是不能只在小范围讲，要让更大范围知晓，尤其要让全国的基层特别是基层党组织和公安机关知道："讲过后，请你们考

---

[1]《毛泽东著作专题摘编》下，中央文献出版社2003年版，第2155页。

虑，是否可以发到县一级党委及县公安局。"

三是要从中央层面专门为此做宣传推广："中央在文件前面写几句介绍的话。"

四是基层创新的一些好的典型经验，要成为全党干部的生动教材，让各地效仿："作为教育干部的材料。其中应提到诸暨的好例子，要各地仿效。"

五是各地在学习这些经验时，一定要结合本地实际，先试点取得切合实际的效果后，再进一步推广："经过试点，推广去做。"

这五层意思，反映了毛泽东在社会主义建设时期发现、总结并推广来自基层、具有典型意义的创新经验的基本思路。从这五层意思中，我们既看到一个真正的马克思主义者的实践观、群众观、思想方法和工作方法，又看到一个伟大的战略家在社会主义建设道路上的深入探索和深远思考。

正式推广"枫桥经验"，是中央以几份材料集中印发的方式下发各地。这些材料包括：毛泽东批示的谢富治在二届人大四次会议的发言稿（谢富治的发言稿在毛泽东批示后，彭真帮助做过两次修改[1]），谢觉哉、张鼎丞在二届人大四次会议的发言稿（他们讲的也是如何在复杂斗争形势下依靠群众的问题），浙江省委批转的《诸暨县枫桥区社会主义教育运动中开展对敌斗争的经验》（这是根据毛泽东的批示和建议，由公安部会同浙江方面专门整理出来的一个有关枫桥经验的材料）。上述几份材料，中共中央于1964年1月14日一并下发各中央局和各省、市、自治区党委。

中央这次发文的主旨，就是要求各地参照"枫桥经验"，"依

---

[1]《彭真年谱》第4卷，中央文献出版社2012年版，第300页。

靠群众力量，加强人民民主专政，把绝大多数四类分子改造成新人"。在发文指示中特别指出："浙江省委批转的《诸暨县枫桥区社会主义教育运动中开展对敌斗争的经验》是一个很好的典型。诸暨县枫桥区在运动开始阶段，一部分基层干部和积极分子要求多捕人（七个公社共有六万五千人口，有地、富、反、坏分子九百一十一名，其中有比较严重的破坏活动的四类分子一百六十三名，要求捕四十五人），在运动过程中，贫下中农组织起来，干部和群众觉悟进一步提高之后，一个也没有捉，就把多数敌人制服了。他们的经验充分地说明现在完全可能和应该基本上实行'一个不杀，大部（百分之九十五以上）不捉'的方针。"[1]中央要求这份文件要转发到县一级党委和检察、法院党组及公安机关，作为干部教育材料。还特别强调了毛泽东指出的在运动中"必须依靠群众，依靠党"的意思，引用了毛泽东在1962年讲的一段话："对于反动阶级实行专政，这并不是说把一切反动阶级分子统统消灭掉，而是要改造他们，用适当的方法改造他们，使他们成为新人。"并综述了一段时间以来毛泽东对于处理"反动阶级残余"问题的态度："必须依靠群众""要少捕人，少杀人""把他们中间的绝大多数人改造成为新人"。[2]

中央在发文指示中还对一些不懂得上述道理的现象和错误做法进行了严肃批评："有不少同志不善于发动群众，依靠群众力量，通过说理斗争，去制服敌人，对他们实行专政，而习惯于单

---

[1]《中共中央文件选集（1949.10—1966.5）》第45册，人民出版社2013年版，第15页。
[2]同上书，第16页。

纯依靠公安、司法机关，采取简单的办法去解决问题。有的同志动不动就想把人捉起来，甚至要求多杀几个人来打开局面，推动运动。这些想法和做法是错误的。"[1]毛泽东和中共中央在推广这一经验时，特别提醒广大干部，要全面分析和认识新中国成立后社会矛盾和斗争形势发生的深刻变化，提醒大家把眼光放在"依靠群众力量，把绝大多数的四类分子改造成为新人"上。中央发文指示最后坚定地指出："在依靠群众力量制服反革命和其他犯罪分子方面，现在我们已经有了很成功的经验。这两篇讲话和浙江省委的文件是很有说服力的，特别是诸暨县社会主义教育运动试点的经验是一个很好的典型。"[2]

毛泽东对"枫桥经验"如此关注和重点推广，关键是因为这一经验既体现了基层党组织的组织领导，也体现了人民群众的集体智慧，经过基层干部群众的思想政治工作和教育转化工作，把问题解决在基层，把矛盾解决在基层，特别是把可能成为尖锐冲突的"敌我矛盾"问题，解决在基层，创造了解决人民内部矛盾的"很好的典型"。

## 三、习近平高度关注"枫桥经验"的创新发展内涵

自"枫桥经验"产生后，几十年间不断在社会实践中巩固、检验、创新、发展，历久弥新，至今仍然具有极强的现实意义和

---

[1]《中共中央文件选集（1949.10—1966.5）》第45册，人民出版社2013年版，第16页。
[2]同上书，第17页。

实践价值。特别是2003年以后，习近平对"枫桥经验"的创新发展给予高度关注，多次做出指示、批示，并亲自总结提升新的历史条件下"枫桥经验"的时代内涵，"枫桥经验"也进入创新发展的新时期。

党的十八大以来，习近平进一步对"枫桥经验"的时代意义给予充分肯定。2013年，在毛泽东批示推广"枫桥经验"50周年之际，习近平明确指出："各级党委和政府要充分认识'枫桥经验'的重大意义，发扬优良作风，适应时代要求，创新群众工作方法，善于运用法治思维和法治方式解决涉及群众切身利益的矛盾和问题，把'枫桥经验'坚持好、发展好，把党的群众路线坚持好、贯彻好。"习近平特别强调，50年来，由基层干部群众创造的"依靠群众就地化解矛盾"的"枫桥经验"，"根据形势变化不断赋予其新的内涵，成为全国政法综治战线的一面旗帜"。[1]

学习体会习近平关于"枫桥经验"的系列重要指示、批示精神，可以悟出"枫桥经验"在新的历史条件下创新发展内涵的要点。

## （一）"枫桥经验"的时代价值和创新内涵

"枫桥经验"，有着穿越历史时空的深远意义，更有着创新发展的时代内涵。"枫桥经验"的生命力，恰恰体现在它与时代同步发展的"新鲜内涵"和鲜明的时代特征中。

对20世纪60年代创造的"枫桥经验"的基本内涵，习近平

---

[1] 习近平就坚持和发展"枫桥经验"作出的指示（2013年10月），见《人民日报》2013年10月12日。

在2003年纪念毛泽东同志批示"枫桥经验"40周年暨创新"枫桥经验"大会上的讲话中就做过清晰的概括,他说:"诸暨市枫桥的干部群众在社会主义教育运动中创造了'发动和依靠群众,坚持矛盾不上交,就地解决,实现捕人少、治安好'的'枫桥经验'。"这里说的就是"枫桥经验"的基本内涵和基本精神,因此他特别强调:"始终坚持'枫桥经验'的基本精神不动摇。"正是在"枫桥经验"这一不变的基本内涵上,习近平说,经毛泽东同志亲自批示"要各地仿效,经过试点,推广去做"后,"'枫桥经验'成为全国政法战线的一面旗帜"。[1]他在向《人民日报》推介"枫桥经验"时,也是在"枫桥经验"基本内涵上概述了几个关键性的"坚持":一要坚持统筹兼顾,治本抓源;二要坚持强化基础,依靠群众;三要坚持完善制度,注重长效。[2]也就是说,不管在任何时期,抓住这些根本点,就抓住了"枫桥经验"的实质。

基本内涵不变,并不等于停滞不前,还要随着历史条件和形势的变化而不断丰富发展。因此习近平也特别强调:要"根据形势的变化,不断丰富和发展'枫桥经验',赋予其新的时代内涵,使'枫桥经验'与时俱进,显示出持久的生命力"。[3]对"枫桥经验"随着时代不断发展变化的新内涵和新生命力的一些体现形式,习近平也做过梳理,如:20世纪60年代中期和70年代初期,枫桥

---

[1] 习近平:《在纪念毛泽东同志批示"枫桥经验"40周年暨创新"枫桥经验"大会上的讲话》(2003年11月25日),载《干在实处走在前列——推进浙江新发展的思考与实践》;习近平:《创新"枫桥经验"维护社会稳定》,载《法制日报》2004年2月8日。

[2]《建设"平安浙江"促进社会和谐稳定——访中共浙江省委书记习近平》,载《人民日报》2004年6月10日。

[3] 习近平:《创新"枫桥经验"维护社会稳定》,载《法制日报》2004年2月8日。

创造了依靠群众改造流窜犯、帮教失足青年的成功经验；十年动乱结束后，枫桥在全国率先给"四类分子"摘帽，为全国范围的拨乱反正提供了范例；党的十一届三中全会以后，枫桥坚持专群结合、群防群治，预防化解矛盾，维护社会治安，成为全国社会治安综合治理的典型；党的十五大以来，枫桥适应社会主义市场经济加快发展的新形势和新要求，坚持统筹兼顾、协调发展，突出以人为本、服务群众，注重德法并治、创新方法，走出了一条经济繁荣、社会稳定、人民安居乐业的新路子。[1]从这些梳理中，我们可以清晰地看出"枫桥经验"与时俱进的时代特征。

可见，创新发展"枫桥经验"，既要把握其基本精神，又要充分考虑到工作对象、工作环境、工作方式等的不断变化，随着时代的发展不断创新发展工作内容、工作途径、表现形式等。正如习近平所提出的："适应改革发展的新形势，不断探索新途径，创造新形式，建立新机制，充实'枫桥经验'的新鲜内涵。"[2]如何把握"枫桥经验"创新发展的方向？习近平也提出了"四个必须"的着眼点：必须着眼工作大局，在统筹发展中丰富新鲜内涵；必须营造法治环境，在依法治理中取得明显成效；必须相信依靠群众，在执政为民中践行根本宗旨；必须建立长效机制，在完善制度中实现长治久安。[3]

在"枫桥经验"变与不变的辩证法中，"不变"，是指这一经

---

[1] 习近平：《在纪念毛泽东同志批示"枫桥经验"40周年暨创新"枫桥经验"大会上的讲话》（2003年11月25日），载《干在实处走在前列——推进浙江新发展的思考与实践》。

[2] 同上。

[3] 习近平：《创新"枫桥经验"维护社会稳定》，载《法制日报》2004年2月8日。

验的基本内核的永恒性，即在任何时代条件下，"枫桥经验"的基本精神或实质内涵都包含着"发动和依靠群众""小事不出村，大事不出镇，矛盾不上交"的根本做法和效果。这一经验的根本，是要求基层组织通过发动和依靠群众，把人民内部矛盾化解在基层，特别是把一些可能会激化的尖锐矛盾通过思想教育的方法，化解在基层；充分发挥党的政治优势和群众路线工作方法，坚持矛盾不上交，最大限度地把问题解决在基层，解决在当地，解决在萌芽状态。"变"，是指社会发展变化的客观状况，即"枫桥经验"会随着时代和社会的发展变化，不断丰富其内涵、途径和表现形式。随着改革开放的深化、体制的转换和利益格局的调整，社会上产生了一些新的问题和矛盾，特别是在一些地方或基层，人民内部矛盾引发的群体性事件增多，成为影响社会稳定的重要因素。正确处理新形势下的人民内部矛盾，及时消除和化解各种不稳定因素，成为基层干部群众不断面临的新的重大课题和重大政治任务。为解决新形势下的复杂矛盾和问题，在"枫桥经验"的诞生地，进一步创新总结出了"组织建设走在工作前，预测工作走在预防前，预防工作走在调解前，调解工作走在激化前"的"四前"做法，丰富和发展了新时期的"枫桥经验"。"枫桥经验"也再次被作为改革开放新时期正确处理新形势下人民内部矛盾、及时消除和化解不稳定因素的样板。"枫桥经验"的生命力，正是在这种"变"与"不变"的辩证运动中充分彰显出来的。

## （二）在新的历史条件下总结推广"枫桥经验"，重要的是创新群众工作机制和工作方法

"枫桥经验"是基于正确认识和系统处理人民内部矛盾，妥

善解决基层尖锐复杂问题而产生的;"枫桥经验"的创新发展，也必须体现认识和实践的科学性、系统性。因此，完善相关制度、创新工作方法，特别是健全矛盾纠纷排查调处工作机制，这是创新发展"枫桥经验"的重要保障。

习近平明确指出:"进一步总结推广和创新发展'枫桥经验'，就要坚持完善制度，注重长效。"也就是说，一个行之有效的基层工作经验能否发挥长效作用，关键看有没有制度和机制的保障。谈到完善制度和健全机制的重要性，他还说过:"'枫桥经验'在正确处理人民内部矛盾方面，以完善的制度为保障，健全矛盾纠纷排查调处工作机制，狠抓落实责任制，努力做到组织建设走在工作前，预测工作走在预防前，预防工作走在调解前，调解工作走在激化前。切实使'预警在先，苗头问题早消化;教育在先，重点对象早转化;控制在先，敏感时期早防范;调解在先，矛盾纠纷早处理'。"[1]这里所说的"四前"和"四先四早"的工作机制，就是在基层实践中创新探索出来的长效机制。所以习近平着重提出，要大力推广诸暨枫桥镇干部群众创造的"'四前'工作机制"，"健全制度，完善网络，规范工作。这样才能'最大限度地把问题解决在基层，努力做到小事不出村，大事不出镇，矛盾不上交'。"[2]

在总结推广"枫桥经验"的创新发展时，习近平还从履行党的根本宗旨的高度提出过"稳定抓机制"的总体要求，并明确指

---

[1] 习近平:《在全国社会治安综合治理工作会议上的讲话》(2004年6月11日)，载《今日浙江》2004年第12期。另见《人民日报》2004年6月11日。

[2] 习近平:《妥善化解社会矛盾，全力维护社会稳定》，载《求是》2004年第3期。

出:"我们共产党的一切工作都是为人民服务的,必须建立健全为民办实事的长效机制,切实解决群众生产生活中的实际问题,真正让发展的成果惠及最广大人民群众。"[1]他所关注的"枫桥经验"创新发展,许多内容都与体制机制创新有关,比如:"打防结合,预防为主"的经常性工作机制、灵活多样的群防群治网络工作机制、情报信息网络机制、疏导调解机制、齐抓共管机制、领导干部下访工作机制、领导责任机制等等。

党的十八大以来,以习近平同志为核心的党中央高度重视在社会管理方面建立科学的体制机制,特别是基础性的工作机制。强调加强基层工作,机制问题尤为重要。2013年12月,习近平在中央农村工作会议上的讲话中就特别提出,化解农村社会矛盾,确保农村社会稳定有序,提高预防化解社会矛盾水平,"要从完善政策、健全体系、落实责任、创新机制等方面入手",并要求大家"学习和推广'枫桥经验'"要从建立机制入手,维护基层特别是农村社会的稳定。2014年,中共中央、国务院在《关于全面深化农村改革加快推进农业现代化的若干意见》中也提到,要"创新基层管理服务","总结推广'枫桥经验',创新群众工作机制"。[2]这些要求,既反映了"枫桥经验"的内在要求,也反映了实践发展的客观需要。在新的历史条件下进一步总结推广和创新发展"枫桥经验",必须从建立健全预防化解矛盾纠纷机制入手,这样才能真正把各类矛盾、问题解决在基层和萌芽状态,切实保障社会稳定健康发展。

---

[1]《浙江日报》2004年8月6日。
[2]《十八大以来重要文献选编》上,中央文献出版社2014年版,第715页。

## （三）在新的历史条件下创新发展"枫桥经验"，关键是要抓基层、抓基础

"枫桥经验"的产生和发展，源于我党在基层社会有着坚实的根基，有着深厚的群众基础。从基层开始，自下而上建立严密的组织体系，并依靠基层组织发挥作用，这是我们党的一大优势。根据党的历史经验，党的一切工作特别是群众工作必须从基础抓起，抓好基础、筑牢基础，否则"基础不牢，地动山摇"。因此，习近平在强调"枫桥经验"的长远价值和现时意义时，特别关注这一经验所包含的广泛的基层和基础作用。他指出："'枫桥经验'虽然诞生在农村，但其强化基层基础、就地解决问题的基本精神具有普遍的指导意义。"正因为具备这种基层和基础作用，所以习近平认为，这一经验不仅适用于农村，而且适用于城市，不仅适用于社会治安工作，而且也适用于其他各项工作。[1]

从"枫桥经验"的基层和基础意义出发，习近平多次强调，创新发展这一经验要特别注重"强化基层基础""抓基层、抓基础"。他曾经以"平安浙江"建设、平安市县创建为切入点提出，"创建平安市县，关键是抓基层、抓基础"。一方面要抓基层，确保平安创建工作在基层有人抓、有人管；另一方面要抓基础，全面提高基层开展平安创建工作的能力和水平，尽量把问题解决在萌芽之中，解决在发生之初。[2]

关于如何抓基层和抓基础，习近平在总结推广新时期"枫

---

[1] 习近平在绍兴市调研时的讲话（2004年8月24日），载《干在实处走在前列——推进浙江新发展的思考与实践》。
[2] 同上。

经验"时明确提到过两个重点环节：一是要切实加强以党支部为核心的基层组织建设；二是要求领导干部工作重心下移。

讲到加强以党支部为核心的基层组织建设，习近平强调，要切实做好以基层党组织建设为核心的抓基层打基础工作，充分发挥基层组织直接做群众工作的重要作用。他指出："我们党的一大优势是有严密的组织体系，一直延伸到社会基层。党的基层组织和基层干部工作在群众中间，他们是加强和创新社会管理、做好群众工作最基本、最直接、最有效的力量，是我们党执政为民最为重要的组织基础。"为此，他在2011年2月召开的省部级主要领导干部社会管理及其创新专题研讨班结业式上，专门推介了"枫桥经验"在抓基层组织建设方面的做法："'枫桥经验'最根本的一点，就是充分发挥党的政治优势，依靠基层组织和广大群众，就地解决矛盾纠纷，最大限度地把问题解决在基层、解决在萌芽状态。这是充分发挥基层组织做群众工作作用的范例。"[1]他多次提到"枫桥经验"在强化基层组织方面的根本内涵，强调"要坚持强化基础，依靠群众"，"要切实加强以党支部为核心的基层组织建设，深入细致地做好思想政治工作，理顺群众情绪，化解矛盾纠纷，使具体的改革和发展措施为广大群众所理解、所拥护、所参与"。[2]

讲到领导干部工作重心下移，习近平强调，领导干部工作重心下移和靠前指挥具有关键性作用。他提出："坚持工作重心下

---

[1]《十七大以来重要文献选编》下，中央文献出版社2013年版，第182页。
[2] 习近平：《在全国社会治安综合治理工作会议上的讲话》（2004年6月11日），载《今日浙江》2004年第12期。

移,进一步强化社会治安综合治理,着力提高农村基层干部运用行政、经济和法律等手段管理基层事务、处理矛盾纠纷的能力。"[1]还专门在"创新发展'枫桥经验'"意义上指出:"对于群体性突发事件,领导干部一定要在第一时间掌握了解情况,靠前指挥、果断决策、妥善处置,防止小事演变成大事、个案演变成群体性事件、局部问题演变成影响一个地方的问题。"[2]

"枫桥经验"产生于20世纪60年代,却具有经久不衰的历史意义和新鲜的时代内涵;"枫桥经验"诞生于浙江农村,却有着全国性的广泛影响和全局性的指导作用;"枫桥经验"出自基层干部群众的创造,却成为我们党探索社会主义建设规律和党的执政规律的一面旗帜和一个标杆。这一切,都不是偶然的。

---

[1] 习近平:《在浙江省委建设社会主义新农村专题学习会上的讲话》(2006年3月23日),载《干在实处走在前列——推进浙江新发展的思考与实践》。

[2] 习近平:《深入贯彻落实科学发展观,推动浙江经济社会又好又快发展》,载《政策瞭望》2007年第1期。

# 本 意

## 从毛泽东等人的阐述看"以人为本"基本内涵

谈到毛泽东,党内党外特别是人民群众给了他一个亲切的定位,那就是"人民领袖"。

谈论"人民领袖"这个话题,就需要先搞清楚毛泽东的执政理念是建立在什么基础上的,搞清楚毛泽东等老一辈共产党人对人民群众的基本看法、基本态度。我们试图从人们熟悉的"以人为本"的概念,做一些探讨。

从"以人为本"的提法,到"以人民为中心"的发展思想,近年来,关于"以人为本"的话题成为人们议论的热点。"以人为本"本来是个好词语,它的含义基本也是清楚的,它与我们党历来倡导和坚持的"人是第一位的""人民群众是我们一切工作的出发点和归宿""人民的利益高于一切""人民、只有人民才是创造世界的动力""以人民为中心"以及"全心全意为人民服务"等思想观念和宗旨是内涵一致、一脉相承的。但是,也有一些人,曲解"以人为本"的本来意义,将其误导到抽象的人本主义或抽象的人道主义、人性论上去,还有的人干脆将其引向西方宣扬的"天赋人权"的个人主义领域,肆意将"以人为本"庸俗化、私利化。这些,在一定程度上引起了思想理论界和社会上的一些混乱。为此,有必要澄清"以人为本"的真正含义,并搞准它的现实运用。

到底什么是"以人为本"？要从根本上回答这些问题，还得从开创了"中国人民从此站立起来了"这一历史纪元的老一辈革命家那里，从毛泽东等人对这一问题的思考和论述中，寻找既符合这个问题的本意，又符合中国实际的答案。

在以毛泽东为代表的老一辈革命家中，我们的确少见到他们直接使用"以人为本"的概念，但是，在他们的思想内核中，早就有"以人为本"的思想渊源；在他们领导中国革命和中国社会主义建设的实践中，也有着这方面思想的丰富论述和深刻总结。

## 一、毛泽东等人所阐述和升华的"民本"思想的基本内涵

"以人为本"的思想渊源，从毛泽东等人早期所受到过"民本主义""人本主义"等思想的影响中可以看出来。

从目前查到的资料上看，最早记录毛泽东谈到与"民本"概念相关的文字，是他写下的《讲堂录》。在1913年11月29日有关"修身"内容的记录中，他专门记下了曾国藩的八个"为本"："曾文正八本：读古书以训诂为本，作诗文以声调为本，养生以少恼怒为本，事亲以得欢心为本，居家以不晏起为本，立身以不妄语为本，做官以不要钱为本，行军以不扰民为本。"[1]这第八"本"，讲的就是在军民关系中"以民为本"的问题。

我们看到的毛泽东再次比较明确地讲"民本"的问题，是在1919年7月14日为《湘江评论》写的创刊宣言中，他明确地谈

---

[1]《毛泽东早期文稿》，湖南人民出版社1990年版，第593页。

到了"民本主义"的概念。毛泽东在提出并解答了"世界什么问题最大？吃饭问题最大。什么力量最强？民众联合的力量最强"的问题之后，谈到社会改革问题，他认为，各种改革，一言以蔽之，是"对抗强权"以"得自由"而已。为此他提出："各种对抗强权的根本主义，为'平民主义'（德莫克拉西。一作民本主义，民主主义，庶民主义）。宗教的强权，文学的强权，政治的强权，社会的强权，教育的强权，经济的强权，思想的强权，国际的强权，丝毫没有存在的余地。都要借平民主义的高呼，将他打倒。"[1] 毛泽东这里所指的"民本主义"，是与强权相对的，是与民主主义、平民主义、庶民主义同义的。借用"民本主义"思想，是毛泽东用来号召生活在三座大山之下的人民大众"对抗强权""获得自由"的一种理论武器。

几乎与毛泽东同时，周恩来在剖析强权政治的弊端后，也明确借用了"民本主义"的概念。1918年2月19日，周恩来在旅日期间写的日记中，剖析了中国当时的政治状况即"现在的政局全在几个武人手里拿着"，还剖析自己以往"对于袁世凯的独夫政治、亲德主义，反加赞成"，"对于政治，也是想去行那贤人政治的方法，排斥真正的民本主义"。经过比较和思考后，周恩来最后认为："军国主义的第一个条件是'有强权，无公理'的。""而且军国主义必定是扩张领土为最要的事。"最后他坚定地表示："'军国主义'在21世纪上，我看是绝对不能存留了。我从前所想的'军国'、'贤人政治'这两种主义可以救中国的，

---

[1]《毛泽东早期文稿》，湖南出版社1990年版，第292—293页。

现在想想实在是大错了。"[1]反思的结果，他赞成"国家主义、世界主义"和"真正的民本主义"，反对"军国主义"和"贤人政治"。

朱德受"民本主义"思想影响比较早也比较深，这种影响在他后来的革命和建设实践中都有所体现。比如，在抗日战争期间，朱德明确借用了"民为邦本"的概念。1937年7月26日，他在谈到"动员民众，武装民众，给民众以充分的救国抗日的自由，这是胜利的最必要的条件"时说："民为邦本，民众是抗日的主要力量。"[2]朱德始终奉行"以民为本"的理念，他在1962年2月24日的一首诗中，还专门表达了这种观点："国以民为本，民以食为天。安居又乐业，保证是丰年。"[3]

应该说，在追求救国救民的真理以及带领中国人民推翻压在头上的"三座大山"的过程中，老一辈革命家大都受到过传统的"民本主义"的影响，并分别在不同程度上借用过"民本主义"的概念。但是，一旦他们接受了马克思主义，他们对"民本主义"思想的理解便有了质的变化，在实践中也得到了根本性的升华，其基础和核心贯穿了历史唯物主义。

自接受马克思主义后，毛泽东等老一辈革命家自觉地将自己和党的根本宗旨确定为：全心全意为人民服务。他们始终认为，人民群众，是我们的根本；群众观点，是我们一切工作的出发点和归宿，也是中国共产党区别于其他党派的根本。正如毛泽东所说："有无群众观点是我们同国民党的根本区别，群众观点是共

---

[1]《周恩来早期文集》上卷，中央文献出版社、南开大学出版社1998年版，第337页。
[2]《朱德军事文选》，解放军出版社1997年版，第265页。
[3]《朱德诗词集（新编本）》下，中央文献出版社2007年版，第340页。

产党员革命的出发点与归宿。从群众中来，到群众中去，想问题从群众出发就好办。部队中的负责同志要替士兵着想，机关、学校的负责同志要替大厨房着想，替杂务人员着想，所有的共产党员要替人民着想。"[1]毛泽东还说过："我们共产党人区别于其他任何政党的又一个显著的标志，就是和最广大的人民群众取得最紧密的联系。全心全意地为人民服务，一刻也不脱离群众；一切从人民的利益出发，而不是从个人或小集团的利益出发；向人民负责和向党的领导机关负责的一致性；这些就是我们的出发点。"[2]这就是毛泽东等老一辈革命家在马克思主义基础上所理解、阐述和升华的"民本"观的根本含义，也是共产党人"以人为本"思想的根本内涵。

老一辈革命家始终认为，为什么人服务的问题，是共产党人的宗旨所在，也是一个根本性问题。早在延安时期，毛泽东就特别强调过：无产阶级的文艺，从根本上来说是为人民大众服务的，一旦偏离了为人民大众服务的这个根本，一切都无从谈起。他在《在延安文艺座谈会上的讲话》中说："为什么人的问题，是一个根本的问题，原则的问题。""这个根本问题不解决，其他许多问题也就不易解决。"他强调，"这个问题，本来是马克思主义者特别是列宁所早已解决了的。列宁还在 1905 年就着重指出过，我们的文艺应当'为千千万万劳动人民服务'"。毛泽东所说的"人民大众"，是"最广大的人民，占全人口百分之九十以上的人民，是工人、农民、兵士和城市小资产阶级。……这四种人，就是中

---

[1]《毛泽东文集》第 3 卷，人民出版社 1996 年版，第 71 页。
[2]《毛泽东选集》第 3 卷，人民出版社 1991 年版，第 1094—1095 页。

华民族的最大部分,就是最广大的人民大众"。毛泽东还多次告诫过党内同志:"坚决依靠人民,就是你们的出路。"[1]

在革命和建设时期,老一辈革命家所遵循的"以人为本"思想的核心,始终都是"全心全意为人民服务"和"一切从人民利益出发"。周恩来曾经说过:"对人民,我们要如对孺子一样地为他们做牛的。要诚诚恳恳、老老实实为人民服务。"他还告诫同志们:"应该像条牛一样,努力奋斗,团结一致,为人民服务而死。"[2]周恩来一生始终彻底地践行"全心全意为人民服务"的宗旨,"鞠躬尽瘁,死而后已",他要求自己"活着要为人民服务,死后也要为人民服务"。并经常告诫自己:"为人民服务,就是要像春蚕那样吐完最后一根丝。"

从刘少奇对党的章程和国家宪法的解释中,也可以看出他对人民大众是我们思想和行动的根本点和出发点这一问题的高度重视。他在中共七大上做修改党章的报告说:"一切为了人民群众的观点,一切向人民群众负责的观点,相信群众自己解放自己的观点,向人民群众学习的观点,这一切,就是我们的群众观点,就是人民群众的先进部队对人民群众的观点。我们的同志有了这些观点,有了坚固的明确的这些群众观点,才能有明确的工作中的群众路线,才能实行正确的领导。"在解释新中国国家宪法时,他也强调:"人民的共同利益和统一意志,是人民代表大会和一切国家机关工作的出发点。"[3]

---

[1]《毛泽东选集》第4卷,人民出版社1991年版,第1154页。
[2]《周恩来选集》上卷,人民出版社1980年版,第240—241页。
[3]《建国以来刘少奇文稿》第6册,中央文献出版社2008年版,第382页。

邓小平在中共八大上做《关于修改党的章程的报告》时，也曾说过："党的全部任务就是全心全意为人民服务；党对人民群众的领导作用，就是正确地给人民群众指出斗争的方向，帮助人民群众自己动手，争取和创造自己的幸福生活。因此，党必须密切联系群众和依靠群众，而不能脱离群众，不能站在群众之上；每一个党员必须养成为人民服务、向群众负责、遇事同群众商量和同群众共甘苦的工作作风。""党的领导工作能否保持正确，决定于它能否采取'从群众中来，到群众中去'的方法。"在如何实现以人民群众为根本这一理念上，邓小平突出地从解放和发展生产力的角度，特别提到了重视生产力要素中最积极、最活跃的因素即人的因素的问题。他始终强调，要把人从旧的生产关系和交换关系中解放出来，充分发挥人的创造力、积极性、主动性。在如何发展生产力方面，邓小平一再主张以"人民拥护不拥护""人民赞成不赞成""人民高兴不高兴""人民答应不答应"为我们制定各项方针政策的出发点和归宿。邓小平的这一观念，也来源于毛泽东早在1945年4月写的《论联合政府》中的主张："应该使每个同志明了，共产党人的一切言论和行动，必须从合乎最广大人民群众的最大利益，为最广大人民群众所拥护为最高标准。"而在社会发展的最终目的上，邓小平强调的是"消除两极分化"与"共同富裕"。他认为，只有通过消除两极分化，最终达到共同富裕，才能真正实现人的自由、平等和公正，真正使每个人的价值和意义都能得到承认。

毛泽东曾经说过，"如果不帮助人民，就是背叛马克思主义。——没有人民就会垮台"。陈云也多次强调过："要站住脚，就得有群众……没有群众，一定失败，死无葬身之地。"[1]共产党人革命和建设的目的，"就是为了改善最大多数人民的生活"。[2]就是在改革开放的新的历史条件下，邓小平和陈云等也始终强调，人民的利益高于一切，人民群众是社会主义改革和现代化建设的根本推动力量，同时也应成为改革的受益者。

从上面这些论述中我们可以看出，毛泽东等老一辈革命家在认识和处理人与人之间、人与社会之间以及人与自然间的关系问题上，所涉及的"以人为本"的理念中，包括以下一些基本内容：人民的利益是我们一切的根本，人民的利益高于一切，必须也只能向人民群众负责；一切为了人民群众，一切相信群众，一切依靠群众；群众观点，是我们一切工作的出发点和归宿，也是中国共产党区别于其他党派的根本；任何时候都要站在人民群众一边，全心全意为人民服务，一切替最普通、最广大的人民群众着想，任何时候都要诚诚恳恳、老老实实地为人民群众服务，像牛一样为人民努力工作，直到生命的最后一刻；要正确地给人民群众指出前进的方向，要善于动员群众、组织群众，引领人民群众去争取和创造充分的自由和幸福的生活；要密切联系群众而不脱离群众，遇事同群众商量，同群众共甘苦；在工作中要采取"从群众中来，到群众中去"的方法；要相信人民群众是历史发展的动力，是革命、建设和改革的根本推动力量，同时也是革命、建设和改革成果的受益者；要以"人民拥护不拥护""人民赞成不赞成""人民高兴不高兴""人民答应不答应"为我们制定各项方

---

[1]《陈云文选》第1卷，人民出版社1984年版，第315页。
[2]《陈云文选》第2卷，人民出版社1984年版，第193页。

针政策的基石和评判效果的标准。

　　毛泽东等老一辈革命家强调的"以人为本",是以人民的利益为根本,一切对人民负责。以人民为根本,就有了工作的标准:"共产党人的一切言论行动,必须以合乎最广大人民群众的最大利益,为最广大人民群众所拥护为最高标准。"[1]以人民为根本,就有了工作的责任:"我们的责任,是向人民负责。每句话,每个行动,每项政策,都要适合人民的利益,如果有了错误,定要改正,这就叫向人民负责。"[2]以人民为根本,就有了前进的方向:"我们的方向就是人民的方向,这是载于宪法的。"[3]以人民为根本,就知道自己手中的权力是谁给的:"我们的权力是谁给的?是工人阶级给的,是贫下中农给的,是占人口百分之九十以上的广大劳动群众给的。我们代表了无产阶级,代表了人民群众。"[4]以人民为根本,就知道了党和军队的宗旨是什么:"从创建之日起,就具有高度的爱国主义和国际主义精神,本着全心全意为人民服务的宗旨,英勇奋斗,艰苦奋斗。"[5]也就知道了人民军队的力量所在:"这个军队之所以有力量,是因为所有参加这个军队的人,都具有自觉的纪律;他们不是为着少数人的或狭隘集团的私利,而是为着广大人民群众的利益,为着全民族的利益,而结合,而战斗的。紧紧地和中国人民站在一起,全心全意

---

[1]《毛泽东选集》第3卷,人民出版社1991年版,第1096页。
[2]《毛泽东选集》第4卷,人民出版社1991年版,第1128页。
[3]《毛泽东文集》第6卷,人民出版社1999年版,第358页。
[4]《建国以来毛泽东文稿》第12册,中央文献出版社1998年版,第581页。
[5]《毛泽东文集》第6卷,人民出版社1999年版,第224页。

地为中国人民服务,就是这个军队的唯一的宗旨。"[1]

## 二、与传统的"民本"思想、西方"民本主义"的区别

同样讲的都是"民本"问题,本质却有不同。毛泽东等老一辈革命家所借用的"民本"思想,既不是单纯的中国历史上传统的"民本"思想,更不是简单的西方"民本主义"。中国共产党人在把马克思主义唯物史观系统地运用于中国人民革命和建设过程中,升华并形成了"以人民群众的根本利益为出发点""全心全意为人民服务"的崇高思想。把握这种原则区别,是我们认识中国共产党人"以人为本"理念的重要前提。

### (一)与传统民本思想的本质区别

在中国古代,有关"民本"的思想早已有之,比如孟子阐述的"老吾老以及人之老,幼吾幼以及人之幼,天下可运于掌"的思想,且还用精辟的语言概括了当时民贵君轻的思想,强调"民为贵,社稷次之,君为轻",主张"乐民之乐""听政于民""失其民者,失其心也""得其民,斯得天下矣"。荀子用水与舟的关系来生动比喻"君子"与"庶人"的关系:"庶人安政,然后君子安位。传曰:君者,舟也;庶人者,水也;水则载舟,水则覆舟,此之谓了。"在古代思想家中,管子和晏子则明确提出了"以人为本"和"以民为本"的命题。管子强调:"夫霸王之所始也,以人为本;本理则国固,本乱则国危。"晏子提出:"卑而不失尊,

---

[1]《毛泽东选集》第3卷,人民出版社1991年版,第1039页。

曲而不失正者，以民为本也。"作为君主的唐太宗，也提出过"君依于国，国依于民"的观点。到了明清时期，启蒙思想家黄宗羲提出了"天下为主，君为客"的主张，认为君应该"以天下万民为事"，试图用平等的君臣关系来限制君主制度，把君主制度纳入"公天下"的轨道。

应该说，在中国古代各种"民本"思想的宝库中，不乏"重民""富民""利民""亲民""保民"的思想，对促进社会和谐和推动社会发展，都曾起到过积极的作用。需要注意的是，尽管历史上的先哲们在一定程度上强调了人民群众或者老百姓的地位，但是，总体上说他们仍认为历史最终是统治阶级创造的。"民本"理念的最终目的，是为了缓和统治阶级与人民群众的阶级矛盾，以维护少数人的统治地位。封建民本思想不具有超越封建君主制度的意义，它属于封建统治阶级的得民之道、御民之术；封建民本思想也不属于民主的范畴，它仅仅是把"民"作为君主统治的政治工具，其最高境界也只是"为民做主"。它的历史局限性和阶级局限性是显而易见的。封建社会强调的"民本"思想，其出发点和归宿都是封建统治者，最终是要向统治者负责。

而毛泽东等老一辈革命家思想中的"以人为本"，与封建统治阶段讲的"民本"思想是有本质区别的。从根本上说，毛泽东等人强调的"以人为本"，其出发点和归宿是人民群众，最终要从根本上向人民群众负责。正如毛泽东所说："我们的责任，是向人民负责。每句话，每个行动，每项政策，都要适合人民的利益，如果有了错误，定要改正，这就叫向人民负责。"[1]毛泽东等

---

[1]《毛泽东选集》第4卷，人民出版社1991年版，第1128页。

中国共产党人从历史唯物论的理论高度，阐发的是"人民群众是历史的创造者""是历史发展的决定力量"的重要思想，他们的立场和出发点是一切相信群众、一切依靠群众、一切为了群众，他们的根本方法是"从群众中来，到群众中去"。

尽管毛泽东等老一辈革命家对中国古代民本思想中的积极因素加以充分吸收和改造，但他们遵从的是把群众的利益看得高于一切，强调的是把是否符合广大人民群众的最大利益看作衡量共产党人一切言论和行动的最高标准，看作是共产党人排除艰难险阻、克敌制胜的法宝和根本保证。

在人民当家做主的问题上，封建统治者并不想让民众在现实政治生活中得到民主权利，参与国家政治事务，真正地当家做主人。古代的民本思想是地地道道的"无参政权的民本主义"，"其权力乃在人民以外"。而毛泽东等中国共产党人所强调的是从根本上真正地重视人民民主。毛泽东经常告诫党的干部："我们的权力是谁给的？是工人阶级给的，是贫下中农给的，是占人口百分之九十以上的广大劳动群众给的。我们代表了无产阶级，代表了人民群众，打倒了人民的敌人，人民就拥护我们。共产党基本的一条，就是直接依靠广大革命人民群众。"这就是说，我们的政权和执政的基础，是把人民当作主人，直接依靠广大人民群众，使人民拥有"管理上层建筑"的民主权。

搞清了这些基本内涵，也就搞清了毛泽东等老一辈革命家强调的"民本"思想与中国传统"民本"思想的根本区别点。

**（二）与西方民本思想的本质区别**

在西方，有关"民本""人本"的思想也古已有之。但西方思想家所讲的"以人为本",主要是与"以神为本"相对的。特别是自文艺复兴以来,西方人本主义者从人的感性欲求的合法性出发,宣扬人的价值、人的尊严和人的权利,强调人的自由、平等,推崇人的理性权威,把人提到高于一切的地位。这些,对于战胜西方中世纪时期的"以神为本",对于排斥某些异化现象如"以钱为本",无疑具有进步意义。西方思想家用"人本主义"反对"以神为本""以物为本",突破了神对人的统治和对思想的禁锢,但是,由于他们所处的历史环境和阶级局限,他们所谓的"以人为本"往往是以抽象的而不是具体的、历史的人为逻辑起点;他们在历史观上的唯心主义立场,使他们的"以人为本"内涵要么陷于道德意义,要么流于片面、抽象和虚幻。他们从抽象的人为出发点,主张抽象的人道主义和人性论,在很大程度上只突出某些英雄和贤人的作用,忽视广大人民群众创造历史和推动历史发展的作用。

毛泽东等老一辈马克思主义者所强调的"以人为本",从本质上说是具体的、历史的,它追求的是"现实的人"的自由与解放。尽管都是以"人"作为出发点,但是,毛泽东等中国共产党人吸收了中国传统文化的精华并发展了马克思主义后,所提倡的"以人为本",与西方所说的"人本主义"是有根本区别的。毛泽东等人所提倡的"以人为本",把现实的人、具体的人、历史的人作为出发点,着眼点是最广大的人民群众,真正把人民群众作为推动社会发展的活生生的主体力量。

今天我们党在毛泽东等老一辈革命家思想的基础上所提倡的"以人为本",更不是西方价值观中的"人本主义"概念。它是以马克思主义彻底的唯物论为基础的,强调的是以人民群众的实际需求和满意程度为最高的价值标准，推崇的是以广大人民群众为社会主人翁，遵循的是以人民群众的根本利益为出发点和归宿。搞清了这些基本原则，也就搞清了中国特色社会主义理论体系中的"以人为本"理念与西方"人本""民本"思想的根本区别。

### 三、认识和运用"以人为本"必须搞清的几个问题

从上面的分析中我们可以清晰地看出，今天中国共产党人坚持的"以人为本""以人民为中心"的理念，是对毛泽东等老一辈革命家"一切从人民利益出发""全心全意为人民服务"思想的升华。这一思想脉络的根基，就是彻底的唯物主义，是马克思主义的唯物史观。离开这个基础，"以人为本"就无从谈起。搞清了毛泽东等老一辈革命家所强调的"以人为本"思想的基本内涵以及与其他"人本"思想的原则区别，也就能够从根本上厘清理论和实践中一些经常被模糊甚至颠倒的问题。

#### （一）充分尊重人的主体地位，发挥人的主观能动作用

"以人为本""以人民为中心"的理念，强调的是充分尊重人的主体地位，从而充分发挥人的主观能动作用。这其中的一个核心问题，是必须正确认识和处理人与自然的关系。许多人在认识和实践中，往往容易坠入唯心主义和形而上学的泥潭。

在这方面，比较典型的例子是当前社会生活中一些人信仰缺失。曾经有这样一种怪现象：在我国社会一些人群中，存在有神论且日趋流行，而无神论鲜有人讲。不知不觉中形成了一种"以神为本"的气候。相当一些人在理想信念和精神追求方面出现了

严重的问题,其中一个突出的表现是不相信社会主义,不相信共产党,甚至一些共产党员也闭口不谈马克思主义和共产主义理想信念,反而相信各种宗教,以致宗教迷信活动甚嚣尘上。更令人惊奇和忧虑的是,一些党员干部包括一些领导干部,口头上讲"科学发展",但在信仰问题上却忘记了科学的世界观和人生观,置真正的科学于不顾;他们口头上讲"以人为本""以人民为中心",但却在思想深处和行动中奉行"以神为本""以神仙为中心",相信宗教迷信,不相信活生生的社会实践展现出来的人民群众的伟大力量,宁可让"神灵"来主宰自己的命运。这些,显然是唯心史观的现代翻版,是同我们的指导思想,同我们党提出的科学发展观和以人为本的战略思想背道而驰的。

"以人为本"的思想内涵,与科学无神论思想是相统一的,其思想基础是马克思主义的世界观。在这方面,毛泽东等老一辈革命家早有论述,毛泽东就明确指出,我们"要用唯物论代替唯心论,用无神论代替有神论"。邓小平强调:"我们建国以来历来实行宗教信仰自由。当然,我们也进行无神论的宣传。"进入新的历史时期,党和国家领导人也多次指出:"共产党人是无神论者,任何时候都要坚持无神论,宣传无神论。""共产党员不但不能信仰宗教,而且应该积极宣传无神论,宣传科学的世界观,宣传反对封建迷信的正确观点。"如果没有马克思主义的世界观,没有唯物史观,是很难坚守"以人为本",很容易掉入"以神为本"的。

社会上还有一些人,很容易陷入"以物为本"的形而上学的泥潭,动辄"物质利益至上""金钱至上",见物不见人、见利忘义,以致物欲横流。这些现象的思想基础,都是"以物为本"思想的翻版,也是与"以人为本"的理念背道而驰的。

从唯物史观和辩证法角度认识和处理人与自然的关系，就必须清楚地看到，"以人为本"强调的是人的主体地位，历史活动和社会发展的主体和主导是活生生的人。要充分尊重人的要素，充分发挥人的主观能动性。只有这样才能真正促进社会的发展，推动历史的进步。

## （二）充分肯定人民群众是历史的创造者，充分尊重普通劳动者

"以人为本""以人民为中心"的理念，强调的是人民群众是历史的创造者。毛泽东等老一辈革命家讲的"人民群众"，是生活在社会各阶层、各行各业的普通劳动者，是占人口最大多数的活生生的基层广大群众。正因为从这一点出发，他们强调的是必须充分尊重人民群众尤其是普通劳动者的地位，充分激发他们在社会活动中的积极性、创造性，充分发挥他们在社会发展中的强大作用。

当前，社会上有一些"精英"人士，把自己看作是人民群众的主宰，是"推动历史发展的杠杆"。在他们眼里，人民群众只是"草民""草根"。这种认识是与历史发展的客观规律完全相悖的，也是违背唯物史观的。

毛泽东等老一辈革命家从社会发展的实际出发，坚持和发展了马克思主义唯物史观关于人民群众是历史的创造者的基本原理，提出了"人民，只有人民，才是创造世界历史的动力"的重要思想，[1]阐明了人民群众在历史发展中的重要地位和作用。

毛泽东历来强调，人民群众是历史的创造者，真正强大的力量在人民群众中间。早在革命战争年代，毛泽东就提出，人民群

---

[1]《毛泽东选集》第3卷，人民出版社1991年版，第1031页。

众是我们"真正的铜墙铁壁,什么力量也打不破的",[1]毛泽东等人特别注重人民群众的力量,推崇群众的作用,他们认为:"人民是有能力的,他们的力量是最伟大的,他们结成了团体,就是所向披靡、天下无敌的常胜军。"[2]中国人民革命战争取得胜利的真正力量在人民手里,"从长远的观点看问题,真正强大的力量不是属于反动派,而是属于人民"。[3]在社会主义建设时候,毛泽东也多次指出,"历史是人民创造的","无论如何,不能认为历史是计划工作人员创造的,而不是人民群众创造的"。

值得注意的是,毛泽东等人强调的"人民群众",是最普普通通的基层群众。正如他所说:"'三个臭皮匠,合成一个诸葛亮',这就是说,群众有伟大的创造力。中国人民中间,实在有成千成万个的'诸葛亮',每个乡村,每个市镇,都有那里的'诸葛亮'。我们应该走到群众中间去,向群众学习,把他们的经验综合起来,成为更好的有条理的道理和办法,然后再告诉群众(宣传),并号召群众实行起来,解决群众的问题,使群众得到解放和幸福。"在毛泽东等人看来,这些生活在最基层的、占人口最大多数的劳动者,才是历史的真正主人。

## (三)发挥领导者的关键作用,同时充分推崇人民群众是真正的英雄

中国共产党人强调的"以人为本""以人民为中心"的理念,

---

[1]《毛泽东选集》第1卷,人民出版社1991年版,第139页。
[2]《毛泽东文集》第2卷,人民出版社1993年版,第171页。
[3]《毛泽东选集》第4卷,人民出版社1991年版,第1195页。

一方面肯定领袖在社会发展中的引领地位，但同时更重视的是人民群众的基石地位，推崇的是"群众是真正的英雄"。早在1937年，毛泽东就在《辩证法唯物论（讲授提纲）》中批驳了"唯心论历史家把英雄看成历史的创造者"。后来他又提出："群众是真正的英雄，而我们自己则往往是幼稚可笑的，不了解这一点，就不能得到起码的知识。"[1]

目前社会上有这样一种现象，一些人在认识和处理干部与群众的关系、领导者与被领导者关系的时候，自觉不自觉地只看到少数人即领导者或干部的作用，维护少数人的利益；他们看不到大多数人即人民群众的作用，甚至以损害人民的利益为代价，自觉不自觉地与人民群众脱离开来。这显然也是所谓英雄史观的现代翻版。

从毛泽东等人有关"以人为本"的论述中我们可以清楚地看出，这个"本"，是广大的人民群众，是人民中的大多数。执政党及其领导干部是站在大多数人一边还是站在少数人一边，这个问题至关重要。在谈到领袖与人民、干部与群众的关系时，毛泽东等人始终认为，应当承认少数人的作用，也就是领导者、干部的作用，但是，这种作用没有什么了不起的，真正发挥了不起作用的还是群众。毛泽东就说过："我们的事业是多数人做的，少数人的作用是有限的。干部与群众的正确关系是，没有干部也不行，但是，事情是广大群众做的，干部起一种领导作用，不要夸大干部的这种作用。"[2]毛泽东在《工作方法六十条（草案）》中还

---

[1]《毛泽东选集》第3卷，人民出版社1991年版，第790页。
[2]《毛泽东文集》第6卷，人民出版社1999年版，第401—402页。

强调指出:"在我们的干部中,大概还有不少的人,不明白这样一个简单的真理:任何英雄豪杰,他的思想、意见、计划、办法,只能是客观世界的反映,其原料或者半成品只能来自人民群众的实践中,或者自己的科学实验中,他的头脑只能作为一个加工工厂而起制成完成品的作用,否则是一点用处也没有的。人脑制成的这种完成品,究竟合用不合用,正确不正确,还得交由人民群众去考验。如果我们的同志不懂得这一点,那就一定会到处碰钉子。"[1]他要求党内干部必须搞清楚"是英雄创造历史,还是奴隶们创造历史"的问题。

正因为充分看到了人民群众的历史地位和作用,从人民群众的根本利益出发,我们党才总结出了"从群众中来,到群众中去"的根本工作路线和尊重群众、相信群众、依靠群众、宣传群众、组织群众的根本工作方法。"在我党的一切实际工作中,凡是正确的领导,必须是从群众中来,到群众中去。这就是说,将群众的意见(分散的无系统的意见)集中起来(经过研究,化为集中的系统的意见),又到群众中去做宣传解释,化为群众的意见,使群众坚持下去,见之于行动,并在群众行动中考验这些意见是否正确。然后再从群众中集中起来,再到群众中坚持下去。如此无限循环,一次比一次地更正确、更生动、更丰富。这就是马克思主义的认识论。"[2]毛泽东所概括的"从群众中来,到群众中去"的根本路线和根本方法,正确地揭示了党和人民、领导干部与群众的关系,深刻地说明了党的群众路线与马克思主义认识论的内

---

[1]《毛泽东文集》第7卷,人民出版社1999年版,第358—359页。
[2]《毛泽东选集》第3卷,人民出版社1991年版,第899页。

在一致性,把唯物辩证法和马克思主义认识论具体化为科学的领导方法。从彻底的唯物论上把握这一内核,是真正领会毛泽东等老一辈革命家所倡导的"以人为本"思想的根本点。

总之,从毛泽东等老一辈革命家有关"以人为本"的经典论述中,我们可以清楚地看到,"以人为本"的根本点和立足点,是广大人民群众,着眼点是现实的、具体的、生动的人民大众。只有立足于历史唯物主义的观点,立足于活生生的社会现实,才能真正认识和理解"以人为本"理念的深刻内涵和现实意义,从而也才能正本清源,最终将这一思想贯穿到我们的思想理论和现实生活中去。

# 人 民

## 从毛泽东给共产党人规定的初心使命及其人民观说起

解释毛泽东为什么能够成为"人民领袖",还要了解毛泽东一生追求的事业是什么,他始终为了谁、坚定依靠谁,他的初心和使命是什么?从这些问题认识了毛泽东是个什么样的人,也就真正搞清楚了中国共产党是个什么样的党!

1946年3月,美国五星上将马歇尔将军来到延安。经过一番实地考察和广泛接触,他有了一个新发现:在延安,听到最多的一个词就是"人民";人民性,是中国共产党领导下的事业与其他党派的根本区别。后来他在分析中国共产党领导的事业得以兴旺的诸多原因时,特别点明了这样一个"更重要的原因",那就是:"他们已经检验了他们的全部理论并使之适用于原始的中国农村以及农民的日常生活,他们感到在人民家里就像在自己家里一样无忧无虑。在延安听到的最多的一个词,就是'人民'……中国人民如何,世界人民如何。'到人民中去','向人民学习',这些都是口号,但又包含着比口号更深的意义,代表着一种极深的感情、一种最终的信念。"[1]

---

[1] 参见王树增:《解放战争》上,人民文学出版社2009年版,第84—85页。

这个例子生动地说明，中国共产党之所以领导人民取得中国革命的最后胜利，其根本的因素是反映了人民群众自己的心声、智慧和力量，即民心所向、民智所施、民力所为。

一切为了人民，全心全意为人民服务，我们从事的一切事业都是人民自己的事业——这，就是毛泽东为中国共产党人确定的工作原则、工作宗旨和工作目标。

新中国成立之初，毛泽东曾经这样说过，"永远摆脱帝国主义羁绊和异民族的压迫，站起来"的各族人民，要"在伟大祖国大家庭中，在中央人民政府统一领导下"，继续为"人民自己的事业"努力奋斗。[1]事业是人民自己的事业，工作是人民自己的工作，力量是人民群众自己的内生动力，中国共产党作为马克思主义政党，只是顺应了人民的自身要求，这才有了取胜的决定性的因素。革命成功如此，建设奠基如此，改革开放推进亦然。正如习近平所说："人民性是马克思主义最鲜明的品格。"

为人民谋幸福、为民族谋复兴，是毛泽东一生的追求。毛泽东曾说过："共产党员是一种特别的人，他们完全不谋私利，而只为民族与人民求福利。"这就是毛泽东为中国共产党人规定的初心和使命，他自己也是这样完完全全地去实践的。从人民中来，到人民中去；一切为了人民，一切依靠人民，在这一点上，毛泽东具有完全、彻底的坚定性！

---

[1]《毛泽东文集》第6卷，人民出版社1999年版，第170页。

## 一、从坚定性上看为信仰终身追求、为人民初心不改

为绝大多数人谋福利、为全人类谋幸福、为每个劳动者能够自由发展并结成自由人联合体而不懈奋斗，这是马克思、恩格斯为共产主义者同盟确定的初心。这份初心的内涵清晰地写在《共产党宣言》中，也成为马克思主义者的信仰。

前文说过，毛泽东对马克思主义的信仰，最初就是通过读《共产党宣言》等马列著作确立起来的。1936年10月，他与美国记者斯诺谈到自己1920年春天在北京期间"热切地搜寻当时所能找到的极少数共产主义文献的中文本"时，明确说过："有三本书特别深刻地铭记在我的心中，使我树立起对马克思主义的信仰。我接受马克思主义、认为它是对历史的正确解释，以后，就一直没有动摇过。"他说的这三本书，就是《共产党宣言》《阶级斗争》《社会主义史》。他还说到，自1920年夏天起，"我已经在理论上和在某种程度的行动上，成为一个马克思主义者，而且从此我也自认为是一个马克思主义者了"。毛泽东与当时中国先进的知识分子一样，是在长期苦苦探寻救国救民的真理过程中，经过对各种思潮、主义的反复推求比较，最终找到马克思主义真理的。毛泽东从此坚定马克思主义的理论信仰，坚定追求共产主义事业，他一生在理论的坚定性和道路的坚定性方面，"一直没有动摇过"。

从毛泽东一生的理论学习、思考和实践探索来看，凡遇重大问题和思想疑难，他都要反复阅读《共产党宣言》等马列著作，从中找智慧、找思路、找方法；说到底，就是不断丰富和坚定初心、丰富和增强信仰的力量。他要求所有共产党的干部特别是高

级干部,一定要学懂、弄通《共产党宣言》等马列著作,特别提醒:"党的高级干部,不管工作多忙,都要挤时间,读一些马、列的书,区别真假马列主义。"他自己也一生研读这些著作,还风趣地对身边工作人员说:"我活一天就要学习一天,尽可能多学一点,不然,见马克思的时候怎么办?"他是真学真信真奉行,是一个完全彻底地为人民利益和共产主义事业奋斗终身的伟大的马克思主义者。

坚定了理想信念,就搞清楚了自己在为谁工作!

中国共产党是一个什么样的政党?其根本宗旨、执政理念是什么?与其他政党的根本区别在哪里?这些根本问题,毛泽东等党的领袖们曾经从这个党与人民的关系上做过明确的解答,最具代表性的答案是毛泽东的以下一些经典论述。

第一句话:"共产党是为民族、为人民谋利益的政党,它本身决无私利可图。它应该受人民的监督,而决不应该违背人民的意旨。"这句话讲的就是共产党人的初心和使命,点明的是共产党人为谁工作、接受谁的监督、听从谁的意旨!

第二句话:"共产党员是一种特别的人,他们完全不谋私利,而只为民族与人民求福利。他们生根于人民之中,他们是人民的儿子,又是人民的教师,他们每时每刻地总是警戒着不要脱离群众,他们不论遇着何事,总是以群众的利益为考虑问题的出发点,因此他们就能获得广大人民群众的衷心拥护,这就是他们的事业必然获得胜利的根据。"这句话进一步阐明共产党人在初心与使命上的特质,他们与人民是什么样的关系,一切言行的出发点在哪里,取胜的原因在哪里!

第三句话:"我们共产党人区别于其他任何政党的又一个显

著的标志,就是和最广大的人民群众取得最密切的联系。全心全意地为人民服务,一刻也不脱离群众;一切从人民的利益出发,而不是从个人或小集团的利益出发;向人民负责和向党的领导机关负责的一致性;这些就是我们的出发点。"这句话点明了中国共产党与其他政党的根本区别,说清了这个党是站在什么基点上工作的,这个党的一切工作应该对谁负责!

第四句话:"我们这个队伍完全是为着解放人民的,是彻底地为人民的利益工作的。"这句话讲的是中国共产党领导的队伍是干什么的,这支队伍为人民工作是没有任何私心杂念的,为人民工作是"完全""彻底"的,是心甘情愿的!

第五句话:"我们的责任,是向人民负责。每句话,每个行动,每项政策,都要适合人民的利益,如果有了错误,定要改正,这就叫向人民负责。"这句话解释的是共产党人的责任是什么,什么叫"向人民负责",有了缺点错误该怎么办!

第六句话:"共产党就是要奋斗,就是要全心全意为人民服务,不要半心半意或者三分之二的心三分之二的意为人民服务。"这句话进一步把中国共产党的宗旨、使命讲清楚了——全心全意为人民服务,来不得半点虚假,容不得丝毫懈怠!

这样的经典语言还有很多。毛泽东对共产党和共产党人根本宗旨的定位,深刻揭示了这个党的根本属性,反映了历史是人民创造的这个唯物史观的最基本道理,也讲清了党的主张与人民主张的完全一致性。全心全意为人民服务,而不是半心半意或者三分之二的心三分之二的意为人民服务,这就是毛泽东为中国共产党指明的工作方向和工作态度。以此出发,立党为公、执政为民,就自然地成为这个党的执政理念;以此出发,这个党就自然地要求一切党员特别是党的干部要做人民大众的"牛",为人民"鞠躬尽瘁、死而后已","把有限的生命投入到无限的为人民服务中去"。

毛泽东在总结我们党为什么能够取得革命胜利时,还讲过这样两句话:"站在最大多数劳动人民的一面""拜人民为师,这就灵了"。前一句是1947年10月为佳县县委的题词,后一句是新中国成立后对原国民党军将领郑洞国所提问题的回答。毛泽东揭示了共产党取胜的根本原因。凡事为人民着想,拜人民为师,一切就都灵了,革命如此,建设如此,改革也是如此。中国共产党走到今天,取得巨大成功的真正原因也在这里。牢记这一点,我们的事业就能够成功;而忘掉这个,我们的事业就面临危亡。无论任何时候、任何情况下,只要做到党的主张与人民群众的主张高度统一、理念高度一致、情感高度融合、行动高度整齐,那我们党就一定能够带领人民完成我们的共同事业、实现我们的共同梦想。

毛泽东对中国共产党的定位,既是我们理解中国共产党初心的一个重要基点,也是我们理解新时代、新思想、新征程的一个根本的出发点。从这个根本点出发,就知道新时代中国共产党人应该怎么做,前方的路应该怎么走。无论过去、现在、将来,中国共产党的宗旨和共产党人的本色都不能有任何改变,中国共产党与人民一条心的高度统一性都不能有任何变化。

毛泽东一生都在为党、国家和人民的事业殚精竭虑,谋划着国家和民族的未来发展战略。到了晚年,他更加急切地思虑和挂记国家富强、人民幸福、民族复兴的大业,思考党和国家生死存亡的重大问题。

1963年9月，就在毛泽东即将进入70周岁的时候，他在修改《关于工业发展问题（初稿）》时加写下了一大段话，分析了中国从19世纪40年代起到20世纪40年代中期，"全世界几乎一切大中小帝国主义国家都侵略过我国"的历史，剖析了我们"挨打"的社会根源，深刻指出，在我们基本解决了社会制度问题后，"如果不在今后几十年内，争取彻底改变我国经济和技术远远落后于帝国主义国家的状态，挨打是不可避免的"。为此，他特别提出："应当以有可能挨打为出发点来部署我们的工作。"毛泽东思考的基点和核心，就是为了使社会主义的中国更加强大，一切工作都要早做准备，为未来发展打下坚实的基础。这些充分体现了毛泽东从国家和民族的未来出发考虑问题的深谋远虑。毛泽东领导制订国家发展长期计划时，首先考虑的是基础工业和战略基地。1964年期间，他在研究"三五"计划设想时特别强调，不仅要抓好农业和国防工业这"两个拳头"，还要抓好基础工业这"一个屁股"。他还专门交代：一些重要战略基地"还是要搞，不搞我总是不放心"。他不断提醒人们：准备好了敌人可能不来，准备不好敌人就可能来；把一切都准备好，敌人要来也好办；没有准备不行，要有备无患；任何工作，都要从最坏的可能性来设想和部署。

　　在涉及人民群众的根本利益以及生命财产安全的问题上，毛泽东始终极为关心。他生前圈阅的最后一份文件，就是有关唐山地震的。1976年7月28日凌晨，河北唐山、丰南一带发生7.8级强烈地震，天津、北京等地震感强烈。这时的毛泽东，基本处在昏迷半昏迷状态，靠鼻饲生活。他一清醒过来，就关心唐山震情，亲自过目震情报告。当秘书报告地震造成极其惨重的损失时，毛泽东放声大哭。身边人员回忆说："我第一次亲见主席嚎啕大哭。"当华国锋汇报说他要去唐山时，毛泽东说：你去，抓紧去，去看望灾区的人民。8月18日，经毛泽东亲自圈阅批准，中共中央发出了《关于唐山丰南一带抗震救灾的通报》。

毛泽东是带着祖国还没有完成完全统一、人民还没有真正过上富裕生活、民族还没有实现伟大复兴的遗憾，离开人世的。但他始终相信，这些，"一定能够实现"！

理解了毛泽东一生的追求、了解了他为中国共产党人规定的初心使命，就容易搞清楚、弄明白进入改革开放新时期特别是中国特色社会主义新时代后，中国共产党人事业与人民事业的关系！离开了人民主体、人民立场、人民主张和一切为了人民的宗旨，中国共产党的事业将一事无成，改革开放事业也不可能取得成功。从这一点出发，就很容易进一步理解改革开放事业与人民主体地位的关系：人民性、统一性、主体性。

## 二、从人民性上看"改革开放是亿万人民自己的事业"

从毛泽东到习近平，从中国共产党领导人民取得革命、建设的历史性胜利到改革开放的伟大成就，一以贯之、始终不渝的有一条，那就是不变的马克思主义人民观。

对改革开放事业与人民主体地位的关系，习近平早在2012年12月中央政治局集体学习时就做过深刻阐述，他指出："改革开放是亿万人民自己的事业，必须坚持尊重人民首创精神，坚持在党的领导下推进。改革开放是人民的要求和党的主张的统一，人民群众是历史的创造者和改革开放事业的实践主体。所以，必须坚持人民主体地位和党的领导的统一，紧紧依靠人民推进改革开放。改革开放在认识和实践上的每一次突破和发展，改革开放中每一个新生事物的产生和发展，改革开放每一个方面经验的创造和积累，无不来自亿万人民的实践和智慧。"[1]

这段话内涵极为丰富，实际上把人民性、统一性、主体性这三个根本特性都点明了。这里我们首先需要把握的是，改革开放是中国十几亿人民自己的事业，是代表人民的。习近平在纪念马克思诞辰200周年大会上明确指出："人民性是马克思主义最鲜明的品格。"这一理论判断，也适用于观察中国改革开放的历史。改革开放的发生和发展，从来都不是别国、别人强加或外加给我们的，而是中国人民、中国社会自身发展的内在逻辑和现实需要。可以说，人民性，既是中国改革开放事业的根本特性，也是人民主体地位的根本特性。

纵观中国共产党成立和发展的历史可以看出，共产党人的初心，就是建立在亿万人民自身事业基础上的。早在中共一大上，我们党就提出，要想改变旧制度、建立新社会，人民特别是工人阶级就必须自己解放自己，而不能强迫他们进行革命。从那时起，党就抱定了"人类的解放者万岁"的信念。就像《国际歌》中所说的："从来就没有什么救世主，也不靠神仙皇帝。要创造人类的幸福，全靠我们自己。"人类的解放事业、人民的幸福生活，是人民自己的事业，是人民自身的追求。

正因为准确地把握了人民的事业并顺应人民的追求，我们党领导的人民事业才具备了取得成功的根本条件。这一点早在中国

---

[1]《习近平关于全面深化改革论述摘编》，中央文献出版社2014年版，第138页。

革命战争时期就得到了有力的证明。上面说到的1946年3月美国五星上将马歇尔将军来到延安时的感受，就是明显一例。他在延安听到最多的一个词就是"人民"。他深切感受的是，"到人民中去""向人民学习"，这些不仅仅是口号，更重要的是"代表着一种极深的感情、一种最终的信念"。[1]中国共产党所做的一切，始终只是顺应了人民的自身要求。正是在这一意义上，毛泽东在新中国成立之初进一步号召，"永远摆脱帝国主义羁绊和异民族的压迫，站起来"的各族人民，要"在伟大祖国大家庭中，在中央人民政府统一领导下"，继续为"人民自己的事业"努力奋斗。[2]革命成功如此，改革开放成功亦然；革命事业是人民自己的事业，改革开放事业，也是人民自己的事业，也是人民自己的内在要求。

自改革开放以来，我们党领导的改革开放和社会主义现代化建设事业之所以不断取得成功，其根本原因就在于抓住这个事业的人民特性，把住了时代的脉搏特别是人民的脉搏。改革开放初期，我们的步子之所以能够迈得出去、走得稳当，关键是反映了人民自己的愿望：人心思定，人心思富，人心思改。人民内心的这三种思虑，反映的是社会发展的客观要求。当年走出十年动乱和社会发展严重滞后的困境时，人民群众普遍希望安定团结，集中力量发展生产力，提高生活水平，把国家现代化建设搞上去。人民群众的这种强烈愿望和内生动力，促使我们党做出改革开放的战略决策。同时，党和政府在拿出改革开放的具体措施时，特别强调要经过人民群众实践的检验，要以人民满意不满意、答应

---

[1] 参见王树增：《解放战争》上，人民文学出版社2009年版，第84—85页。
[2] 《毛泽东文集》第6卷，人民出版社1999年版，第170页。

不答应、高兴不高兴为前提和标准。正因为把改革开放作为人民的事业，人民才真心拥护。正是在这个意义上，改革开放总设计师邓小平说过："我所做的事，无非反映了中国人民和中国共产党人的愿望。"[1] 在改革开放的历史进程中，我们党始终明确要求全党同志要树立牢固的马克思主义群众观点和人民立场，其中特别告诫党内同志一个根本道理："建设中国特色社会主义事业，是我们党在新时期服务人民的伟大事业，是人民自己的事业。如果离开了人民，我们将一事无成。"这一观点和立场，要求全体共产党人"始终保持同群众的密切联系，摆正自己在人民群众中的位置，老老实实向人民学习，全心全意为人民服务"。[2] 我们党所强调的解放思想、实事求是的思想路线，贯穿在社会历史领域，也首先是以人民群众为出发点和归宿的。这条路线的根本，就是一切从人民自身的利益出发，紧紧依靠人民，反映人民群众的强烈愿望，全心全意为人民服务。

既然是人民自己的事业，自然要考虑在这一事业的每一个发展阶段上人民自身的觉悟程度，同时还要特别注意引导人民、教育人民的方法。在人民当中、在领导人民事业当中，首先要虚心向群众学习，要学会做群众的学生；先做群众的学生，才能做群众的先生。正如毛泽东在讲到我们是人民事业中的代表时所深刻指出的："只有代表群众才能教育群众，只有做群众的学生才能做群众的先生。如果把自己看作群众的主人，看作高踞于'下等人'头上的贵族，那末，不管他们有多大的才能，也是群众所不

---

[1]《邓小平文选》第3卷，人民出版社1993年版，第151页。
[2]《胡锦涛文选》第1卷，人民出版社2016年版，第267页。

需要的，他们的工作是没有前途的。"[1]讲到在人民事业中如何教育人民时，毛泽东还深刻指出："要在人民群众那里学得知识，制定政策，然后再去教育人民群众。所以要当先生，就得先当学生，没有一个教师不是先当过学生的。而且就是当了教师之后，也还要向人民群众学习，了解自己学生的情况。"[2]对于在改革开放这一人民事业中当学生和当先生的关系问题，习近平在提出实现中华民族伟大复兴中国梦时，也专门做过阐述。他特别强调："中国梦归根到底是人民的梦，必须紧紧依靠人民来实现，必须不断为人民造福。"[3]并提醒我们，在实现人民自己的梦想这个重大问题上，党的干部要处理好做群众先生和做群众学生的关系，他说："要做群众的先生，先做群众的学生。领导干部要放下架子，甘当小学生，多同群众交朋友，多向群众请教。要真正悟透群众是真正的英雄。"[4]

我们党无论在革命、建设、改革各个历史时期，始终代表着最广大人民群众的根本利益，从来没有自己的任何私利；这个党历来都告诉自己，要把群众当作真正的英雄，不做"高踞于"人民群众头上的"贵族"，在领导人民自己的事业时，要先做群众学生再做群众引领者。只有真正把自己放到"亿万人民自己的事业"中去，才能与人民同呼吸、共命运、心连心。正如习近平所说的："在任何时候任何情况下，与人民同呼吸共命运的立场不

---

[1]《毛泽东选集》第3卷，人民出版社1991年版，第864页。
[2]《毛泽东文集》第8卷，人民出版社1999年版，第324页。
[3]《十八大以来重要文献选编》上，中央文献出版社2014年版，第235页。
[4]《论群众路线——重要论述摘编》，中央文献出版社、党建读物出版社2013年版，第126页。

能变,全心全意为人民服务的宗旨不能忘,群众是真正的英雄的历史唯物主义观点不能丢。"[1] "只有与历史同步伐、与时代共命运的人,才能赢得光明的未来。"[2]

## 三、从统一性上看"改革开放是人民的要求和党的主张的统一"

在改革开放历史进程中,我们党遵循并进一步探索、总结、深化了一条与革命和建设时期完全吻合的根本经验,那就是党的主张与人民主张的一致性,也就是党性与人民性的高度统一。习近平深刻阐述过:"党性和人民性从来都是一致的、统一的。我们党是全心全意为人民服务、代表中国最广大人民根本利益、来自人民为了人民的马克思主义政党。从本质上说,坚持党性就是坚持人民性,坚持人民性就是坚持党性,党性寓于人民性之中,没有脱离人民性的党性,也没有脱离党性的人民性。"他还特别指出:"只有站在全党的立场上、站在全体人民的立场上,才能真正把握好党性和人民性。把党性和人民性割裂开来、对立起来、搞碎片化,在理论上是错误的,在实践上也是有害的。"[3]

习近平的这一思想,既讲清了党性与人民性的高度统一,又讲清了我们党的主张是什么的问题。我们党没有任何自己的私利,人民的利益就是我们的利益,人民的主张就是中国共产党的

---

[1]《习近平谈治国理政》第1卷,外文出版社2018年版,第367页。
[2]《习近平谈治国理政》第2卷,外文出版社2017年版,第32页。
[3]《习近平关于社会主义文化建设论述摘编》,中央文献出版社2017年版,第23—24页。

主张。可以说，这种要求和主张上的统一性，既是改革开放事业的根本特性，也是人民主体地位的根本特性。

改革开放以来，我们党的决策、主张，与人民群众的诉求主张始终是一致的。这种统一性或一致性，至少反映在两个方面。

一是党的方针政策的制定或调整，始终反映人民群众的呼声，因此提高改革开放决策的科学性与广泛听取群众意见、建议是高度一致的。正如习近平深刻指出的："提高改革决策的科学性，很重要的一条就是要广泛听取群众意见和建议，及时总结群众创造的新鲜经验，充分调动群众推进改革的积极性、主动性、创造性，把最广大人民智慧和力量凝聚到改革上来，同人民一道把改革推向前进。"他还特别提出，党和国家决策机关，在全面深化改革进程中，遇到复杂问题和难题，"要认真想一想群众实际情况究竟怎样？群众到底在期待什么？"。[1]

二是全面加强党的领导与永远不与群众脱离是一回事，因此加强和改善党的领导与保持党同人民群众的血肉联系是高度一致的。党的领导越是得到加强和改善，人民群众在推进改革中的主体地位就越能得到体现。正如习近平辩证地指出的："改革发展稳定任务越繁重，我们越要加强和改善党的领导，越要保持党同人民群众的血肉联系，善于通过提出和贯彻正确的路线方针政策带领人民前进，善于从人民的实践创造和发展要求中完善政策主张，使改革发展成果更多更公平惠及全体人民，不断为深化改革开放夯实群众基础。"[2]

---

[1]《习近平关于全面深化改革论述摘编》，中央文献出版社2014年版，第41页。
[2] 同上书，第138页。

习近平在总结改革开放历史经验和思考进一步深化改革问题时，特别重视这种统一性或一致性，强调必须紧紧依靠人民推动改革开放，在改革开放中无论遇到任何困难和挑战，只要有人民支持和参与，就没有克服不了的困难，就没有越不过的坎；强调我们的改革事业须臾不能与人民相脱离，必须彰显和发挥人民群众历史主体地位和主人翁精神。

人民要求和党的主张之间的这种高度统一性，我们也可以从中国共产党的根本宗旨和基本特征上找到答案。中国共产党是干什么的、是个什么样的党？对这个问题，毛泽东等党的领袖们曾经从这个党与人民的关系上做过明确的解答，上面我们已经说到毛泽东最具代表性的答案中的一些经典语言。在这里，我们再次重温一下毛泽东的这些经典论断。

从这个党的初心和使命上讲，毛泽东有两个特别经典的论断："共产党是为民族、为人民谋利益的政党，它本身决无私利可图。它应该受人民的监督，而决不应该违背人民的意旨。"[1]"我们这个队伍完全是为着解放人民的，是彻底地为人民的利益工作的。"[2]

从这个党的宗旨和出发点上讲，毛泽东也有两个特别经典的论断："共产党就是要奋斗，就是要全心全意为人民服务，不要半心半意或者三分之二的心三分之二的意为人民服务。"[3]"我们共产党人区别于其他任何政党的又一个显著的标志，就是和最广

---

[1]《毛泽东选集》第3卷，人民出版社1991年版，第809页。
[2] 同上书，第1004页。
[3]《毛泽东文集》第7卷，人民出版社1999年版，第285页。

大的人民群众取得最密切的联系。全心全意地为人民服务,一刻也不脱离群众;一切从人民的利益出发,而不是从个人或小集团的利益出发;向人民负责和向党的领导机关负责的一致性;这些就是我们的出发点。"[1]

从这个党的责任和取胜的根据上讲,毛泽东还有两个特别经典的论断:"我们的责任,是向人民负责。每句话,每个行动,每项政策,都要适合人民的利益,如果有了错误,定要改正,这就叫向人民负责。"[2]"共产党员是一种特别的人,他们完全不谋私利,而只为民族与人民求福利。他们生根于人民之中,他们是人民的儿子,又是人民的教师,他们每时每刻地总是警戒着不要脱离群众,他们不论遇着何事,总是以群众的利益为考虑问题的出发点,因此他们就能获得广大人民群众的衷心拥护,这就是他们的事业必然获得胜利的根据。"[3]

这样的经典论断还有很多。毛泽东对共产党根本宗旨和共产党人本色的定位,深刻地揭示了这个党的根本属性,也阐明了党的主张与人民主张的内在统一性和完全一致性。

即使是在严酷的革命战争环境下,毛泽东依然强调,共产党人"就得和群众在一起,就得去发动群众的积极性,就得关心群众的痛痒,就得真心实意地为群众谋利益,解决群众的生产和生活的问题,盐的问题,米的问题,房子的问题,衣的问题,生小孩子的问题,解决群众的一切问题"。他认为,如果我们这样做

---

[1]《毛泽东选集》第3卷,人民出版社1991年版,第1094—1095页。
[2]《毛泽东选集》第4卷,人民出版社1991年版,第1128页。
[3]《毛泽东文集》第3卷,人民出版社1996年版,第47页。

了，人民群众就会把我们的事业与他们的生命连在一起，"广大群众就必定拥护我们，把革命当作他们的生命，把革命当作他们无上光荣的旗帜。国民党要来进攻红色区域，广大群众就要用生命同国民党决斗"。[1] 这种生死与共、生命相连的关系，是任何力量也摧不倒的。

"人民的要求和党的主张的统一"，既是我们理解中国共产党初心的一个基点，也是我们理解改革开放事业特别是新时代、新思想的一个根本的出发点。从这里出发，就知道中国共产党人在改革开放实践中应该怎么做，立场在哪里、位置在哪里、着力点在哪里、目标在哪里、责任在哪里。正如习近平在阐述共产党人的初心和使命担当时所指出的："我们要始终把人民立场作为根本立场，把为人民谋幸福作为根本使命，坚持全心全意为人民服务的根本宗旨，贯彻群众路线，尊重人民主体地位和首创精神，始终保持同人民群众的血肉联系，凝聚起众志成城的磅礴力量，团结带领人民共同创造历史伟业。"[2] 在讲到党的政治建设时他还特别强调："要紧扣民心这个最大的政治，把赢得民心民意、汇集民智民力作为重要的着力点。要站稳人民立场，贯彻党的群众路线，同人民想在一起、干在一起"，"把精力和心思用在稳增长、促改革、调结构、惠民生、防风险上，用在破难题、克难关、着力解决人民群众最关心最直接最现实的利益问题上"。[3] 这里明确告诫全党同志，在改革开放中，必须牢牢把握加强和改善党的

---

[1]《毛泽东选集》第1卷，人民出版社1991年版，第138—139页。
[2]《十九大以来重要文献选编》（上），中央文献出版社2019年版，第429页。
[3] 习近平在十九届中共中央政治局第六次集体学习时的讲话。见《人民日报》2018年7月1日。

领导与推崇人民群众主体地位的内在统一性。是不是牢固树立起人民观点、人民立场，是不是真正与人民群众站在一起，是不是善于把人民的要求与党的主张高度统一起来，是不是真心实意地为人民群众办事，这些是衡量真假马克思主义政党的根本标准，也是衡量党员干部是真共产党员还是假共产党员的根本标准。无论改革开放事业如何发展，中国共产党的宗旨和共产党人的本色都不能有任何改变，中国共产党与人民一条心的高度统一性都不能有任何变化。

## 四、从主体性上看"人民群众是历史的创造者和改革开放事业的实践主体"

探寻中国当代历史发展的规律，特别是探寻中国改革开放事业不断前进的规律，既要关注其中的客观性因素，又要关注主体性因素。中国改革开放事业不断推向前进，一个根本原因，就是人民群众的主动性和创造性。从人民群众是中国改革开放事业的创造者和改革开放实践的主体这个角度看，主体性，是中国改革开放事业的根本特性，也是人民主体地位的根本特性。

马克思主义唯物史观正是根据社会实践的客观真实状况，来确定人民主体地位的。按照这一历史观，人民革命的历史、人民建设的历史、人民改革开放的历史，都是以人民为主体推动的；人民是社会历史的认识主体，更是社会前进的实践主体。在人民群众中孕育着伟大的实践创造力和历史推动力。

改革开放的历史，充分证明了人民群众的主体地位和动力来源，也充分证明了马克思主义唯物史观的正确性。在领导改革开放的历史进程中，中国共产党始终清醒地看到，改革是人民的事业，创造中国改革开放历史事件和推动改革开放事业发展的主体力量只能是广大群众；改革开放的每一次重大突破，都是源于人民群众的创造。因此，早在改革开放走过30周年时，党中央就总结了改革开放的实践经验，得出了"十个结合"的结论，其中特别强调要"坚持人民创造历史这一马克思主义科学原理"，强调"从人民的实践创造和发展要求中获得前进动力"，"尊重人民主体地位，发挥人民首创精神"。[1]这样的认识，始终贯穿在我们党总结改革开放实践的基本观点中。

在观察和思考中国改革开放历史进程时，习近平特别关注主体性问题，他曾经从生产力和生产关系的原理上提出："生产力与生产关系的主体性、客观性原理，要求在改革和建设中必须使主观因素和客观因素的作用同时得到充分发挥。"他认为，按照马克思主义的观点，生产力与生产关系的主体性、客观性的原理，生动具体地体现了主观因素与客观因素在推动社会发展过程中的对立统一关系。并指出："在社会主义改革和建设中，随着经济建设的迅速发展，一些人出现了重视物质生产和物质利益，忽视人的素质提高和主观能动性发挥的倾向，并在一定程度上影响了社会主义现代化建设的持续、快速和协调发展。"[2]对社会发展特别是改革发展中主体性的关注，是习近平观察和思考改革开放问题的一个重要的切入点；而人民主体思想，则是习近平治国理政

---

[1]《胡锦涛文选》，人民出版社2016年版，第159—160页。
[2] 习近平：《论〈〈政治经济学批判〉序言〉的时代意义》，载《福建论坛（经济社会版）》1997年第1期。

思想的本质和核心，这一本质明确规定了我们党必须把人民主体地位落到实处，以人民对美好生活的向往作为党的奋斗目标，为广大人民群众谋福祉、为中华民族谋复兴，最终实现以人民全面幸福为根本特征的"中国梦"。

党的十八大以来，习近平特别强调执政党要尊重人民主体地位，要把党的治国理政思想决策扎根在人民的创造性实践中。他明确指出："中国共产党的一切执政活动，中华人民共和国的一切治理活动，都要尊重人民主体地位，尊重人民首创精神，拜人民为师，把政治智慧的增长、治国理政本领的增强深深扎根于人民的创造性实践之中，使各方面提出的真知灼见都能运用于治国理政。"[1]正是基于对人民主体性问题的强烈关注、深刻认识和牢牢把握，习近平反复提醒广大党员干部要真正确立人民观点、牢固站在人民立场。比如，在庆祝中国共产党成立95周年大会上的讲话中，他特别从我们党的根基上阐述了人民主体地位，指出："要坚信党的根基在人民、党的力量在人民，坚持一切为了人民、一切依靠人民，充分发挥广大人民群众积极性、主动性、创造性，不断把为人民造福事业推向前进。""人民立场是中国共产党的根本政治立场，是马克思主义政党区别于其他政党的显著标志。""全党同志要把人民放在心中最高位置，坚持全心全意为人民服务的根本宗旨，实现好、维护好、发展好最广大人民根本利益，把人民拥护不拥护、赞成不赞成、高兴不高兴、答应不答应作为衡量一切工作得失的根本标准，使我们党始终拥有不竭的

---

[1]《十八大以来重要文献选编》中，中央文献出版社2016年版，第76页。

力量源泉。"[1]在纪念红军长征胜利80周年大会上的讲话中,他又从我们的政权性质上阐述了人民主体地位,提醒全党同志必须牢记:"为什么人、靠什么人的问题,是检验一个政党、一个政权性质的试金石。我们要始终把人民立场作为根本政治立场,把人民利益摆在至高无上的地位,不断把为人民造福事业推向前进。"[2]这就是说,我们党只有扎根于人民、坚定地站在人民立场、以人民为中心,才能取得事业发展的根本动力,才能走好改革开放和现代化建设新的长征路。

在党的十九大报告中,习近平"以人民中心"的思想体现得更加全面深刻,充分反映了新时代马克思主义人民观。十九大报告不仅从改革开放角度讲了我们取得的改革开放和社会主义现代化建设的历史性成就,讲了我们党团结带领人民进行改革开放新的伟大革命和开辟中国特色社会主义道路,讲了只有改革开放才能发展中国、发展社会主义、发展马克思主义,讲了通过改革开放使我们进入了决胜全面建成小康社会、开启全面建设社会主义现代化国家新征程等问题,还以人民主体思想作为引领,进一步阐述了改革开放事业与人民主体地位的辩证关系。可以说,全方位、多角度、深层次地运用马克思主义关于人民群众历史地位和作用的观点,成为党的十九大报告在理论阐述上的一大亮点。也为我们从人民主体性视角理解改革开放的整个历程和新时代、新征程,提供了理论基点。

习近平在十九大报告中特别强调指出:"人民是历史的创造

---

[1]《人民日报》2016年7月2日。
[2]《人民日报》2016年10月22日。

者，是决定党和国家前途命运的根本力量。"基于这样的鲜明认识，十九大报告通篇贯穿着"以人民为中心"的马克思主义唯物史观。报告的出发点、立足点和思想内核，都是围绕"人民"两个字展开的。报告全篇讲到"人民"这一概念有两百多次，许多话掷地有声、高度引人关注，比如："必须坚持以人民为中心的发展思想，不断促进人的全面发展、全体人民共同富裕""必须坚持人民主体地位""党的一切工作必须以最广大人民根本利益为最高标准""我们要坚持把人民群众的小事当作自己的大事，从人民群众关心的事情做起，从让人民群众满意的事情做起，带领人民不断创造美好生活"等等。

特别值得关注的是，十九大报告在提出"新时代中国特色社会主义思想和基本方略"时，列举了十四条基本方略。其中第二条专门讲道："坚持以人民为中心。人民是历史的创造者，是决定党和国家前途命运的根本力量。必须坚持人民主体地位，坚持立党为公、执政为民，践行全心全意为人民服务的根本宗旨，把党的群众路线贯彻到治国理政全部活动之中，把人民对美好生活的向往作为奋斗目标，依靠人民创造历史伟业。"

报告在阐释"以人民为中心"的内涵时，着重讲了两层意思：一是对人民的主体创造力做了明确界定，二是对人民的主体地位和党的奋斗目标做了清晰的关联性说明。两层意思都充分反映了人民主体性。

这种从主体性视角表达出来的"以人民为中心"的基本方略、发展思想、执政理念，既是对我们党的群众观点和群众路线的继承和发展，也是鼓舞全体人民坚定信心、奋发有为的一种宣言。这种鲜明地表达出来的人民立场和人民观，是在新时代对马克思主义唯物史观的坚定运用和创新发展。

从人民主体性角度理解十九大报告中"以人民为中心"的思想，可以清晰地看出其中的马克思主义人民观，并体会出以下几个基本出发点。

以人民为主体，从人民立场出发，我们党就能够彻底地推崇人民的历史创造者地位，尊重人民首创精神，从人民群众中汲取智慧和力量，把人民作为决定党和国家前途命运的根本力量，从而紧紧依靠人民创造出历史伟业，完成新时代赋予我们的历史重任。

以人民为主体，从人民立场出发，我们党就能够带领全体人民脚踏实地地解决社会发展中的不平衡不充分的矛盾和问题，把人民对美好生活的向往作为自己的奋斗目标，从而实现人民对美好生活的追求。

以人民为主体，从人民立场出发，我们党就能够真正做到立党为公、执政为民，把是否符合最广大人民根本利益作为最高标准，把人民群众是否满意作为最好的评价尺度，全面出台能够落地的惠民举措，从而让人民获得感不断增强，真正践行全心全意为人民服务的根本宗旨。

以人民为主体，从人民立场出发，我们党就能够在发展问题上找准自己的工作方向和工作思路，从而不断促进人的全面发展，朝着全体人民共同富裕的方向推进我们的工作。

以人民为主体，从人民立场出发，我们党就能够在各行各业各项工作中，深入群众生活、扎根人民中间、了解百姓疾苦，时刻关注人民群众的喜怒哀乐，从而与人民群众同呼吸共命运心连心。

总之，中国共产党从事的事业是"人民自己的事业"，这是一条不变的原则，也是一个不变的真理。

　　以上我们只是以探寻从毛泽东到习近平的马克思主义人民观这一视角，对此做了一些简单的概述。我们党在推进革命、建设和改革开放的各个历史进程中，任何时候都需要真正懂得人民是历史的创造者，尊重人民主体地位，发挥人民首创精神，从人民的实践创造和发展要求中获得前进动力。这既是马克思主义唯物史观对我们的要求，也是中国共产党领导中国人民自己事业的伟大实践得出来的重要启示。

　　"以人民为中心"的执政理念和发展思想以及一切从人民出发、以人民的根本利益为着眼点和落脚点的工作思路，彻底地体现了当代中国共产党人全心全意为人民谋幸福、为民族谋复兴的初心和使命，体现了人民至上的价值追求，也体现了党的宗旨意识。这就是新时代的马克思主义人民观。

# 深 思

## 毛泽东晚年反复思考战争与和平问题

谈到毛泽东晚年，需要解开的疑问不少，需要回应的学术关注和社会关注也很多。我个人认为，谈论这一时期的毛泽东，离不开他对党和国家前途命运的思考和忧虑。如何使中国共产党不至于改变颜色，如何使中华人民共和国不至于改变道路和性质，这些，是毛泽东晚年忧虑得最多、思考得最深的问题。

在这些问题中，晚年毛泽东以政治家和战略家的视野，关注战争与和平的重大问题，深入研究战争规律，不断提醒人们天下并不太平，不能麻痹大意，总要有一根弦，要以革命的"两手"应对反革命的"两手"，等等。这些，是我们今天特别需要了解的。

在战争与和平问题上，毛泽东重点阐发了"坚持和平反对战争"，"我们的态度：第一条，反对；第二条，不怕"，"准备好了敌人可能不来，准备不好敌人就可能来"，"人不犯我，我不犯人；人若犯我，我必犯人"，"团结得像一个人一样，共同对敌"，"备战、备荒、为人民"，"战争与和平是互相转化的"等观点。

毛泽东的这些观点，既体现了马克思主义唯物史观，也体现了唯物辩证法，还充分表达了与党、国家和民族发展命运攸关的战略决断。

作为党的第一代成熟的中央领导集体的核心，毛泽东在这个问题上的一些重要思考，既体现了他个人的独特视角，也反映了党的集体智慧，至今仍然具有极强的现实指导作用和方法论意义，是我们进行具有许多新的历史特点的伟大斗争所要汲取的精神源泉和智慧方法。

战争与和平，是阶级社会产生以来人类始终面对的一对相互矛盾又相互统一的事物，两者之间的关系充满了辩证法。一代又一代中国共产党人，以马克思主义理论为指导，在领导人民进行长期革命、建设和改革的历程中，在处理这对复杂矛盾方面，积累了丰富的哲学理论思考和斗争实践经验，为我们提供了丰富而深刻的思想积淀和理论源泉。作为党的第一代成熟的领导集体的核心，毛泽东在这个问题上的一些重要思考，尤其值得我们借鉴。

## 一、毛泽东为什么要反复思考这一问题

自战争与和平这对矛盾存在以来，人类就始终面临着巨大的困扰，正义的力量始终在不断地为争取和平、避免战争而奋斗，世界上善良的人们也在不断地表达希望和平、反对战争的良好愿望。最具代表性的表达就是位于联合国大楼前面的著名雕塑《打结的手枪》，寓意是停止杀戮，不要战争，走向和平，形象地反映了世界各国人民向往和平、反对战争的强烈愿望。

在位于巴黎的联合国教科文组织总部大楼前的石碑上，也有这样的表达，那里用多种语言镌刻着这样一句话："战争起源于人之思想，故务需于人之思想中筑起保卫和平之屏障。"2014年

3月27日，习近平就在这里发表了重要讲话，有针对性地指出："只要世界人民在心灵中坚定了和平理念、扬起了和平风帆，就能形成防止和反对战争的强大力量。人们希望通过文明交流、平等教育、普及科学，消除隔阂、偏见、仇视，播撒和平理念的种子。"他还说："面对战争给人类带来的惨烈后果，人类又一次反思战争与和平的真谛。千百年来，人类都梦想着持久和平，但战争始终像一个幽灵一样伴随着人类发展历程。"[1]

可见，战争的阴霾始终挥之不去，和平的愿望却往往事与愿违。这就迫使各国领导人不得不面对和思考战争与和平这对复杂的矛盾，应对各种战争的可能性。这也就是毛泽东不断思考这个问题的逻辑前提。

从目前掌握的材料看，毛泽东晚年深思这个问题，其出发点主要有以下几个方面。

其一，战争是政治的继续，必须从政治高度关注战争与和平的重大问题。

毛泽东思考战争与和平问题，首先是基于政治的考虑。早在1936年12月，在总结第二次国内革命战争经验时，毛泽东就给战争下了一个科学而明确的定义："战争——从有私有财产和有阶级以来就开始了的、用以解决阶级和阶级、民族和民族、国家和国家、政治集团和政治集团之间、在一定发展阶段上的矛盾的一种最高的斗争形式。"[2] 他揭示了战争与私有财产及阶级、民族、国家、政治集团之间的内在联系，揭示了战争与政治斗争之

---

[1]见《人民日报》2014年3月28日。
[2]《毛泽东选集》第1卷，人民出版社1991年版，第171页。

间的相互关系。在《论持久战》一文中，毛泽东进一步表述了战争与政治之间不可分割的关系，他说："'战争是政治的继续'，在这点上说，战争就是政治，战争本身就是政治性质的行动，从古以来没有不带政治性的战争。"这就是说，在战争所处的矛盾体中，其最本质的联系是政治；战争绝不是单纯的军事行为，而是由一定时期内种种复杂的社会政治关系和政治集团之间的利益关系发生突变时所引发的，战争是带有强烈政治性质的人类极端行为。鉴于此，毛泽东还说："政治是不流血的战争，战争是流血的政治。"[1]毛泽东关于战争与政治关系的深刻阐述，丰富了马克思主义的理论宝库，也反映了中国共产党人对这一问题的基本认识。

从政治高度出发，是一个大党、大国领导人应有的远见。正因为如此，党的十八大以来，习近平同志也特别强调指出："战争是政治的继续，这是马克思主义战争理论的一个基本观点。筹划和指导战争，必须深刻认识战争的政治属性，坚持军事服从政治、战略服从政略，从政治高度思考战争问题。"[2]

其二，在战争没有消亡的前提下，要善于深入研究战争规律。

毛泽东思考战争与和平问题，是基于规律性的考虑。毛泽东曾经预言过战争将来会消亡，他说："战争——这个人类互相残杀的怪物，人类社会的发展终久要把它消灭的，而且就在不远的将来会要把它消灭的。但是消灭它的方法只有一个，就是用战

---

[1]《毛泽东选集》第2卷，人民出版社1991年版，第479—480页。
[2]习近平：《关于战争指导问题》(2013年7月15日)，载《习近平关于国防和军队建设重要论述选编》，解放军出版社2014年版。

争反对战争,用革命战争反对反革命战争,用民族革命战争反对民族反革命战争,用阶级革命战争反对阶级反革命战争。"当然,这一预言是针对局部战争和某一战争状态而言的,所以他也断言,只有"人类社会进步到消灭了阶级,消灭了国家"的时候,才会真正消灭战争,进入"人类的永久和平的时代"。[1]

在长期的革命战争和建设实践中,毛泽东不断研究历史上的一切战争规律。新中国成立后,面对美国等国的核威胁,毛泽东进一步提醒人们要深入研究原子弹时代的核战争规律,他始终认为,原子弹的威力固然可怕,但是,决定战争胜败的是人民,而不是一两件新式武器。所以他自信地说:"把问题这样想透了,就不害怕了。"[2]进入晚年,他根据马克思主义理论和中外实践经验进一步做出判断:只要帝国主义和强权政治存在,他们就始终会对人类和平构成威胁,战争的阴云仍然存在。他说:"这种制度也就酝酿着战争。不是你们要打世界战争,我们要打,第三世界要打世界战争,也不是这些富国的人民想要打世界大战,这种东西是不以人们的意志为转移的。"[3]这就是说,由于帝国主义制度和霸权主义逻辑的存在,就会潜伏着战争危险,这是不以爱好和平的人们的意志为转移的。因此毛泽东不断提醒人们:要研究战争规律,不但要研究一般战争的规律,还要研究特殊的战争的规律。研究的目的,是为了消灭战争。也只有把握住了战争发展的规律,才能有信心解决战争引发的问题。

---

[1]《毛泽东选集》第1卷,人民出版社1991年版,第174页。
[2]《建国以来毛泽东军事文稿》下卷,军事科学出版社、中央文献出版社2010年版,第18页。
[3]《建国以来毛泽东文稿》第13册,中央文献出版社1998年版,第380页。

其三，随着西方敌对势力由战争威胁转向和平演变，对中国采取了两手政策，我们也要加强"两手"准备。

毛泽东思考战争与和平问题，是基于"两手"对"两手"的考虑。新中国成立后，以美国为首的西方国家对中国采取了政治、经济、外交等各方面的包围、遏制甚至军事对抗等一系列敌视政策。这些政策，不仅没有达到压垮中国的目的，反而更加增强了中国人民之间的团结，也强化了中国与第三世界国家之间的联系。在这种情况下，美国政坛一些人开始另辟蹊径，又增加了一手对付中国的政策——"和平演变"。巧合的是，在毛泽东70周岁生日这天（1963年12月26日），外交部编印了一份内部材料说：美国对华有了新政策——美国远东事务助理国务卿希尔斯曼提出，从长远看，中国存在和平演变的可能；美国应采取促进中国和平演变的长期政策。毛泽东仔细研究了这份材料，认为"这篇分析很好"。他还专门批转给刘少奇、邓小平和外交部及中央外办的有关同志，要求他们"认真研究"。[1]

越是晚年，毛泽东越敏锐地看到了美国等西方国家和平演变社会主义国家的图谋，认为他们在采取"核讹诈政策"的同时，又采取了"'和平演变'政策"，而且这些政策在一些国家已经发生作用。[2]同时，和平演变的危险在国内也存在。因此，为了防止有些地区"有的领导权被那些和平演变过去的人掌握"，[3]也为了"从根本上遏止和杜绝农村的'和平演变'"，[4]毛泽东进行了深

---

[1]《建国以来毛泽东文稿》第10册，中央文献出版社1996年版，第467—468页。
[2]《建国以来毛泽东文稿》第11册，中央文献出版社1996年版，第12页。
[3]同上书，第220页。
[4]同上书，第261页。

入的思考，并采取了一系列政策，以革命的"两手"应对反革命的"两手"。

其四，天下并不太平，我们思想上始终不能麻痹大意，总要有一根弦。

毛泽东思考战争与和平问题，是基于提高警惕的考虑。新中国成立后，战争的阴霾并没有随着和平时期的到来而消失，局部战争依然存在。20世纪50年代的抗美援朝战争，1962年的中印自卫反击战，1969年中苏之间的珍宝岛事件，一系列国际间的军事斗争形势，以及国内复杂的阶级斗争形势，迫使毛泽东深入思考和平建设时期的军事斗争准备问题，越是到了晚年，这种思考越紧迫。毛泽东不断提醒人们，不要因为我们进入和平建设时期，就淡化了思想上的敌情观念，就滋生出和平麻痹和轻敌思想。中印边界自卫反击战后，他就提醒人们说："不要以为天下太平、四方无事。""只搞文，不搞武，那个危险。""各大区的同志，省委的同志，中央的同志，你们要准备打仗。"[1]中苏边境珍宝岛冲突后，毛泽东又提议中共中央向我国边疆各省、区军民专门发出一道命令，其中第一条就说：为粉碎美国、苏联方面的武装挑衅，防止它们的突然袭击，"提高警惕，保卫祖国"；要高度地树立敌情观念，克服和平麻痹和轻敌思想，充分做好反侵略战争的准备。[2]

毛泽东之所以不断提醒人们高度重视战争因素，就是想告诉

---

[1]《建国以来毛泽东军事文稿》下卷，军事科学出版社、中央文献出版社2010年版，第162页。
[2]《建国以来毛泽东文稿》第13册，中央文献出版社1998年版，第59页。

热爱和平和享受和平的人们，在复杂的国际国内形势下，在反对派依然存在、敌对势力依然亡我之心不死的情况下，如果我们对潜在的战争危险丧失警惕，甚至天真地以为天下太平，那是非常危险的。麻痹轻敌的思想，是国之大忌；麻痹到一定程度，必定要亡党亡国。

## 二、晚年毛泽东对战争与和平问题表达的主要观点

毛泽东一生对战争与和平问题所做的论述涉及面广、内容丰富，用一两篇文章很难囊括，这里我们主要选取20世纪60年代以后特别是毛泽东进入70周岁后，到改革开放前这一时段，做些粗浅的考察。这一时期，面对国际国内形势发生的复杂而深刻变化，毛泽东等中共领导人在研判和应对战争与和平问题上，可以说极为审慎、反复思索，体现了历史、现实和未来的多重视角。综合梳理毛泽东晚年对战争与和平问题的一些谈话，有以下一些观点特别鲜明、突出。

### （一）"我们的态度：第一条，反对；第二条，不怕"

面对战争与和平这对矛盾，毛泽东的认识始终是清醒的。上世纪50年代后期以后，毛泽东回答"世界各国的人们都在谈论着会不会打第三次世界大战"的问题时，他表达的基本态度是："我们是坚持和平反对战争的。但是，如果帝国主义一定要发动战争，我们也不要害怕。我们对待这个问题的态度，同对待一切

'乱子'的态度一样，第一条，反对；第二条，不怕。"[1]毛泽东所说的"反对"，讲的就是无产阶级政党及其领导下的人民爱好和平、反对战争的基本态度；他所说的"不怕"，讲的就是以正压邪，以正义反对非正义，用正义战争反对非正义战争，用革命战争反对反革命战争。

自上世纪50年代起，毛泽东不断表达这种基本态度或观点："我们要求和平，但是如果国际侵略集团把战争强加在我们头上的话，我们也并不惧怕战争。"[2]他在回答美国客人有关"为什么中国人不那么害怕战争"的问题时，坦然地说："如果帝国主义一定要发动战争，你害怕有什么用呢？你怕也好，不怕也好，战争反正到来。你越是害怕，战争也许还会来得早一些。因此，我们有两条：第一条，坚决反对战争；第二条，如果帝国主义一定要打仗，我们就同它打。"毛泽东还特别补充说："当然，我说不害怕的意思，并不是说可以睡大觉，而是说要斗争。"[3]

毛泽东对待战争的这种"一反对二不怕"的基本态度，既来自于对战争规律的深刻把握，也来自于中国人民反抗压迫、反抗侵略的长期艰苦斗争的实践经验。这一基本态度，在毛泽东的一系列著作和谈话中，特别是在他与外宾的谈话中，有着鲜明而深刻的表述；晚年对战争与和平问题进行反复思考时，他说得更明确，想得也更为长远。

---

[1]《毛泽东文集》第7卷，人民出版社1999年版，第238页。
[2]《建国以来毛泽东军事文稿》中卷，军事科学出版社、中央文献出版社2010年版，第296页。
[3]《建国以来毛泽东军事文稿》下卷，军事科学出版社、中央文献出版社2010年版，第18页。

## （二）"准备好了敌人可能不来，准备不好敌人就可能来"

在表达了"一反对二不怕"的基本态度后，毛泽东紧接着表达了要有所准备的基本观点。越是进入晚年，他对"准备"的问题强调得越多、抓得也越紧。就在毛泽东即将迎来70周岁的时候，1963年9月，他在修改《关于工业发展问题（初稿）》时加写的一大段话，分析了中国从19世纪40年代起到20世纪40年代中期，"全世界几乎一切大中小帝国主义国家都侵略过我国"的历史，剖析了我们"挨打"的社会根源，深刻指出，在我们基本解决了社会制度问题后，"如果不在今后几十年内，争取彻底改变我国经济和技术远远落后于帝国主义国家的状态，挨打是不可避免的"。为此，他特别提出："应当以有可能挨打为出发点来部署我们的工作。"[1]这些话的基点和核心，就是要做好准备。这充分体现了毛泽东对遏制帝国主义霸权、防止中国再度被外敌侵略的深谋远虑。

为了使全国上下、方方面面都有所准备，毛泽东和中共中央做了全面性的决策和部署。以制订第三个五年计划为例，1964年期间，毛泽东在研究"三五"计划设想时强调指出：农业和国防工业是"两个拳头"，而基础工业则是"一个屁股"，要着重抓好一些基础工业和国防工业基地建设。他还专门交代：一些重要战略基地"还是要搞，不搞我总是不放心，打起仗来怎么办？"[2]。在谈到军事战略问题时，他特别提出："准备好了敌人可能不来，

---

[1]《建国以来毛泽东军事文稿》下卷，军事科学出版社、中央文献出版社2010年版，第194页。

[2]《毛泽东年谱（1949—1976）》第5卷，中央文献出版社2013年版，第348—349页。

准备不好敌人就可能来……把一切都准备好，准备好了，敌人要来也好办。"[1]毛泽东思虑的是，在帝国主义本性没有改变、中国仍面临着复杂国内国际形势之下，只有立足于打，才能有备无患、争取主动；做好了准备，最后有可能战争并没有来；但是如果战争真的来了，而我们却没有做准备，那就"后悔无及"了。这一时期，毛泽东不断提醒人们：没有准备不行，敌人打来了怎么办？要有备无患；即使仗打不起来，也要搞个保险系数；不论任何工作，我们都要从最坏的可能性来想、来部署，都先准备好了就不怕了。[2]

20世纪六七十年代，国际形势出现新一轮的动荡，美国对越南北方的战争逐步扩大，我国周边形势逐渐紧张，中苏关系也日趋紧张，核威胁依然存在。在这种情况下，迫使毛泽东和中共中央把备战问题摆到了重要日程上来。提出和实施三线建设，就是应对复杂局面加强备战的一个重要战略举措。当然，毛泽东所说的"准备好了"，是全方位的，既有必要的战略布局、基地建设、设施储备等物质准备，也有加强队伍建设、政治动员、人员训练等组织思想准备。

## （三）"人不犯我，我不犯人；人若犯我，我必犯人"

"人不犯我，我不犯人；人若犯我，我必犯人。"这四句话，是毛泽东早在抗日战争时期就提出来的，针对的是在抗日民族统

---

[1]《建国以来毛泽东军事文稿》下卷，军事科学出版社、中央文献出版社2010年版，第243—244页。

[2]参见《建国以来毛泽东军事文稿》中卷，军事科学出版社、中央文献出版社2010年版，第417页。

一战线中，国民党军队和顽固派消极抗战、积极反共，不断制造摩擦甚至对共产党和解放区军民采取军事进攻。毛泽东当时用这四句话高度概括了我党的自卫原则。新中国成立后，毛泽东把这一原则扩展到国际关系上。上世纪五六十年代，在与外宾谈到战争的危险和帝国主义的核讹诈时，毛泽东就表达了自卫的原则，他说："我们有两条：第一，我们不要战争；第二，如果有人来侵略我们，我们就予以坚决回击。我们对共产党员和全国人民就是这样进行教育的。"[1]他多次从自卫角度谈到无产阶级政党对待战争与和平问题的态度，明确指出："我们认为，无论哪个国家的无产阶级政党，要有两条：第一条，和平；第二条，战争。"在解释第二条时，他明确阐明了自卫态度："你要打，你打了第一枪，我只好打。"这就是说，真正的无产阶级政党，首先是讲和平的，绝不先开第一枪。但只要你敢动手，那我们就奉陪到底。他还特别风趣地补充说："无产阶级政党一般地还是要有两条：君子动口不动手，第一条；第二条，小人要动手，老子也动手。"[2]

越到晚年，毛泽东在面对敌对势力特别是外部军事力量挑衅时，这种表达越坚定、果断，他说：如果敌人打了第一枪，"把战争强加在我们头上"，中国共产党的态度只能是"坚决、彻底、干净、全部地把它们消灭掉"。[3]1969 年 3 月初，在中苏之间发生珍宝岛事件后，面对苏方挑起的边境武装冲突，毛泽东一方面

---

[1]《毛泽东年谱（1949—1976）》第 2 卷，中央文献出版社 2013 年版，第 340 页。
[2] 毛泽东：《做革命的促进派》（1957 年 10 月 9 日），载《建国以来重要文献选编》第 10 册，中央文献出版社 1994 年版。
[3]《建国以来毛泽东文稿》第 12 册，中央文献出版社 1998 年版，第 96 页。

领导中国党和政府采取必要的措施进行针锋相对的斗争，另一方面再次以自卫原则明确表达中国党和政府的应对冲突的主张。当年5月，中华人民共和国政府就珍宝岛事件发表声明，声明稿明确指出：珍宝岛是中国的领土，虽然珍宝岛事件是苏联政府蓄意挑起的，但中国政府主张和平谈判，反对诉诸武力。毛泽东在修改声明稿时，将原稿"如果苏联政府认为中国政府的和平解决边界问题的态度是软弱可欺，可以用核讹诈政策吓倒中国人民，用战争实现对中国的领土要求，那就完全打错了算盘……七亿中国人民，不是好惹的"一段中的"不是好惹的"几个字，改为"是不好欺负的"，并且加上了四句斩钉截铁的话："人不犯我，我不犯人；人若犯我，我必犯人。"再次重申这四句话，就是想告诉世人，在中国共产党领导下，中国政府和中国人民首先是爱好和平的，我们解决这类矛盾的首要原则是自卫，但是，中国人民，绝不是好惹的，更是不好欺负的。

## （四）"团结得像一个人一样，共同对敌"

在处理战争与和平这对矛盾时，毛泽东特别强调以人民的团结来反对侵略者的战争。这种团结，既包括在国内团结全党和全体人民，也包括在国际上团结各国人民。

讲到国内人民之间的团结，毛泽东始终认为，要想战胜强敌，全体人民必须团结得像一个人一样。早在全面抗战初期，毛泽东在写作《论持久战》时就提出："战争的伟力之最深厚的根源，存在于民众之中。""军队须和民众打成一片，使军队在民众的眼睛中看成是自己的军队，这个军队便无敌于天下，个把日本帝国主义是不够打的。"[1]这种军民一致、军民一体的思想，贯穿在毛泽东的整个政治生涯中，进入晚年，他依然不断强调并有所发展。就在他70周岁这年的八一建军节期间，为了赞美驻守上海南京路的解放军某部八连，他专门写了一首杂言诗，其中特别把诗的意蕴落在军民之间的"团结力"上，并以"军民团结如一人，试天下谁能敌"结尾。[2]这从一个侧面反映了在内外压力和战争威胁的局势下，毛泽东思考问题的一个根本立脚点。在60年代末期战争威胁最严重的时候，毛泽东和中共中央还特别发出命令，其中专门提出："大敌当前，全体军民要团结得像一个人一样，共同对敌。"[3]

除了反复强调国内"全体军民要团结得像一个人一样"以外，毛泽东还进一步在国际上号召"全世界人民团结起来，打败美国侵略者及其一切走狗"，[4]主张我们"同一切爱好和平和主持正义的国家代表一道，为维护国际和平和促进人类进步的事业而共同努力"。[5]他确信，"得道多助，失道寡助"，只要一切爱好和平和主持正义的国家和人民团结起来，"弱国能够打败强国，小国能够打败大国"。[6]80岁以后，他依然号召第三世界国家人民团结起来、互相帮助，并以玩笑的口吻对外宾说："第三世界人民

---

[1]《毛泽东选集》第2卷，人民出版社1991年版，第511—512页。
[2]《建国以来毛泽东军事文稿》下卷，军事科学出版社、中央文献出版社2010年版，第183页。
[3]《建国以来毛泽东文稿》第13册，中央文献出版社1998年版，第59页。
[4]同上书，第97页。
[5]见《人民日报》1971年11月12日。
[6]见《人民日报》1970年5月21日。

要团结起来。人怕蚊子，大国怕小国呢。"[1]毛泽东坚定地认为，不要害怕发生世界性的战争灾难，只要世界人民团结起来，就可以凝聚成战胜帝国主义和侵略者的磅礴力量。

**（五）"备战、备荒、为人民"，"一切为了人民"**

作为彻底的马克思主义者，毛泽东在思考战争与和平问题时，始终坚守唯物史观，一切从"全心全意为人民服务"出发，一切为了人民和依靠人民。20世纪60年代编制国民经济第三个五年计划时，尽管基点是"把加强国防建设放在第一位"，但毛泽东也同时强调："要根据客观可能办事，绝不能超过客观可能，按客观可能还要留有余地。留有余地要大，不要太小。要留有余地在老百姓那里，对老百姓不能搞得太紧。总而言之，第一是老百姓，不能丧失民心；第二是打仗；第三是灾荒。计划要考虑这三个因素，脱离老百姓毫无出路，搞那么多就会脱离老百姓。"[2]在国务院讨论规划问题时，周恩来把毛泽东提出的"注意战争，注意灾荒，注意一切为人民"三句话概括为"备战、备荒、为人民"的口号，并且阐述了"为人民"的重要性："备战、备荒、落实到为人民，要依靠人民，首先要为人民，为人民是最基本观念，任何事情要想到为人民，人民是力量的源泉。""一切靠人民、为人民、和人民打成一片，这是最可靠的。"[3]

马克思主义的人民观、群众观，在毛泽东的思想深处和根本

---

[1]《建国以来毛泽东文稿》第13册，中央文献出版社1998年版，第418页。
[2]《毛泽东年谱（1949—1976）》第5卷，中央文献出版社2013年版，第501—502页。
[3]参见杨明伟：《走出困境——周恩来在1960—1965》，中央文献出版社2000年版，第475—476页。

思想取向上，是根深蒂固的。"一切为了人民"，是毛泽东考虑一切问题的出发点。他特别强调，中国共产党从事着具有"伟大意义的社会主义事业"，要"一切为了人民利益"。[1]他特别反对在"为人民"的问题上出现"半心半意或者三分之二的心三分之二的意"。[2]在毛泽东生命的最后几年，他在对外宾解答中国共产党为什么要从人民出发来看待战争与和平问题时，道出了根本的原因："我们是共产党，是要帮助人民的。如果不帮助人民，就是背叛马克思主义。"[3]

## （六）"战争与和平是互相转化的"

作为清醒的马克思主义者，毛泽东一生对资本主义特别是垄断资本主义分析得很透。由于帝国主义的存在，它的垄断性和殖民扩张特性不会改变，尽管新帝国主义者与老牌帝国主义者相比，其殖民扩张方式发生了变化，但其对落后国家的侵略和掠夺从来没有停止过，帝国主义者发动战争的可能性始终存在。20世纪70年代后，毛泽东依然不断提醒人们注意帝国主义和霸权主义、强权政治带来的潜在战争危险。他分析说，在新的历史条件下，超级大国之间达成协议的可能性是有的，但是"不那么巩固"，"骨子里头还是争夺为主"，"争夺的结果最后可能会武力解决"，"这个社会制度不改变，战争不可避免，不是相互之间的战争，就是人民起来革命"。[4]他在提出三个世界划分理论的时候，

---

[1]《毛泽东文集》第8卷，人民出版社1999年版，第70页。
[2]《毛泽东文集》第7卷，人民出版社1999年版，第285页。
[3]《建国以来毛泽东文稿》第13册，中央文献出版社1998年版，第380页。
[4] 同上书，第379—380页。

就清晰地指出：帝国主义制度酝酿着战争，帝国主义者也习惯通过战争解决问题，这种结果"是不以人们的意志为转移的"。[1]对国际上有关"持久和平"的期待，毛泽东也有自己的看法。他认为，只要帝国主义的制度不改变，其霸权逻辑和殖民扩张的本性还在，它们就会"在世界上闹事"，真正的和平或永久的和平就不会存在。他劝告人们："和平是暂时的"，"大概一段时间可以，太长了不行，因为社会制度没改变"。[2]

当然，毛泽东也清醒地看到，战争与和平具有同一性，两者之间在一定条件下是可以转化的。早在写作《矛盾论》时他就深刻地指出："战争与和平是互相转化的"，"在阶级社会中战争与和平这样矛盾着的事物，在一定条件下具备着同一性"。[3]毛泽东准确地把握了战争与和平这对矛盾双方相互转化的规律，看到了矛盾双方对立统一的运动趋势。新中国成立后，面对帝国主义者的战争威胁，他仍坚持战争与和平之间相互转化的观点，说："战争与和平既互相排斥，又互相联结，并在一定条件下互相转化。"同时直言不讳地批评那种认为"战争就是战争，和平就是和平，两个东西只是互相排斥，毫无联系，战争不能转化到和平，和平不能转化到战争"的错误观点。[4]他还说："如果帝国主义一定要发动第三次世界大战，可以断定，其结果必定又要有多少亿人口转到社会主义方面，帝国主义剩下的地盘就不多了，也有可能整个帝国主义制度全部崩溃。矛盾着的对立的双方互相斗争的结果，

---

[1]《建国以来毛泽东文稿》第13册，中央文献出版社1998年版，第380页。
[2] 同上书，第383页。
[3]《毛泽东选集》第1卷，人民出版社1991年版，第329—330页。
[4]《毛泽东文集》第7卷，人民出版社1999年版，第194—195页。

无不在一定条件下互相转化。"[1]直到生命的最后几个月,他又向来访的美国前总统尼克松阐述了战争与和平之间具有同一性的道理,说:"在阶级存在的时代,战争是两个和平之间的现象。战争是政治的继续,也就是说是和平的继续。和平就是政治。"[2]

毛泽东对战争与和平问题的深刻认识,既体现了他对马克思主义理论的娴熟运用,也凝聚了他对长期斗争实践经验的高度总结。在战争与和平问题的复杂性面前,毛泽东始终坚持和平主张,不断表达中国人民愿意与一切爱好和平的人民团结起来,与一切国家和平共处的愿望;同时认为,是否存在无条件的和平、和平的局面能维持多少,这不是以人们的意志为转移的。面对复杂的斗争局面,毛泽东始终头脑清醒、深谋远虑,以立足于打仗来部署我们的工作,以我之"两手"应对敌之"两手",从不被一些假象所迷惑,更不会对潜在的战争因素丧失应有的警惕。

## 三、怎么看待毛泽东的这些思考

不可否认,毛泽东晚年关于战争与和平问题的思考,在一些重要的结论上继承并进一步阐发了列宁关于帝国主义是资本主义最高阶段的思想。进入改革开放时期后,有人曾经认为"列宁的帝国主义论已经过时",并否定列宁关于帝国主义发展阶段和基本特征的判断。

对这个问题,老一辈革命家陈云曾经做过明确的回答。上

---

[1]《毛泽东文集》第7卷,人民出版社1999年版,第239页。
[2]见《人民日报》1977年8月23日。

世纪 80 年代末,针对"列宁论帝国主义的五大特点和侵略别国、互相争霸的本质是不是过时了"的疑问,陈云明确回答说:"我看,没有过时。"他从中外历史的宏观进程入手,深刻指出:"从历史事实看,帝国主义的侵略、渗透,过去主要是'武'的,后来'文'、'武'并用,现在'文'的(包括政治的、经济的和文化的)突出起来,特别是对社会主义国家搞所谓的'和平演变'。那种认为列宁的帝国主义论已经过时的观点,是完全错误的,非常有害的。"陈云认为,如何看待这个问题,特别是如何认清一些西方敌对势力采取的政治、经济、文化等方面的"文"的侵略、渗透,这既是"一个理论问题,也是一个现实问题"。[1]陈云的这一视角,有助于我们理解毛泽东对战争与和平问题的思考。

## (一)"忘战必危"

人类社会的发展,有其客观规律性,最终是不以个人或某些政治集团的意志为转移的。战争是人类政治的继续,是社会矛盾之间最高的斗争方式,在产生这种特殊政治和尖锐矛盾的社会制度及其客观社会基础没有根本改变的前提下,发生战争的可能性始终是存在的。只有认清了战争发展的客观规律,才能谈到坚持和平、避免战争。毛泽东对于当代世界复杂的社会制度下存在战争的可能性,始终有着清醒的认识。他提醒人们:"存在着战争可以避免和战争不可避免这样两种可能性。但是我们应当以有可能挨打为出发点来部署我们的工作,力求在一个不太长久的时间内改变我国社会经济、技术方面的落后状态,否则我们就要犯错

---

[1]《陈云文选》第 3 卷,人民出版社 1995 年版,第 370 页。

误。"[1]既然有两种可能,就不能不做好一切周密的准备。正是这种清醒的头脑、细致的工作和充分的准备,让新中国有了几十年的和平环境,也为后来的发展打下了坚实的物质基础、深厚的思想基础和重要的政治前提。毛泽东在这方面的思考和部署,生动而具体地体现了马克思主义唯物史观。

因此,无论过去、现在还是将来,我们尊重社会发展规律就不能心存侥幸。说到底就是不能忘战!如果忘战,以为天下太平而麻痹大意,就必然要犯历史性的错误,就有可能挨打。对这一点,党的十八大以来,以习近平同志为核心的党中央保持着清醒的头脑。正如习近平特别强调指出的:"忘战必危!总认为我们这一代军人处在和平年代,仗一时打不起来,如果有这种思想,就不配做一名军人,更不配做一名军队的指挥员。"[2]

## (二)"能战方能止战"

战争与和平之间的关系,并不是一成不变的。由于矛盾双方存在同一性,就有可能在一定条件下发生转化,关键是把握转化的条件。在毛泽东的有关论述中,包含着丰富的唯物辩证法思想。无论是讲到国内外以团结一致的方式来反对战争,还是讲到以做好一切战争准备的方式来避免战争,或是讲到战争与和平之间的互相转化等,都反映了他对战争与和平之间辩证关系的深刻理解。在一定意义上说,把握这种辩证关系的核心和实质,就是

---

[1]《毛泽东文集》第8卷,人民出版社1999年版,第341页。
[2] 习近平:《在十二届全国人大二次会议解放军代表团全体会议上的讲话》(2014年3月11日),载《习近平国防和军队建设重要论述选编》二,解放军出版社2015年版。

要明白"能战方能止战"的道理。正如毛泽东所说，我们不是帝国主义的参谋长，他们是否和什么时候发动战争，并不由我们决定。做好了战争准备，敌人反而不敢轻易发动战争。[1]这就是说，不惧怕战争，做好了打赢战争的一切准备，反而能够避免战争；若以妥协退让来乞求所谓和平，反而不能避免战争。

进入新时代以来，以习近平同志为核心的党中央，继承和发展了毛泽东的这一思想，以马克思主义的唯物辩证法观察和处理这一问题，进一步提出了新时代战争与和平的辩证法，这就是习近平所指出的："能战方能止战，准备打才可能不必打，越不能打越可能挨打，这就是战争与和平的辩证法。"习近平还结合人民军队的光荣历史深刻地指出："俗话说，文无第一，武无第二。我军素以能征善战著称于世，创造过许多辉煌的战绩。同时，我们必须看到，能打胜仗的能力标准是随着战争实践发展而不断变化的，以前能打胜仗不等于现在能打胜仗。我军打现代化战争能力不够，各级干部指挥现代化战争能力不够，这两个问题依然很现实地摆在我们面前。我们必须扭住能打仗、打胜仗这个强军之要，强化官兵当兵打仗、带兵打仗、练兵打仗思想，牢固树立战斗力这个唯一的根本的标准，按照打仗的要求搞建设、抓准备，确保部队召之即来、来之能战、战之必胜。"[2]

---

[1] 参见薄一波：《若干重大决策与事件的回顾》（下），中共党史出版社2008年版，第843页。中共中央文献研究室第一编研部编：《毛泽东军事箴言》，辽宁人民出版社2017年版，第394页。

[2] 习近平：《在十二届全国人大一次会议解放军代表团全体会议上的讲话》（2013年3月11日），载《习近平关于国防和军队建设重要论述选编》，解放军出版社2014年版。

### (三)"决不能牺牲国家核心利益"

既然战争是一种特殊的政治,是一种政治性质的社会极端行动,那么,思考战争与和平的问题,就离不开党、国家和民族这些最根本的政治元素。毛泽东对于战争与和平问题的思考,都是紧紧围绕根本性的政治元素站在最高政治层面上展开的,是一种登高望远的战略性思考。他不仅以"战争是政治的继续"视角考虑问题,而且也从"和平就是政治"视角考虑问题。他的思考,充满了政治家和战略家的高度、深度和广度,说到底,就是站在党、国家和民族的根本立场上考虑问题,是从国家和人民的核心利益上去做分析判断和决策的;许多时候,他也是从世界人民的根本利益上去研究和处理问题的。作为一个大国大党领袖,毛泽东考虑战争与和平的问题绝不是从一时一事一人出发,他始终关注着世界大格局,关注着中国人民和世界人民的根本利益和长远利益,关注着中国人民的前途命运和整个人类的前途命运。

中国共产党的伟大是多方面的,其中一个重要的体现就是领袖之间的一脉相承。党的十八大以来,以习近平同志为核心的党中央,在战略思考和宏观决策问题上一以贯之地坚定维护国家和民族的核心利益。正如习近平多次强调的:"我们渴望和平,但决不会因此而放弃我们的正当权益,决不会拿国家的核心利益做交易。"[1]"中国不觊觎他国权益,不嫉妒他国发展,但决不放弃我们的正当权益。中国人民不信邪也不怕邪,不惹事也不怕事,

---

[1] 习近平:《在十二届全国人大一次会议解放军代表团全体会议上的讲话》(2013年3月11日),载《习近平关于国防和军队建设重要论述选编》,解放军出版社2014年版。

任何外国不要指望我们会拿自己的核心利益做交易，不要指望我们会吞下损害我国主权、安全、发展利益的苦果。"[1]

习近平在担任中央军委主席之初，曾发出过"三个能不能"的"深沉之问"，他说："我想的最多的就是，在党和人民需要的时候，我们这支军队能不能始终坚持住党的绝对领导，能不能拉得上去、打胜仗，各级指挥员能不能带兵打仗、指挥打仗。"[2]这三个"能不能"的振聋发聩之问，出发点是"党和人民需要"，这恰恰是从党、国家和民族的高度上，从新时代新战略上，从历史和现实的深层忧患和强烈的使命担当上，发出的考问。从这样的政治高度和战略角度思考问题，体现了一个伟大的党、一个有远见的政治领袖的战略眼光。

综上所述，毛泽东关于战争与和平问题的思考，尽管在当时的历史条件下有一些内容与客观情况存在一定的偏离，在一定程度上也高估了战争"迫在眉睫"的紧迫性；尽管他提出的一些思想观点有一定的时代和环境局限，有的后来也被我们党做出必要的修正，但是，从总体上看，特别是结合当今国际斗争的复杂性来看，毛泽东这些分析、研究和决断的认识成果，既丰富和发展了马克思主义基本观点，也提醒和教育了中国人民，还启迪了当今中国和世界政治领域的战略判断。今天我们面临着各种各样、各个领域的战争或斗争形态（包括政治的、经济的、文化的，以

---

[1] 习近平：《在庆祝中国共产党成立 95 周年大会上的讲话》，《人民日报》2016 年 7 月 2 日。
[2] 习近平：《在十二届全国人大二次会议解放军代表团全体会议上的讲话》（2014 年 3 月 11 日），载《习近平国防和军队建设重要论述选编》二，解放军出版社 2015 年版。

及美国政府发动以"中美贸易战"为导火索的对中国全面打压等），毛泽东的这些思考的精髓，至今仍然具有极强的现实指导作用和方法论意义，是我们进行具有许多新的历史特点的伟大斗争所要汲取的精神源泉和智慧方法。

毛泽东，是从近代以来中国人民抵御外敌入侵、反抗民族压迫和阶级压迫的艰苦卓绝斗争中产生的伟大人物！是近代以来中国伟大的爱国者和民族英雄，是领导中国人民彻底改变自己命运和国家面貌的一代伟人！是中国历史上改天换地的伟大人物！

毛泽东，是为当代中国一切发展进步奠定了根本政治前提和制度基础，并且找出了在中国进行社会主义革命和建设的正确道路，制定了把中国建设成为一个强大的社会主义国家战略思想的伟大人物！

毛泽东，是一个说不完的话题！需要谈论者、观察者、研究者，摘掉有色眼镜、摒弃意识形态偏见，多一些客观视角，细细品读，深入研究，全面了解！